新中国外交大事件丛书

中美建交

邓小平与卡特握手纪实

CHINA-US DIPLOMATIC RELATIONSHIP ESTABLISHMENT
Documentary of the Handshake between DENG Xiaoping and Carter

陈敦德 ◎ 著

中国青年出版社

(京)新登字 083 号

图书在版编目（CIP）数据

中美建交：邓小平与卡特握手纪实／陈敦德著．
－北京：中国青年出版社，2014.8
ISBN 978-7-5153-2553-8

I．①中… II．①陈… III．①中美关系－建立外交关系－史料
IV．① D822.371.2

中国版本图书馆 CIP 数据核字（2014）第 156372 号

责任编辑：苏　婧
封面设计：尚书堂·刘青文·郭晓荣
内文设计：设计·邱特聪·陈慧

出版发行：中国青年出版社
社　　址：北京东四十二条 21 号
邮政编码：100708
网　　址：www.cyp.com.cn
编辑部电话：010-57350400
门市部电话：010-57350370
印　　刷：三河市世纪兴源印刷有限公司
经　　销：新华书店
规　　格：710×1000　1/16
印　　张：26.5
插　　页：3
字　　数：320 千字
版　　次：2014 年 8 月北京第 1 版
印　　次：2014 年 8 月河北第 1 次印刷
定　　价：42.00 元

本图书如有印装质量问题，请凭购书发票与质检部联系调换
联系电话：010-57350337

目 录

卷一	**一周时间改变不了世界**	1
	新解密的美国档案表明，尼克松对周恩来作过五条秘密承诺	2
	尼克松因"水门事件"提前下台，其秘密承诺怎么办	3
卷二	**年轻的佐治亚州州长的下一个目标：白宫**	7
	当卡特看到尼克松访华的实况转播的时候	8
	发财致富并不是吉米全力以赴的最终目标	12
	种花生的乡巴佬与在任总统为竞争下一届总统职位而角力	16
卷三	**所有的目光都集中在那个矮个子身上**	19
	在商定建立联络处后，毛泽东深夜破格接见基辛格	20
	毛泽东对基辛格谈朋友与苏联进攻……	25
	开往北京的46次特快挂上了一节"东南亚外宾"的专用车厢	30
	所有的目光都集中在那个矮个子身上	34
卷四	**黄镇出使华盛顿**	39
	毛泽东对黄镇说：联络处比大使馆还要大使馆	40
	尼克松用总统专机接黄镇去西部白宫做客	46
卷五	**"水门事件"是"屁事"**	53
	让"水门事件"弄得焦头烂额的尼克松住进了海军医院	54
	毛泽东说"水门事件"是"屁事"	59
卷六	**现在请了一个军师，叫邓小平**	65
	听了邓小平说"军阀混战"，毛泽东几个晚上都没有睡好	66
	毛泽东相信邓小平非凡的洞察力	69
	性格倔强的毛泽东给老帅老将们作了自我批评	70

73	卷七	邓小平出席联大特别会议惹起风波
74		为邓小平出国，江青大闹钓鱼台国宾馆，周恩来迟迟不肯住院
76		周恩来苦思焦虑，毛泽东再次写信批评江青
78		毛泽东嘱咐，以后中国代表团去每届联大都要乘坐专机
81	卷八	基辛格说与邓小平打交道很难
82		中国一个大人物来到联合国
87		对邓小平发言的反响强烈，基辛格妒忌得要死
89		基辛格对邓小平说，美国几乎成了稀奇古怪的地方
95	卷九	天上先后给福特掉下了两个馅饼，一个比一个大
96		中国风水先生给福特算命，称其有"特别的福气"
98		福特真是个苦命奔波的人
99		他从政是从在田头与农民叉干草开始的
100		未经选举程序就当上了美国副总统乃至总统
103	卷十	福特在上班第一天就会见黄镇并给毛泽东写信
104		福特说，我有许多反对承认红色中国的朋友
105		不擅长外交的福特仍然重用基辛格
108		福特在上班第一天就会见黄镇，并给毛泽东写信
111	卷十一	布什不选伦敦、巴黎，而只挑选了出使北京
112		从教堂祈祷回来，福特突然宣布赦免尼克松
114		尼克松辞职后，布什原希望能当上福特的副总统
116		布什不选伦敦、巴黎，而只挑选了出使北京
118		布什闯进了基辛格独自控制的对华外交领域
121	卷十二	邓小平对基辛格说：阁下可以研究我们的大炮
122		基辛格经过两次推迟，才从苏联来到北京
124		我们没有任何手册，只有小米加步枪
127		邓小平对基辛格说：阁下可以研究我们的大炮

卷十三	邓小平说：我可以让黄镇回军队当副总参谋长	129
	旧金山，刺客的枪口刚刚瞄准下车的黄镇大使……	130
	黄镇终于愤然决定向毛泽东去电请辞	131
	要是容纳不了黄镇，我可以让他回军队当副总参谋长	134

卷十四	布什在北京开展很有魅力的"自行车行动"	139
	"困难时刻，才能识别真正的朋友"	140
	"自行车行动"：布什在北京的外交开始活跃了	142
	毛泽东说：都无所求，你们干吗要到北京来	148

卷十五	毛泽东讽刺福特净放空炮	155
	福特无法兑现前任总统的诺言，极为担心访华受到冷遇	156
	毛泽东用幽默讽刺福特说：我们净放空炮……	157
	毛泽东说：我看黄镇还是到美国好	163

卷十六	十里之外，都能呼吸到毛的个性	167
	这两个美国年轻人说：十里之外，都能呼吸到毛的个性	168
	失去周恩来总理的冬天，是最寒冷肃杀的冬天……	171
	适应了平民生活的尼克松接到了再次访问中国的邀请	172

卷十七	尼克松感到毛泽东已经在战斗至最后一息了	177
	迎接尼克松的中国波音专机专程飞抵洛杉矶	178
	对周恩来的一生，未能看到的要比能看到的更有意义	181
	在与毛泽东的会面中，尼克松感到毛已在战斗至最后一息了	183
	尽管有毛泽东的限制，但江青天天都有事找尼克松	187

卷十八	邓小平说：我是桃花源中人，不知有汉，无论魏晋	191
	对邓小平心灵最沉重的双重打击	192
	邓小平婉拒毛泽东的提议说：我是桃花源中人，不知有汉，无论魏晋	194
	毛泽东很快就"换马"了	197

199	卷十九	中情局局长布什预言，毛、周之后邓将执掌中国最高权位
200		驻北京联络处主任成了美国头号间谍，中国将作何反应
203		江青连夜召见，黄镇却不买江青的账，不写批邓的有关材料
206		担任中情局局长的布什预言说，在毛、周之后邓将执掌中国最高权位
209	卷二十	出席最重要的毛泽东追悼会的唯一外国人：美国前任国防部长
210		前国防部长施莱辛格出现在华国锋主持的毛泽东追悼之中
212		邓小平与叶剑英生前都没有透露他俩在叶的书房里谈了什么
218		因"病"挂职的中国国防部长为什么会见卸任美国国防部长
223	卷二十一	黄镇一见万斯就提出卡特所说"台湾是中国"的错话
224		同月同日出生的两个国务卿会见黄镇主任
228		刚就任总统的卡特深夜潜心研读有关美中关系的重要文件
229		卡特说：我们不应该像尼克松和基辛格那样对中国投其所好
233	卷二十二	卡特曾经想把万斯的访问升级为建交访问
234		鉴于毛、周已去世，卡特派万斯去北京作"试探性"访问
237		卡特突然决定，将万斯的"试探性"访问改为"实质性"访问
239		爱德华·肯尼迪最早提出承认中国，曾想抢在尼克松之前访问北京
243	卷二十三	美国"头号处理麻烦问题专家"碰了邓小平的钉子
244		再好的猫也没办法一口吃掉两条鱼
245		万斯看到满街的欢呼人群，自以为受到热烈欢迎
247		美国"头号麻烦处理专家"碰了邓小平的钉子
251	卷二十四	卡特说：希望你在同中国人打交道方面也同恋爱一样成功
252		卡特说：希望你在同中国人打交道方面也同恋爱一样成功
253		美国驻华联络处主任在北京举行"老少配"婚礼
256		中国方面很快就改变了对伍德科克主任的印象
258		伍德科克对万斯说：你不给对华政策新指示我就不回北京

卷二十五	布热津斯基克服了种种障碍终于飞往北京	261
	白宫为黄镇饯行，黄镇在宴会中完成使美的最后一项重要使命	262
	欢送黄镇的宴会刚结束，万斯和布热津斯基就爆发了激烈争吵	264
	卡特精心挑选了实现中美关系正常化的一个难得的"机会窗口"	267
	卡特单独会见布热津斯基，秘密授权给他访华作实质性建交会谈	269

卷二十六	邓小平为什么答应去美国赴家宴	273
	北海公园仿膳饭庄宴席上的重要决策	274
	精于谈判谋略的布热津斯基，在见到邓小平之前不谈实质问题	276
	布热津斯基反复强调：卡特下了决心，美国下了决心	279

卷二十七	作为总统的卡特渴望成就，追求卓越	281
	卡特从戴维营和平谈判联想到在北京进行的美中建交谈判	282
	卡特亮出"底牌"后，决定直接起草一份建交公报让伍德科克带回北京	284
	对台军售和美越建交：影响中美建交的两个矛盾问题又需总统决断	287
	美方"底牌"打出一个月后还没有得到答复，中国怎么啦？	289

卷二十八	中美建交就台湾问题达成了共识，搁置了分歧	291
	邓小平在日本说：中美关系正常化"两秒钟"就可以完成	292
	建交谈判关键时刻，邓小平连续三次接见美国谈判代表	295
	卡特高兴得像顽皮的孩子似的开起玩笑来，差点把人吓晕了	300
	中美宣布建交就台湾问题达成了共识，搁置了分歧	302

卷二十九	国会一复会，就为台湾问题爆发了激烈的辩论	307
	国会一复会，就为台湾问题爆发了激烈的辩论	308
	为了面对来自国会的挑战，卡特早就准备了一本厚厚的私人笔记本	311
	为解决断交后的美台关系，卡特向国会提交了《台湾授权法案》	313
	就在国会为台湾问题对卡特进行围攻时，邓小平开始了访美之行	316

317	卷三十	邓小平被美国《时代》周刊评选为1978年世界新闻人物
318		美国《时代》周刊将邓小平评选为1978年世界新闻人物
323		从美国不断传来了关于暗杀邓小平的种种警报……
328		夜深人静,卡特在研读厚厚的一册关于邓小平的材料……
331	卷三十一	中美关系的航船刚刚启航……
332		面对风雨,邓小平斩钉截铁地下令:"起飞!"
334		邓小平一下榻就去赴布热津斯基的家宴
337		"慈善的神灵打开了所有的门窗"
342		邓小平强调了中国需要很长的和平时期来实现现代化
345		一个反对中美建交的参议员不得不说:你们把我打败了
351	卷三十二	邓小平在美国国会说:我们不能把自己的手捆住
352		卡特希望邓使用"和平方式"和"耐心"谈台湾问题
356		他想起了黄镇说的:美国竟然有三个政府……
358		卡特请邓小平安排时间会晤国会两院领袖
365	卷三十三	"邓小平旋风":美国电视黄金时间跟踪播送邓的访问
366		亚特兰大:邓小平在访美计划之外去黑人领袖马丁·路德·金墓地献花
369		休斯敦之一:三K党徒突然袭向邓小平,瞬间化险为夷
373		休斯敦之二:邓小平与骗过特工混入宴会的哈默博士成了好朋友
377		西雅图:邓小平的访问使波音成为最早进入中国的美国首批大公司之一
383	卷三十四	中美两国驻对方大使馆终于顺利举行开馆仪式
384		他不在乎是否有人反对他当首任驻华大使,而在乎海鸥驻足在他的肩膀上
388		几经曲折,美国驻中国大使馆终于顺利举行开馆仪式

卷三十五　《台湾关系法》给中美关系航道留下了"水雷"　　393
　　　　　　交涉双橡园馆址，使柴大使觉得中美建交后的路程还很坎坷　394
　　　　　　黄华外长就《台湾关系法》草案紧急召见伍德科克大使　396
　　　　　　卡特总统终于签署了国会通过的《台湾关系法》　400
　　　　　　《台湾关系法》给中美关系留下了危险的"水雷"　403

卷三十六　中美关系之航船在"一个中国"的航道上前行　　407

主要参考文献　　413

卷 一　　一周时间改变不了世界

■ 新解密的美国档案表明，尼克松对周恩来作过五条秘密承诺

尼克松总统的 1972 年访华之行，堪称已经过去之 20 世纪的最重大的历史事件之一。至今，在太平洋东岸加利福尼亚海边的尼克松墓地上，一块不很大的黑色花岗岩墓碑上，仅仅镌刻着一句话："理查德·尼克松，1913—1994，历史给予的最高荣誉是和平缔造者的称号。"

在签署了《上海公报》、即将飞离中国时，尼克松曾经踌躇满志地说："我们访问中国这一周，是改变世界的一周……"

毫无疑义，《上海公报》发布后，极大地震撼了世界，影响了世界格局的改变。但是，亲自掌握着《上海公报》谈判具体进程的毛泽东，就对尼克松"改变世界的一周"之说法不以为然。当时在锦江饭店亲眼目睹了中美双方发布《上海公报》情景的法新社记者就曾评述说："改变世界的一周"应该是"改变尼克松的一周"。

在《上海公报》中，美方使用了被称为表现了基辛格"超级智慧"的那句话，来表述"只有一个中国"的概念。这句话就是："海峡两岸所有的中国人都认为只有一个中国，台湾是中国的一部分。"应该指出，对于结束新中国成立后中美两国间的敌对状况，对于美方多年来一直在炮制"两个中国"、"一中一台"的做法，这无疑是一种进步。但是，这句话表明的"一个中国"之概念，是一个缺乏明确实指性的模糊概念。笔者在撰写《中美建交纪实（上）》而在海内外作调研与采访时，曾听不止一个有关人士谈起过当时在北京，在"只有一个中国"问题上，在台湾问题上，尼克松曾经对周恩来作了《上海公报》文字中所未包含的秘密承诺。

《基辛格秘录》海外版本之一

美国有钻劲的专家经过多年的调研寻访，终于在1999年间出版了一本厚厚的《基辛格秘录》，将基辛格原打算在其辞世五年后才公布的有关其所参与的美中、美苏高级会谈的原始记录档案披露于世。该书出版后，轰动一时。书中最精彩最珍贵的部分，是毛泽东与基辛格数次见面时的谈话记录档案，这确实是很详尽全面而极为难得的史料。但笔者读了后感到遗憾，在这本称为"秘录"的砖头一样的厚书中找不到有关尼克松首次访华时与周恩来之间的秘密谈话的记录档案。

■ 尼克松因"水门事件"提前下台，其秘密承诺怎么办

美国最新解密的前总统福特会谈记录档案透露，福特曾经向中国领导人重

《基辛格秘录》海外版本之二

申其前任尼克松的秘密承诺,但他"不支持台湾政府的任何独立之努力"的措辞,与尼克松的"不支持任何台湾独立运动"有点差别。但据有关材料报道,"从整个会谈记录来看,尼克松刻意将公报的用语模糊化,其对中共私下承诺了更多";材料还称:"这些新解密的会谈记录仍有许多关键被删除,尼克松的秘密承诺仍难见全貌。"

据这份新解密之档案称,1972年2月22日的尼克松总统与周恩来总理的第一次秘密会谈中,尼克松提出对台湾问题的"五原则":

第一,中国只有一个,台湾是中国的一部分。如果我能控制得住官僚体系的话,不会再有台湾地位未定之类的声明出现。

第二,我们不曾也不会支持任何台湾独立运动。

第三,在可能范围内,我们将运用影响力,劝阻日本军队在美方减少在台驻军时进入台湾。□□□□□□(原档案中,此句以下有4行被删除)

第四,我们将支持任何台湾问题能达致的和平解决。与此点相关者,我们将不支持台湾政府作任何以武力回到大陆的军事尝试。

第五,我们寻求与中华人民共和国关系正常化。我们知道台湾问题是完全正常化的阻碍,但在我刚表述的架构下,寻求正常化,努力向该目标迈进。

尼克松并向周恩来表明,他计划在总统第二任期内完全撤出驻台美军,完成与中国的关系正常化。但尼克松当选第二任总统期间,因"水门事件"下台,由其副总统福特继任总统。福特继任总统后,由基辛格担任国务卿,福特是准备履行尼克松的对华承诺的,并于1975年12月访问北京。福特在与周恩来会谈时,重申了尼克松在1972年的承诺,并且列为记录。

在这份所解密的档案记录中,福特所重申的五点原则,在档案中没有一项被删除,但其内容与尼克松的五点原则并不完全相同。在解密的档案中,福特在会谈中是这样提及尼克松曾作的五点原则:

第一,我们支持一个中国之原则。

第二,我们不支持台湾政府的任何独立之努力。

第三,我们将积极劝阻任何第三者在台湾寻求扩张主义之活动。

第四,正如尼克松所言,我们已大举减少在台湾之驻军,现已减少至目前约有2800人。我准备明年再减少一半,减至1400人。我希望您知道,我们在台湾没有攻击性武器的能力。

第五,全部兵力从1万美军减至1400人,美国在该地区没有攻击性武器能力,那很明白显示尼克松所作的承诺,正由我在执行。

据海外中国问题专家分析,将尼克松承诺的五点原则与福特重申的五点原

1975年12月,福特总统访华时与邓小平密谈。

则相比，福特所称"我们不支持台湾政府的任何独立之努力"，与尼克松所说的"不支持任何台湾独立运动"，及《上海公报》所表明"海峡两岸所有中国人都主张只有一个中国，台湾是中国的一部分"的文字提法，是有所矛盾的。

　　本书所记述的，就是从1972年中美《上海公报》至1979年中美《建交公报》，其中在尼克松时代之后又经历了福特总统时代及卡特总统时代，美方终于从模糊的"一个中国"概念，到明确了这一原则——美利坚合众国政府承认中国的立场，即只有一个中国，台湾是中国的一部分，中华人民共和国政府是中国的唯一合法政府——从而导致中美两国建交，实现了两国关系正常化。

卷 二　　年轻的佐治亚州州长的
　　　　下一个目标：白宫

■ 当卡特看到尼克松访华的实况转播的时候

在尼克松访问中国时,中国的十亿人民,无论男女老少,都记住了"尼克松"的名字。在太行山深处一个偏僻的小镇子上,听着广播里报道美国总统尼克松一行游览长城的时候,一个老人问:"我查遍了家里那本《百家姓》,怎么就没有这个'尼'姓?"

另一个老人回答:"人家美国的《百家姓》没有毛泽东的'毛'姓,我们的《百家姓》当然就不会有'尼'姓。"

在那个时候,在理查德·尼克松名字响遍中国的时候,在中国还几乎没有人知道另一个叫吉米·卡特的美国人。

就在这同一个时刻,在美国正好是夜晚。

那天夜里,美国南方佐治亚州首府亚特兰大城里灯火辉煌。这个发展得格外迅速而显得生气勃勃的城市,高大建筑物的现代化线条组成的空中轮廓在夜空中十分迷人。由于有线电视新闻网的创办人特德·特纳的创业精神,有线电视新闻网向全美各地每天二十四小时连续滚动提供新闻,亚特兰大进入70年代后也成了传播媒介的中心。

本来吉米·卡特是想留在家里看尼克松总统访华的电视实况转播的,但又不得不去参加农场主们举行的一个聚会活动。他以前也是种花生的农场主,这些大都是他以前在一起摸爬滚打的老朋友,也是他的铁杆支持者,如今他当了州长了,更是不能不参加老朋友们的活动。

这些农场主老朋友们说,喜欢吉米那讲话时露齿的笑,说他这种笑的样子有点像肯尼迪总统。他们说吉米过去在田间收获花生时是这样笑的，如今在州政府的办公室里和州议会大厦讲坛上也是这么笑的。

在这天晚上的活动中，他给老朋友们讲了一个关于他自己的故事：

> 竞选刚结束的一个清晨，我进了佐治亚西南的一家餐馆，要了一份烤饼。可是那里的一个姑娘给我的烤饼抹上了一点黄油。吃完半块烤饼后，我把她叫过来告诉她，如果她不介意的话，我想再要一点黄油。
>
> 她说了"不行"后，就转身走开了。
>
> 我以为她没有明白我的意思，所以不一会儿她又过来时，我说："小姐，请你过来一下好吗？我想再要一小块黄油。"
>
> 她说"不行"，又走开了。
>
> 最后，我让我的保安人员把她叫回来。待她走过来时，我说："听着，我不想找麻烦，但是我想要一点黄油。"她还是说"不行"。我说："你知道我是谁吗？"她问："谁？"
>
> 我说："我是佐治亚州州长。"
>
> 她问："你知道我是谁吗？"
>
> 我说："不知道。"
>
> 她说："我是黄油的主人！"

他的故事说罢，农场主们热烈地鼓起掌来。活动一结束，卡特出了大厅刚刚登上汽车，就对司机说："你给我开快点。"

他赶到家时，稍晚了一点儿。电视里总统在人们的簇拥下，已经登上长城了。尼克松还朗诵了毛泽东那句有名的诗："不到长城非好汉！"

看着屏幕上那令人神往的巍峨起伏的长城，他不能不想起中国。

他从小就对中国抱有兴趣。在孩提时代就爱读有关浸礼传教士在中国传教的描写，爱读舅父汤姆·戈迪的中国来信及寄来的中国照片。汤姆是海军报务员，常去中国沿海的港口。为此，他很喜欢与舅父保持通信。后来，他自己也成了海军军官，到了这些小时候听说过的港口。

有着长城、紫禁城等五千年灿烂文化的国家，为什么在当代陷入贫穷？饥饿的眼睛，褴褛的衣衫，瘦骨嶙峋的身体，连大姑娘也衣不蔽体；码头上挤满了向外国海员或是水兵乞食的灾民，你要是给了一两片面包，就会引起他们的躁动和争夺……

那个时候，他感觉到他们迫切需要医院、食品和学校，还迫切需要有人去向他们传播耶稣基督是救世主的道理。

至今他还记得在青岛街上买工艺品时，当他看见一个卖吉祥物的5岁瘦弱女孩，他想起自己5岁时也去市场卖过花生。他顿时生了同情心，用5美元买了她的一样小物品。他离开时听到了哭声，一回头，她手上的美元被一个乞丐抢走了。在国民党统治的青岛街上，他还看见了"未成年的孩子和年迈的老人在刺刀的威胁下被抓去当兵"。他还记得青岛等港口已被毛泽东的军队所包围，还看得见中共军队在高地上的营火……

这就是年轻的佐治亚州州长吉米·卡特记忆中的中国。那是1949年初，国民党政权在大陆溃败的时候，20来岁的卡特正在中国服役。他在美军太平洋舰队常规潜艇"鲳鱼号"上当兵。那个时候，"鲳鱼号"从香港向北巡弋至青岛，中途数次在中国的沿海港口停泊，他亲眼看到了旧中国人民的悲惨生活，也体会到了中国军队和人民的反美情绪。

尼克松总统对中国的访问触发了他内心的思考。

新中国成立后，在冷战的时代里，麦卡锡主义将"毛泽东的共产党中国"妖魔化了。他们在追究是谁"丢失了中国"，甚至要起诉马歇尔、杜鲁门，在美国制造了一种"恐共症"。朝鲜战争和台湾问题使美中两国相互敌对，相互隔绝，互不来往。应该说，这是不正常的。他知道多年前年轻的共和党议员尼克松对于共产党及其意识形态的攻击，对于麦卡锡主义的拥戴，是不遗余力的。他甚至还记得有次尼克松从欧洲回来，在电视里作反共演说的慷慨激昂、不共戴天的样子。现在，这个以反共著称的共和党总统跑到北京去了，去帮周恩来总理脱大衣，去与毛泽东握手……这当然就引起了美国朝野的注目与议论。卡特作为民主党人的州长，对尼克松打开中国之门的做法是认同的，并认为尼克松这一百八十度大转弯是需要魄力和勇气的。他作为民主党人，不可过多地公开赞许尼克松，但他在内心中觉得尼克松就任总统后是有所作为的。

他也渴望着出人头地，他也渴望着有所作为！

吉米·卡特从州长到总统。

这一年他48岁，已经担任了两年佐治亚州州长了，属于美国南部较年轻的州长。他正在州长的位置上创造着一些"成功故事"，诸如提高政府的办事效率，解决环境保护和生态平衡问题，着力消除种族隔离。许多流落在北方的黑人已经纷纷回到了佐治亚州。他在施政上已经引起了社会的关注，获得了一些赞扬和肯定。他甚至敢在州议会大厦里挂出马丁·路德·金的大画像，这在过去曾经以三K党活动闻名的佐治亚州可是一种勇敢的行为。

州长的位置，并不是他的最终目标，他心存高远，酝酿着参加总统竞选，憧憬着在美利坚合众国总统的位置上有所作为！实际上，他从竞选州长获胜那一天开始，就把州长的四年任期视作在政治上向上攀登的一个重要阶梯。他的目标很明确，就是——入主白宫！

■ 发财致富并不是吉米全力以赴的最终目标

卡特在担任总统后，曾经这样介绍过自己：

> 我是一个南方人和一个美国人。我是一个农场主，一个工程师，一个父亲和一个丈夫，一个基督徒，一个政治家和前州长，一个制定计划者，一个商人，一个原子物理学家，一个海军军官，一个宗教法规学者，一个鲍勃·迪伦歌曲和迪伦·托马斯诗歌的爱好者。

这些名词的排列几乎构成了他成为总统前的丰富的经历。

他从小就想当统帅，从小就想出人头地，从小就培养了一种兢兢业业的做事习惯。因为出生在乡村，他后来被人称为"乡巴佬"总统。1924年10月1日，他出生在佐治亚州普兰斯小镇的怀斯医院。他是英格兰移民的后代，曾祖父、祖父和外祖父都是内战时期的军人，父亲也参加过第一次世界大战，堪称军人世家。父亲退役回来仍是农民，当过地方官。他出生时，家人让他继承了父名，叫小詹姆斯·厄尔·卡特；但是，他一生中几乎都不用这个名字，而是用昵称"吉米·卡特"。

与中国一样，乡下的孩子早当家。他从小就学会了帮助家里干农活。5岁时就拎着篮子开始到普兰斯小镇上去卖煮花生，再大一点就能起早同大人一起到田间劳动。到9岁时，他已是普兰斯镇子上的一个机灵的小商贩了。他用卖花生挣来的钱，以低价买进棉花，等棉花涨价时再出售，用挣来的钱再买了房子出租。即使是他上了中学以后，仍在求学的间隙到校外去卖牛肉馅饼和冰淇淋。父亲对他管教很严，他小时没少挨过父亲的鞭子。他后来曾经回忆说："从4岁到14岁，父亲打过我六次。这些印象很深的体验，我一次也没有忘记过。"

吉米在11岁的时候加入了南方基督教浸礼会，这个教会的保守主义和福音思想对他影响很深。佐治亚州是黑人较多的州之一，每四个人之中就有一个黑人。吉米的家就住在黑人区附近，尽管当时社会上种族歧视与隔离十分严重，但他对黑人低下的社会地位和苦难的生活情景深表同情。因而，他常与邻近农场的黑人孩子们一起干榨甘蔗、修剪西瓜藤的农活，一起打猎、捕鱼、探险和睡觉，一起调皮捣蛋又一起挨罚。

在爱看书的母亲的影响下，他从小就喜欢看书。12岁的时候，在老师的建议下，他就读了托尔斯泰的大部头名著《战争与和平》，这部书成为他一生中最珍爱的书籍之一。他在总统演说中，还特别表示了对当时给他开列阅读书单的英语教师朱丽娅·科尔曼的敬意。

他在少年时代最羡慕当海军军官的舅舅，从小就憧憬着长大后也当一个海军军官，离开这个农村小镇普兰斯，出外见识广大的世界。当他终于能够去报考安那波利斯海军学院时，他高兴极了。考试成绩对他来说是不成问题的，但入学前做体格检查时医生说他体重不够海军的标准，而且他的平脚板将不适于舰艇甲板上的生活。打击是够大的，但他没有泄气，他拼命吃香蕉以增加体重，每天用好几个小时用赤脚踏踩可口可乐瓶子滚动，以使平脚底出现凹陷进去的弓形。功夫不负有心人，他在考试后的体检中终于获得通过。三年后，1946年夏天，他以优异的成绩从海军学院毕业成了海军军官。1948年，他被分配到海军中先进的精英部队——潜艇部队去服役。不久，他服役的潜艇到西太平洋执行任务，因而他到过香港、青岛等中国沿海港口。

50年代初，美国海军发展第一批核动力潜艇，他毅然报名参加，从而获得有"美国核潜艇之父"称誉的里科弗上将接见。两人进行了范围广泛的谈话之后，将军显然很中意他，最后问他在海军学院的学习成绩。卡特自以为是优等生，就不无自豪地说："报告将军，我在全年级820名学员中，名列第59！"

里科弗的脸色立即变严肃了，问："你当时尽了全力吗？"

卡特顿时脸红了，只好嗫嚅着承认说："我……是有偷懒的时候。"

卡特卸任总统之后,回到佐治亚州为穷人盖房子。

里科弗又接着问:"为什么不全力以赴呢?人做什么事情都要全力以赴啊。"

他很是内疚地沉默了,抬头望着将军严肃又慈爱的脸。

将军的话深深打动了他的心!建造核潜艇的方案获通过后,卡特被派往斯克内克塔迪担任首批核潜艇"海狼号"预备船员的上级军官。他白天给船员们讲课,晚上到联合大学进修反应堆工艺和原子物理。卡特在"海狼号"核潜艇上全力以赴地工作和学习,很快就成为核反应堆技术专家和核潜艇专家,经常受到上级的褒奖。从此,"全力以赴"就成了他在海军服役乃至通向白宫之路和在总统任期的座右铭。卡特说,在他一生中,除了他父亲老卡特外,对他生活影响最大的就是里科弗上将。他从白宫退休后所写的自传题目就是《为什么不全力以赴》。

他在"海狼号"核潜艇的甲板上生活的时候,他在想着"为什么不全力以赴"这句话,也雄心勃勃地想到他要成为比里科弗上将更高的统帅、更好的海军指挥官。但是,命运给他在海军发展的雄心以很大的打击。1953年,他的父亲去世,他只好从海军退役回到农村继承父业。这一年,他刚刚29岁。

他又回到了盛产棉花与花生的佐治亚州家乡。他回忆说,刚回萨姆特县普兰斯小镇时,日子是挺"折磨"人的。在妻子罗莎琳的帮助下,他决定在农场中经营花生。在他出外从军的时候,农业技术不断进步,使他感到有点生疏,是有些困难的。但他没有气馁,经过学习和实验,使花生产量稳步提高。卡特一家经过十几年的辛勤奋斗,到了70年代的中期,所经营的花生换来了日益增长的财富;此时,他和母亲与弟弟,已经拥有3100英亩土地、三处房产和公司股票,资产总值500多万美元。在萨姆特县,吉米·卡特已经成了有一定影响的知名人物,人们把他称为了不起的"普兰斯镇的卡特"。

但是,发财致富并不是卡特一生中全力以赴的最终目标。

■ 种花生的乡巴佬与在任总统为竞争下一届总统职位而角力

在佐治亚州州长卡特全力以赴地竞选美国总统时，美国一家有名的报纸曾说道，亚特兰大出名有下面几个原因：其一，已经不复存在的三K党；其二，可口可乐；其三，善于做成大满贯的桥牌名家鲍比·琼斯；其四，玛格丽特·米切尔写的名著《飘》和大明星盖博与费雯丽主演的经典名片《飘》；其五，种花生的"乡巴佬"竞选美国总统。

想出人头地的愿望，全力以赴的信条，驱使卡特不满足于在普兰斯小镇上发财致富。他要成为一个有权有势的人物。

于是，他积极地参与了当地的社会活动，先是出任好些人不愿做的萨姆特县教育委员会主任，后来还兼任教会执事。他在以民政和宗教负责人的身份处理当地民间事务时，表现出的热情、公正和协调能力，获得了当地民众的好评。

1962年，他38岁时，一个难得的机会来了。佐治亚州参议院要新增一名州参议员，分配名额在普兰斯镇地区产生。卡特十分兴奋，决定以民主党人身份竞选。他在初选中经过了努力，但未能获得提名，失败的原因是党内的另一派营私舞弊。他很气愤，很痛恨党内这种卑劣的行为，决定通过法律程序加以揭露。法院为此开了庭，这在当地引起了震动。他在法庭上进行斗争的顽强精神，得到了佐治亚州民主党主席富卡先生的支持和多数党内人士的同情和支持，终于使他获得了这个提名。在竞选中，卡特第一次与亚特兰大权势集团发生了密切联系，从而在竞选中获胜。从此，他对从政有了很强的自信心。他就任州参议员后，极力促进教育事业，还致力于立法程序。他崭露头角，声誉日高。在1964年的选举中，他又获得了连任。

此时，他又想起那句话：为什么不全力以赴呢？

他对州议员的职位并不感到满足，下一个目标是国会众议员。1966年，就在他准备竞选众议员时，又有了一个良机！佐治亚州的民主党候选人因患病退出竞选，这个州的民主党内一些人也主张他竞选州长。他从本党的利益出发，转而参加了州长的竞选。这次，他虽然败给对手、西点军校毕业的富裕的纺织业的继承人卡拉韦，却使他积累了不少有关竞选的经验。卡特并不气馁，他又全力以赴，立即准备参加1970年的州长竞选。

卡特虽说有了数百万美元的资产，但在当时还不属于财大势大的人物。由于他与大财团有了密切联系，那些大富豪们已经看到，一旦卡特上台，是能够代表大财团大企业的利益的。另一方面，卡特自己还意识到，有财团富豪们的支持是重要的，但还是不够的。在平民主义意识很重的佐治亚州，选民们对有财有势的人有一种本能的不满情绪。因而，卡特强烈地意识到，还需要让广大选民了解自己。于是，他借州议员的名义到处游说。据统计，在准备竞选的四年内，他在州内各地无论是北部的丘陵或是南部的平原，到处奔走活动，发表了1800多次演说，与几十万人握过手。他的平民经历和平民姿态赢得了广大选民的支持。

1970年，吉米竞选的对手是担任过前任州长的卡尔·桑德斯。当时有一些明智的人规劝他，说桑德斯实力很强，很令人头疼，并有过当州长的丰富阅历。但是，卡特抓住了桑德斯歧视黑人的要害，旗帜鲜明地主张在本州黑人与白人平等，并许诺在任命官员时是资格与才干而不是种族起支配作用。他说，"黑人应当受到和白人一样的待遇，享有和白人一样的特权与责任"；"我们的人民是我们最宝贵的财产"，"种族歧视的时代已经过去了"。

经过十分艰苦的竞选，他终于击败了桑德斯，当选了佐治亚州的第76任州长。

不少竞选者在竞选演说中所许诺的并非真要付诸实现，他们一旦当选大都将诺言抛到脑后。卡特却并非如此。他有乡下人的朴实风格，说了的就要做。他当选州长后，使州里的黑人雇员数增加了50%；他在州各部和委员会发现只有两名黑人后，就又任命了53名。他还在州里专门组织了处理种族歧视的小组。除了他的社会进步的主张之外，人们印象最深的是卡特的另一项政绩，即他将州政府机构从臃肿得令人眼花缭乱的253个部、局、委精简成22个大局。他在竞选中曾经说过，这次改组工作和他"以零为基础编制预算"的办法为佐治亚州节省了5000万美元。

卡特从竞选州长获胜那一天起，就把州长的四年任期当做他在政治上向白宫挺进的重要阶梯。据有关的资料说，从1972年春，他就把眼光放在1976年的总统选举上了。他利用在职州长的有利条件，筹组竞选班子，与智囊们研究竞选谋略。据说，他的竞选班子所制定的计划长达70页之多。尽管他当州长有了一定的名声，但在刚刚参加总统竞选时，许多普通的美国人还不知道吉米·卡特是何许人。一些认识他的人认为他能当上州长已经很不容易了，对他能选上总统并没有什么信心。但是，卡特确实全力以赴地参加竞选，到处演说争取选民。他实话实说，作这样的自我介绍：

"嗨，我是吉米·卡特，佐治亚州的吉米·卡特，我正在竞选总统。"

"我绝不撒谎。我将反对华盛顿权势集团。"

"我将组织一个像美国人一样善良、正直、体面、真诚、公正、有能力、有理想、有同情心和充满爱的政府！"

除了争取广大选民的支持，他从两次竞选州长的经验中深知获得大财团支持的必要性；于是，他于1973年参加了洛克菲勒财团主持的"三边委员会"，与财团的核心人物戴维·洛克菲勒等建立了联系。

在这期间，发生了一件很重要的事情，就是尼克松政府的副总统阿格纽因逃税丑闻而辞职，众议院少数党领袖、密歇根州的共和党人福特被任命为副总统。不久，尼克松又因"水门事件"而辞去总统职务，福特按宪法规定，虽未经选举而接任美国总统职务。福特当然不甘心只当半届总统，也为竞选下届总统而竭尽全力。福特作为共和党总统候选人，在现任总统职位上竞选下任总统，有其十分优越的条件，对卡特的竞选是很大的挑战。

1975年12月，卡特在全国新闻俱乐部作了题为《为了美国的第三世纪而全力以赴》的演讲，以争取民主党总统候选人的提名。他很快就获得了民主党候选人的提名。

卡特和福特，一方是种花生的"乡巴佬"，另一方是担任过众议院少数党领袖的在任总统，两人将为下一届总统的职务展开激烈的角逐。

卷 三   所有的目光都集中在
         那个矮个子身上

■ 在商定建立联络处后，毛泽东深夜破格接见基辛格

基辛格此次飞往北京已经是第五次了。

飞机从河内刚起飞不久，盥洗间就大忙起来了。基辛格率领的美国代表团几乎都患了痢疾，大家只能埋怨河内的政府宾馆提供的食物不干净。但却有人不同意"食物不洁"说，而将拉痢疾归于"中国风水说"。此人说，中国在地理方位上崇尚"东"，连毛泽东的名字就是"泽东"，毛泽东也有"东风压倒西风"之说。由于我们不谙风水，前年博士从卡拉奇往北飞与这次从河内往北飞，都不吉利。看来我们今后只能像尼克松总统一样从中国东边的夏威夷飞往北京。好些人听了深以为然。

专机经过巴黎，先抵达河内，在河内与越南领导人讨论"医治战争创伤"的问题。然后，飞机再经香港飞往北京，基辛格那两个处理中国问题的主要助手温斯顿·洛德和约翰·霍尔德里奇已经从华盛顿赶到香港，等候上机。

1973年2月15日，飞机从香港起飞后，基辛格头脑里想的整个都是中国问题。有人回忆他这次访问，说他此次去北京更显得踌躇满志、甚为自得。因为最为令人头痛的越南战争刚刚停止，他与越共的谈判专家黎德寿上个月刚刚在巴黎达成了停战的最后协议。在与黎德寿的长期谈判中，两个代表团都是各吃各的饭，互不来往共餐。不像礼仪之邦的中国人，上午可以在会上喊着"打倒美帝"的口号，下午却可以寒暄笑着与你同餐共饮，甚至用筷子给你夹菜。这次达成最后协议，美越两国代表团终于共同围着一张餐桌，吃了最后的也是唯一的一顿饭，还相互敬酒祝贺。美国终于能从越南脱身了，剩下该做的就是考虑怎么进一步加强同中国的关系了。

尼克松连任总统后，在国内的地位加强了，这使总统有机会逐步兑现在第二任期内实现美中关系正常化的诺言。基辛格就是在这样的背景中奉总统之命

毛泽东与基辛格谈话。

飞来北京的。如果说 1972 年美中关系有了惊人的突破,那么 1973 年总统连任之时双方应该在关系正常化的道路上有一点实质上的进展。

他在 2 月上旬离开华盛顿之前,曾经指示霍尔德里奇起草一份可供选择的方案,列出美中双方可以在目前尚未建交的情况下设立哪几种使团。他当时就叮嘱说:从目前事实出发,设立大使馆当然是不可能的,但却需要有外交使团的地位。他刚才看了看霍尔德里奇从香港上机后交来的方案报告,所列的办法中有"贸易使团"、"利益小组"、"联络处"、"领事馆"。领事馆是最不可取的,因为领事馆不一定具有外交使团的地位。看来,霍尔德里奇的思路是一些国家在类似情况下曾经使用过或者可以考虑使用的解决办法,用以保持双方的官方接触。美国在古巴曾设立过某种"利益小组"。他向霍尔德里奇询问:哪一种选择容易为中国方面所接受?

霍尔德里奇答说:我个人认为提出设立贸易使团的办法最有可能获得成功。

他问:何以见得?

霍尔德里奇解释说：早在去年（1972年）中日两国建交之前，中国方面在一个"友好"协会的支持下，日本方面由一个"私人"商业团体出面，通过这些理论上属于非官方的渠道，分别在东京和北京设立"廖承志办事处"和"高崎办事处"，并且双方多年来通过这些办事处一直保持联系。因而我考虑，这种办法对中国人来说丝毫不会引起政治上的困难。

他想了想，又问："联络处"是个什么概念？

霍尔德里奇说：这是外交史上从未有过的概念，我想"联络处"的成员可以是常驻外交官。

他稍作考虑就说：这次会谈，我们将考虑日本方式的互派贸易使团作为首选办法，向周恩来提出。

专机在广州稍作停留后又往北飞，飞抵北京首都机场已经是2月15日下午。

他感到在北京受到的欢迎要比前几次热烈，他的专机破例地被引导驶至机场的主楼前，外交部部长姬鹏飞、副部长乔冠华等来到舷梯前迎接时，笑容满面。他知道，中国领导人看到尼克松连任总统十分高兴。

他到人民大会堂和钓鱼台国宾馆时，竟然发现解放军卫兵向他立正敬礼，这是前几次访问所没有过的。他挺愉快地举手还礼。他甚至得意地对周恩来说，我当过兵，我的军礼是很娴熟潇洒的。

他与周恩来都是深谙谈判艺术的大师，能从谈判中品味一种独有的欣悦。一年前，中国曾把越南战争和台湾问题视为同美国改善关系的两大障碍。现在美国终于在巴黎停战协定上签了字，这意味着美国已经决心从印度支那撤退，从而消除了中美改善关系的一大障碍。在这次访华的会谈中，基辛格对周恩来说，在台湾问题上，美国方面设想在总统第二任的头两年削减美国在台湾的驻军，在后两年"准备以类似日本的方式实现中美关系完全正常化"。所谓日本方式，就是同中国建交，同台湾保持民间往来。由于中美在台湾问题上的分歧逐步缩小，所以双方一致认为现在是加速实现两国关系正常化的"适宜时机"。为此，双方约定要扩大两国在各方面的接触。

两人讨论到双方设立使团机构问题时，周恩来很快就作出了反应。据当时在场的霍尔德里奇在晚年所写的回忆录《1945年以来美中外交关系正常化》一书中记述：

周恩来注意地倾听了基辛格博士提出的意见并考虑了几种可供选择的办法后,毫不迟疑地同意采取设立"联络处"的方案。更有甚者,周在稍加思索后,不仅要求在华盛顿设立的中国联络处同在北京设立的美国联络处在规格上必须是相等的,而且他立即提出设立联络处的有关事项:人员享受外交特权,通讯往来要可靠安全,从有关部门获得安全保卫,以及东道主国家协助解决联络处人员的住房用地和办公场所用地等等。此外,他还敦促要尽可能快地开设联络处。我们就自己方面作了一番计算和考虑,得出结论:由于考虑到本国政府机构的手续程序,设立联络处最早的时间大致也要到5月中旬。于是,基辛格博士和周总理一致同意我们的意见:立即着手进行筹备,联络处按照上述日期开设。

霍尔德里奇(右一)陪同老布什参观北京地铁。

其实，中国的档案材料表明，中共中央政治局早在1971年5月间就考虑过设立联络处这个意见。从历史的实际出发，中美关系正常化不可能一步到位，设立联络处是朝前迈了一步；同时，联络处的建立并不与反对任何形式上"两个中国"的政策相抵触。这种过渡性的解决方法，是独一无二的，在国际关系中是没有先例的。

2月17日下午，在人民大会堂福建厅进行第三次会谈时，周恩来告诉基辛格说，关于我们昨天讨论的台湾问题和中美关系，我已经报告了毛主席。周恩来总理用回述的方式告诉他：毛泽东主席了解到，你们在中美关系上准备采取两个阶段：第一阶段，双方各自在对方的首都设立你刚才讲的联络处，不作为正式外交机构，但享受外交待遇，可以做正式外交机构可做的一切事情。第二阶段，实现中美关系正常化。毛主席还了解到，美方将在尼克松总统的第二届任期内实现这两个阶段。

基辛格毫不犹豫地表示，这就是我们的意图。说罢，他从周恩来脸上的神情看出了亲自掌握着双方会谈的毛泽东对此是满意的，他并猜想今晚有可能获得毛泽东的接见。

晚餐后，从10时15分开始，在基辛格下榻的钓鱼台四号楼旁的三号楼举行双方第四次会谈。晚11时左右，周恩来正在谈国际形势，担任毛泽东联络员的外交部部长助理王海容匆匆走进会场，迅速递给周恩来一张字条，又匆匆出去了。

周恩来很快地扫了一眼字条，用一分钟将刚中断的话题说完，就宣布："博士先生，告诉你一个最新消息。毛泽东邀请你和他见面。你可以偕你的同事洛德先生同去。"

这次专门点了温斯顿·洛德同去，又一次体现了周恩来用心之细。这是给洛德一个机会，可以第一次出现在与毛泽东合影的照片上。此次事出有因，1972年毛泽东会晤尼克松时，洛德担任记录也在场，但美国方面要求中国不要把洛德的名字写入公报，并把其从照片上剪掉，以免触犯国务院，因为国务院的官员一个也未获参加。周恩来这次这样一宣布，是给洛德的一个补偿，但也就等于将基辛格的其他随行人员都排除在外了。

这是毛泽东的一个破格的接待。当时，按照外交惯例，毛泽东没有礼仪上的理由会见基辛格博士。这次接见的本身意味着毛泽东对中美关系迈出新步子而给予的赞许和重视。

会谈暂停，大家立即出了三号楼，大红旗车已经停在楼前。车子从钓鱼台驶进灯火辉煌的中南海门口时，洛德瞧了一下手表，正是夜里 11 时 30 分。

■ 毛泽东对基辛格谈朋友与苏联进攻……

1999 年伊始，一本叫做《基辛格秘录》的书在美国问世，引起了举世关注。尘封了 20 多年之久的中美在 70 年代极机密的谈判记录，包括尼克松、基辛格与毛泽东、周恩来、邓小平等人物的对话全文，随着这本书而大白天下。书中还收录了尼克松、基辛格与苏联领袖勃列日涅夫、柯西金、葛罗米柯等人的谈话纪要。这套近 500 页的秘录，是基辛格本人交给国会图书馆藏之高阁的孤本之外的最完整和最权威的版本。基氏的孤本，目前仍列为绝对机密，非经他本人特许，外人不得借阅。基氏还规定他的秘录必须等他去世五年之后方能解密，公之于世。但是乔治·华盛顿大学的国家安全档案馆的学者专家们，经过六年的努力，利用美国国会通过的资讯自由法（FOIA），迫使美国政府将原先列为高度机密乃至只能目视的美中关系正常化的文件解密。据说，没有解密的文件，则由专家们分头从尼克松总统和福特总统的文献、国务院档案以及曾和基辛格共事的官员们的私人文件中去搜求。其整个过程神秘诡异，就好像侦探办案一样。

因为有国内的资料档案，加上上述这本刚出版的《基辛格秘录》参考，我们得以在本书的有关章节中，更加详尽地记述毛泽东、周恩来、邓小平与尼克松、福特、基辛格等人的谈话内容。

1973 年 2 月 17 日晚间 11 时 35 分，周恩来带领基辛格、洛德走进毛泽东居住的中南海游泳池的书房。毛泽东由身旁的护士搀扶着站起来，与客人握手寒暄。摄影师在一旁忙着拍照。唐闻生、沈若芸都在场做翻译。

毛泽东说：我看起来还不差，但上帝已经对我发出邀请。他又对洛德说：你真年轻，在座的数我最老。

周恩来说：我是第二老的。

毛泽东笑着说：你们也反对我们，我们也反对你们。所以我们彼此是敌人。

基辛格说：以前的敌人。

毛泽东说：现在我们的关系算是 FRIENDSHIP 朋友。

基辛格说：这是我们的想法。我对周总理说过，我们还没有跟其他国家会谈得像跟你们会谈时这般坦诚布公。

毛泽东说：我们别说些假话或耍诡计。我们不会偷你的文件，你可以随意放，测试一下。我们也不搞窃听。这些小把戏都没什么用。我曾对你们的记者斯诺说过，对重大事件而言，你们的中央情报局没有什么帮助的。

基辛格说：这确实是真的。我们的经验是这样的。

毛泽东说：他们做得不好，例如，他们就不了解林彪。

同样的，他们也不知道你想来中国。你们的总统坐在这里的时候也说过，每个人都有依其需要行事的方法。这也导致贵我两国的携手合作。

基辛格说：是的，我们都面对一样的危险。有时我们会用不同的方法，但目标是一样的。

毛泽东说：这样很好。只要大家的目标相同，就不会我伤害你，你伤害我。然后我们可以共同对付一个冒牌货。

（说至此大笑）当然，实际上有的时候我们会想批评你们，你们也会想批评我们。这照你们总统的说法是受了意识形态的影响。你们会说，共产党滚开，我们则会说，滚开帝国主义分子。有的时候我们会说这样的话，不这样做的话不行。

基辛格说：我想我们双方都得忠于自己的原则。事实上，如果我们的话都一样，可能会把情况弄混。

周恩来对毛泽东说：我们已经决定在双方首都设立联络办事处，

以维持（常驻联合国首任代表）黄华和白宫的联系。

毛泽东问：重要性何在？

周恩来说：联络办事处将处理一般民众的交流事务。至于保密性强以及紧急事务则不包括在内，这将交由黄华代表的管理处处理。

毛泽东对基辛格说：黄华命苦。他在你们那里干得很好，现在赶回上海，背给扭伤了。

基辛格说：他返回任所时，我们会给他找个好大夫。

毛泽东说：黄华好像在你们那里比较安全，他一回到上海就摔跤。

周恩来听了大笑。毛泽东又对基辛格说：从你们总统观看中国杂技团演出开始，我想越南问题会快解决了吧。还有谣传说，你也快摔跤了。这件事，在场女士们可不太满意。

全场都笑了，尤其女士们笑声最响。

毛泽东也笑着说：有人说，要是博士垮了，我们也将没活干了。中国和美国贸易量少得可怜，但逐渐在增加。你要知道，中国是很穷的，我们没有什么（东西），女人倒是过剩。

又是一片笑声。基辛格也俏皮地说：女人过剩，就向美国出口吧，又没有配额限制，我们免税了。

毛泽东笑着说：如果这样，我们可以给你们几个，或者千把个。

周恩来也说：一定。要自觉自愿。

毛泽东继续笑着说：这样倒可以减轻我们的负担。但是，博士先生，我可要提醒你，如果让她们到你们那里，绝对是个灾难哟。

笑声又起。基辛格说：我们和中国进行经贸不是只考虑商业利益。

毛泽东说：你要是要我们中国女人，我们可以给你1000万。

在座的女士们笑得特别厉害。在将话题转入到与日本的关系问题之后，毛泽东又说：今天我说了一些无聊的话，为此，我必须向中国的妇女们致歉。

基辛格说：在座的女士都是很称职的翻译。主席现在正在学英文吗？

毛泽东说：我听说外面传说我正在学英文，我不在意这些传闻，它们都是假的。我认识几个英文单字，但不懂文法。

唐闻生说：主席发明了一个英文字。

毛泽东说：是的，我发明了一个英文词汇——纸老虎。

基辛格听了大笑说：纸老虎？！对了，那是指我们。

接着，毛泽东与基辛格谈了如果苏联进攻中国时双方的想法。

毛泽东说：假如俄国攻击中国，我现在告诉你我们将采用游击战和持久战，我们会让他们到任何想到的地方。他们想到黄河流域，那好啊，很好啊！假如他们进一步到长江流域，那也不坏啊！

基辛格笑着说：不过，如果他们使用炸弹而不派兵呢？

毛泽东说：我们要怎么办？也许你可以组成一个委员会去研究这个问题，我们将让他们猛攻一番，而他们将损失许多资源。

基辛格：假如他们攻击中国，我们肯定会基于我们的理由反对他们。

毛泽东说：但是你的人民并未觉醒，欧洲和你们都会认为祸水流向中国未尝不是一件好事。

基辛格说：欧洲想什么我无法判断，他们不会做任何事，因为他们基本上与此事无关。我们考虑的是假如苏联占领中国，将影响其他国家的安全并造成我们的孤立。

在会见时，基辛格细细地端详着毛泽东。他觉得眼前这个老人虽说也是高龄，动作已经迟缓了，但思维竟然如此敏捷睿智，眼光如此广阔深邃，谈话如此幽默轻松，后来他常说，听毛泽东谈话使他感到了一个世纪伟人的魅力。他觉得毛泽东要比一年前在此会见尼克松时身体好多了，他看出毛泽东皮肤的浮肿已经消失了，眼睛也比去年灵活有神。会见进行了将近两个钟头。

2月18日凌晨1时10分，在周恩来示意下，摄影师又从门外走进书房里来。

基辛格知道会见要结束了，就说：主席，我真的发现你的气色要比去年好。

毛泽东不要别人搀扶，自己站了起来，笑着说：是的，我的情况比去年好。你看，摄影师已经进屋来"攻击"我们。请代我向尼克松总统致意，同时也向尼克松夫人致意，很抱歉上次无法与她及罗杰斯国务卿会面。

这天天亮不久,一张还带着油墨清香的《人民日报》送到了基辛格下榻的钓鱼台四号楼的套间里。这份当天《人民日报》头版刊登了毛泽东和基辛格在中南海书房一起会谈的大幅照片,并用了一个通栏大标题来报道这次会见。基辛格看了格外高兴,据他身边的人说这天早上博士的食欲特别佳。

这天下午2时35分至晚7时,周恩来与基辛格在人民大会堂江苏厅举行了第五次会谈。两人共同商讨了两国互设联络处的若干细节。基辛格向中国方面通报了美国准备对欧洲和中东采取的新的外交主动步骤。中方也对美方表示了好意,同意在越南释放美国战俘的时限内,释放两名在越南战争中入侵中国领空而被俘的美国飞行员。

双方还谈到了一个名叫约翰·唐纳的美国中央情报局间谍。此人于1952年11月29日乘间谍飞机窜入中国东北境内收集情报,被中国逮捕,并于1954年11月判处无期徒刑。在中美大使级华沙会谈期间,美方多次提出要人而未获解决。1971年12月13日唐纳被减刑,改判有期徒刑五年。此次,中国方面向基辛格暗示,只要美方提出其家庭有困难就可以提前释放。

周恩来与基辛格第六次会谈。

基辛格离开北京返回美国不到一个月，唐纳的老母亲生病，美方将此事通知了周恩来。没几天，即1973年3月12日，唐纳获释后经深圳出境回国。这样，中美两国在冷战时代遗留下来的最后一笔老账也就解决了。这是后话。

周恩来与基辛格的第六次会谈是18日午夜零时25分开始进行的。会谈地点在钓鱼台三号楼。双方对此次基辛格访华的新闻公报的措辞进行讨论，很快就取得了一致的意见。会谈的小厅里暖气开得很足，待周恩来与基辛格走出来的时候，室外寒冷而清冽的空气扑面而来，两人都感到很舒畅，都不约而同地舒展胳膊而深吸了一大口空气。两人对望了一下，都笑了。周恩来抬腕看了一下表，已是深夜2时10分，严格地说来，已经是2月19日凌晨了。气氛显得较为轻松，两人的兴致都很高，因为天一亮基辛格就要飞离北京了，周恩来就说，我陪你散步走回你住的四号楼去，作为对你的送行。

钓鱼台宾馆的大院子里，万籁俱寂，在不很明亮的路灯之下，两人一边走一边说话。在四号楼的门厅口，周恩来显得很轻松地与基辛格拥抱，握手道别。但是，周恩来一回到自己的大吉斯车上，就催司机尽量开快点。

当车子进入中南海停在西花厅门前时，闻声迎上来的秘书刚刚为他打开车门，他就关切而着急地问道："南昌那边有消息吗？"

秘书迅速回答说："今天下午他已经平安抵达鹰潭。要是快车不晚点，明天中午他就可以上路。"

秘书没有说这个"他"是谁，我们可以猜得到他是什么人物。

■ 开往北京的46次特快挂上了一节"东南亚外宾"的专用车厢

在那个年代，像柬埔寨西哈努克亲王、宾努首相、老挝苏发努冯亲王及越南的有关领导人这样的"东南亚外宾"，是得到毛泽东主席和周恩来总理特别的礼遇的。1973年2月20日上午11时许，从福州开往北京的46次特快经停江西境内上饶地区的鹰潭站。当时，鹰潭只是铁路线上一个不起眼的小镇子而已，但是铁路部门已经得到中央办公厅的有关指示，在这一趟特快上加挂了一节专用车厢，以接待在鹰潭站上车的"东南亚外宾"。

在列车徐徐进站时,上饶地区革委会的领导人、鹰潭镇党委书记与鹰潭站的站长,亲自陪同着一家男女老少,从接待室走了出来。由于东南亚外宾也是亚洲黄种人,加上地方官员亲自送站,不细看的话,就以为真的是送外宾了。但细心的人可以发现被送的主宾是年近70岁的矮个子老人,身材壮实,步履稳健,精神矍铄,目光炯炯,穿着雪花呢大衣。

这个老人的面影好熟悉哟,这不就是邓小平吗?!

搭乘这趟列车专用车厢的这家人,确实是邓小平的一家四代老少。有邓小平、卓琳、继母夏伯根、女儿邓林、邓楠、女婿张勤和一个刚出世不久的小外孙,还有秘书王瑞林。

"东南亚外宾",这是他即将离开江西的特殊日子里作为打掩护的特别称号。现在已经无从查考,究竟是谁给他"发明"这个带有神秘色彩的称号了。

这个称号,在那个极"左"而动乱的岁月里,对于他出访及回京,可以说起了不可小看的掩护作用。

在林彪事件之后,邓小平的政治生活面临转机。周恩来总理安排他于1972年11月中旬起,从井冈山开始,对中央苏区老根据地及江西农业生产、景德镇陶瓷厂等作一次考察访问,并特别叮嘱有关部门要注意他的安全问题,绝不能出事情。事先给邓小平要去访问考察的县镇或者单位打招呼,这可是一个涉及安全问题的难题。虽说林彪集团已经倒台,但是将邓小平定为党内"第二号走资本主义道路当权派"的造反派头领人物还在台上,各地造反派及一些靠造反起家的人物还十分活跃,极"左"的思潮还在到处泛滥。再加上对邓小平又没有正式宣布平反复出,他头上还戴着一顶"党内第二号走资派"的帽子。在这样的情况下,他去各地访问露面,如果不采取一些特别措施,难保不出意外。首先就挑选老革命根据地,是考虑到那里的人民对老红军老同志革命感情深,造反派的势力相对薄弱一些。为了加强安全保卫工作,事前都是通知说有"东南亚外宾"去访问,使邓小平的出现带有一定的突然性。

史爱国在《初访井冈》一文中对当时的情景作了有关记述:

> 在枫树坪,三湾的群众惊讶地看着正在参观的"东南亚外宾"。这

1972年,邓小平、卓琳夫妇与母亲在江西。

位"外宾"身穿灰色中山装,脚穿一双旧黑皮鞋,身材不高,却很精神,偶尔流露出四川口音。他们越看越面熟。

"邓小平来三湾了!"

"昨天通知要来参观的'东南亚外宾',原来就是邓小平。"

人们奔走相告,从家中,从地头,自发地聚集到三湾招待所的大门附近,用好奇的目光注视着几年来销声匿迹的邓小平。

在邓小平的访问考察结束不久,1973年2月中旬的一天下午,江西省委接到中央办公厅主任汪东兴的电话通知:中央已作出邓小平回京的决定并再三说明邓小平这次回京,是根据毛泽东的指示,由周恩来亲自安排的。汪东兴指示省委用汽车直接把邓小平一家从南昌送到鹰潭,再换乘福州至北京的特快列车。汪东兴要求务必做好保密和安全保卫工作,确保邓小平及其家人等在江西最后一站的绝对安全。

当时,江西省委书记由黄知真担任。1972年4月间,中央在北京解决江西省委领导班子问题时,周恩来就曾与黄知真面谈过,当时还曾指示江西省委将残疾在身的邓朴方送至北京 301 医院治疗。黄知真后来也获知毛泽东在邓小平信中作的"8·24"批示。江西省委在接到汪东兴的电话后，非常重视，在当时复杂的形势下，决定由省委书记黄知真直接抓这个工作。黄知真直接打电话给上饶地委书记兼军分区政委王瑞清，布置了在鹰潭的接待任务，并郑重提出三点要求：一要安全，绝对安全；二要保密，严格保密；三要热情周到。

在黄知真书记的亲自安排下，1973 年 2 月 19 日清晨，冬末初春的太阳刚刚露脸时，在南昌市郊新建县望城岗的那座"将军楼"院子里，两部老式伏尔加小轿车，告别了来送行的人群，在公路上扬起了灰尘，朝市区飞驰而去。车子穿过了闹市区，向东直奔鹰潭方向而去。

当时的路况并不好，车子经过一天的颠簸奔驰，在接近下午 5 点时抵达鹰潭镇，穿过镇街，驶进镇东信江边的与市井相隔的一个带青砖围墙的院子。这是镇子的一个小招待所。院内绿树成荫，环境很幽静，主楼为一座宫殿式的建筑，室内盥洗设备都齐全，这里很适于警卫，无关外人不易闯入。主人说，这里曾接待过许多党政军领导人。为防意外，负责内保的上饶地区公安处警卫科长刘树兴率领一班战士担任警卫。

邓小平一家就住在二楼里。镇党委书记霍凤翠在楼上指着招待所对面一个郁郁葱葱、古树繁茂的处所，对邓小平说："对面原是国民党海军司令桂永清家的后花园，几处房子是屯兵藏宝的库房，园内那几株苍郁的大树是千年古樟。人家说，过去古樟树上常有老鹰飞来栖息，现在是很少见了。解放后，现在桂家的花园改为人民公园了。"

邓小平虽经长途的颠簸，仍精神饱满，很有兴致地问："这里的地名为什么叫鹰潭？"

霍凤翠告诉他，相传鹰潭得名是因境内龙头山上的几株千年石樟常吸引得远近的雄鹰翱翔而至，栖息于树上，山下信江又有一泓碧潭，两样奇景，相互映衬。古人有云："急流漩其中，雄鹰舞其上。"

邓小平听了，若有所思地说："是啊，鹰飞得再高，也有收翅栖息的时候啊。"

夜里 10 时许，陪同的地方领导起身告辞，请邓小平早些休息。

据地区公安处警卫科长刘树兴说，已经夜深了，邓小平还没有睡，临窗而立，在默默思考。刘科长在院里看得见他那烟头在夜幕中一闪一闪，他抽了一支又一支。后来，他又下楼在院子里散步。

第二天中午，邓小平上了46次特快列车后，主持邓小平在江西最后一站接待的地区革委会秘书长林振福这才松了一口气，立即按原定的指示给省委办公厅打去电话说：

"请报告黄书记，鹰潭方面已经顺利完成送'东南亚外宾'上车去京的任务。"

■ 所有的目光都集中在那个矮个子身上

他已经病得很重了，不能不去治疗了！

鉴于他的身体状况不能再苦撑下去，中央作出决定，3月10日，邓颖超陪他去玉泉山进行秘密治疗，对外绝对保密。

他的病情是在去年（1972年）5月12日发现的。这天，保健大夫张佐良在给他做每月一次的例行小便检查时，在显微镜高倍视野下发现了四个红细胞。在男性尿常规检查中发现四个红细胞是多了一点儿，这可能提示他体内有隐患。经与著名的泌尿外科专家吴阶平及邓颖超等人研究，三天后，说服周恩来再做了一次尿检，竟然发现了八个红细胞，不仅数量增多了一倍，还诊断发现了"膀胱移行上皮细胞癌"！

数天后，经京津沪三地的有名泌尿外科专家和病理专家讨论汇总，5月18日，确诊周恩来患了膀胱癌。

据《周恩来年谱》记载：

> 11月11日，保健医生卞志强、张佐良写报告给叶剑英、李先念、李德生、纪登奎、汪东兴，详细汇报了自5月份以来周恩来心脏病发展情况，并列出血压、脉搏、心电图和便血等检查数据，报告说：经过组织专家会诊，一致认为"恩来同志的心脏病发展是比较重的"，"要及时严重注意"。报告建议周恩来"宜特别注意休息，增加睡眠，采取减轻工作和其他一些可行的办法"。叶剑英等阅后均同意报告所提意

见，强调对周恩来的健康应加以保护。毛泽东阅报告后批示："应当休息、节劳，不可大意。"

但他深知自己责任之重，林彪事件之后，事实上他是一肩挑着党中央与国务院两副担子，须从各方面加强工作，努力使国家尽快摆脱困境。他只能继续坚守岗位，工作量丝毫没有减少。

半年后，他的病情突然恶化。1973年1月13日清早6时许，周恩来在批阅了大量文件后，去卫生间洗漱，在小便时，突然排出大量鲜红色血尿，使整个抽水马桶里的水都变成了红色。医疗组向中央写了"病情报告"。但已是75岁高龄的周恩来尽管持续尿血，仍然不懈地坚持工作。

在1973年入春周恩来病情恶化的这段日子里，解决邓小平复出问题更是在他心中占据了特殊重要的位置。

周恩来不仅考虑到自己已经重病在身，而且也了解毛泽东身患重病，并不是报纸头版上常说的"红光满面、神采奕奕"。在1971年11月中旬及1972年1月中旬，毛泽东的老年慢性支气管炎反复发作，导致严重的肺源性心脏病伴有肺部感染，曾两次休克，停止了呼吸，经过医疗组全力紧张救护，才抢救了过来。虽说在尼克松总统访华后，毛泽东的病情也有所好转，但老病根仍然存在。

他想方设法，克服障碍，加快了邓小平复出的步伐。邓小平是悄无声息地回到北京的，抵京的日期是1973年2月21日。

邓小平回到北京后，自2月下旬至3月初，周恩来连续主持政治局会议，专题讨论邓小平复出的问题。尽管毛泽东对邓小平问题早在数月前就作了批示，但阻力仍然不小，政治局里充满了斗争。

至3月9日，邓小平复出的问题初步有了一个结果，他在准备次日去玉泉山治疗之前，特为邓小平复出问题给毛泽东写了一封信。

《周恩来年谱》在1973年3月的内容中作了如下记载：

> 致信毛泽东，汇报中共中央政治局几次讨论关于恢复邓小平组织生活和国务院副总理职务情况，提出：政治局认为需要中央作出一个

决定，一直发到县、团级党委，以便各级党委向党内外群众解释。

并告：现在小平同志已回北京。

毛泽东批示"同意"后，周恩来即批告汪东兴，将中央关于邓小平复职的文件及其附件送邓小平本人阅，并对有关内容提出意见。十日，中共中央发出《关于恢复邓小平同志的党组织生活和国务院副总理的职务的决定》。

周恩来经毛泽东同意请假两周，去玉泉山治疗。从他为请假而主持召开政治局会议讨论其请假期间的工作交代，可见他身上工作担子之重，也可体会到担任过党的总书记及国务院副总理的邓小平最适合来替他挑这些担子。但是，当时立即由邓小平接过担子的时机尚未成熟。

他在此次会议上提议：在他离开的两周内，政治局会议和报告由叶剑英主持和签署；组织宣传工作由江青、张春桥批办或上报；中央军委事务由叶剑英处理和上报；国务院事务由李先念和国务院业务组处理和上报。关于落实干部政策及干部处理问题，由纪登奎、李德生、汪东兴等提出先易后难的方案，送交政治局会议讨论后报毛泽东批准。会后，他将政治局会议研究上述各事报告毛泽东，毛批阅"同意"。

两周之后，病情趋向稳定，他从玉泉山返回中南海西花厅。他抓紧了邓小平正式复出之事。3月28日，他在时任国务院常务副总理的李先念陪同下，与邓小平见了面。这是两人在"文化大革命"动乱冲击后的第一次见面，来不及长谈，只是谈了邓小平以国务院副总理身份参加国务院工作之事。

次日，3月29日，周恩来约邓小平去毛泽东处开会。社会上好些画册都登载过毛泽东与邓小平这次见面的照片。在见面后，根据毛泽东的意见，周恩来主持政治局会议，会上议定：邓小平"正式参加国务院业务组工作，并以国务院副总理身份参加对外活动；有关重要政策问题，小平同志列席政治局会议常加讨论"。

邓小平复出的各项程序都已经完成了。周恩来需要挑选一个时机，让邓小平以副总理身份公开露面。

4月2日，周恩来又上玉泉山做手术。4月9日，周恩来手术后下山前，邓小平、卓琳上山与周恩来、邓颖超作了长谈，两对夫妇共进晚餐。谈话内容无从查考。

两天后，4月12日晚上7时30分，周恩来在人民大会堂宴会厅举行盛大宴会，欢迎视察柬埔寨解放区后到达北京的西哈努克亲王和夫人。邓小平以国务院副总理身份出席宴会。邓小平身穿灰色中山装，出现在热闹的宴会厅里。他的突然露面，特别引人注目。这是"党内第二号走资派"在"文化大革命"中被打倒数年之后，第一次在公开场合同中外人士见面。

在宴会开始前，在宴会厅旁的一间会议厅里，周恩来和所有到会的中国政要与西哈努克夫妇见面谈话。西哈努克亲王见到邓小平时很显惊讶，在与邓小平紧紧握手时说：我真的很高兴见到你了！

这次晚宴，除了毛泽东以外的所有政治局委员们都出席了。当时在场的阿尔巴尼亚外交官雷兹·马利列在其回忆录《我眼中的中国政要》一书中，是这样记述这次宴会的：

> 大厅里所有的人，不管是中国人还是外国人，都为看到邓小平而惊

复出的邓小平与西哈努克在一起。

喜。大厅里响起了嗡嗡声，人们交头接耳，谁也没有认真地听宴会上的讲话和一个接一个的祝酒词。所有人的目光都集中在邓小平身上。巨大的好奇在人们心中涌现：发生了什么事？还会发生什么事？我同桌的几个外国人看到我是同中国领导人一起进来的，以为我会告诉他们一些具体情况，便雨点般地向我发问。然而，我也不比他们知道得更多。

邓小平是被打倒沉寂多年后初次露面，而打倒他的"文革英雄"江青、张春桥、姚文元等这个晚上也都在同一个场合里。这个场面也使那些敏锐的外国使节与记者很感兴趣。一位有幸参加了这个不寻常宴会的东欧记者，注意到"在那次令人难忘的招待会上"，在那些不可一世的对手面前，邓小平"只身孤影，缄默无声"。这位记者记述说："他那对大而近似欧洲人的眼睛，正扫视着所有在场的人。似乎这孤独丝毫没有使他感到难堪和不安，相反，他正在查看地势，端详同伴，准备迎接新的任务和斗争。""眼前的景象是：这边，站着'文化大革命'的一些'英雄'，他们不久前曾剥夺了邓的一切权力；而那边，则是政治的牺牲者，他现在又站在象征权力的大厅里，并且是副总理之一。此时此刻，双方又能互相揣度些什么呢？……"

日本共同社驻北京记者发出的消息说：这个晚上，所有的人都盯望着身材矮小而神色安定的邓小平，上千双眼睛都像聚光灯一般聚焦在他身上。他原来的反对者们，也不能不暗暗地打量着他，而晚宴原定的主角——总是携带着美丽夫人的西哈努克亲王反而成了陪衬。

法新社驻京记者评述说，邓小平的突然出现，说明他是强有力的，是打不倒的，这也是70年代往后的中国政治舞台要发生新变化的明确信息。

港澳及西方所有大报以大字标题，赫然报道了邓小平复出的消息。同时，中国国内所有报纸发表了新华社的电讯通稿，在报道出席宴会的那些中央政治局委员名字之后，又见到了副总理邓小平的名字。

而那些在全国各地农场山村劳动改造的各级大小"走资派"们，从中看到了自己的前途和国家的希望。就连一般的老百姓，知道了这则消息，都会不无惊喜地相告：

"邓小平出来了！邓小平出来了！"

卷 四　　**黄镇出使华盛顿**

■ 毛泽东对黄镇说：联络处比大使馆还要大使馆

就在4月12日邓小平复出的宴会上，在出席宴会的众多在京中央委员之中，有一位剪着平头的干部，高大魁梧，气宇轩昂，60多岁了，胸部还高挺着，虽然身着中山装，仍然透出一种大将军的气质。

他也朝着邓小平看了许久了。

尽管他在这复杂的场合不露声色，同桌之中就有他所厌恶的人，但从他那黑而明亮的眼神中，不难看出他内心中的喜悦。他独自举起了酒杯，朝邓小平所在的方向伸了一下，就饮尽了这杯酒。后来，他解释说，当时去找邓小平当面祝酒不方便，我这是独自为邓小平的复出干杯！

他就是在外交界鼎鼎有名的将军大使黄镇。他是当时外交部仅有的两个中央委员中的一个。可见他在中国外交部即使不担任部长，也是个举足轻重的人物。

两个星期以前，他刚刚告别了凯旋门，奉调从巴黎飞回北京。

他担任了九年多的驻法国大使，他夫妇俩与戴高乐将军夫妇俩、蓬皮杜总统夫妇俩都建立了深厚的友谊。他在巴黎主持了同意大利、智利、澳大利亚、西班牙、土耳其、比利时、黎巴嫩、扎伊尔（刚果）、赤道几内亚等十余个国家的建交谈判；因而，周恩来曾对他说：没有你在法国同十几个国家谈判建交，在"联大"为我们投票的人会少掉许多……

他们夫妇俩这次奉调回国的消息在巴黎一传开，送别的活动就排得满满的。3月22日，法国外交部代部长安德烈·贝当古举行了盛大的午宴。连日来，巴黎许多政府要员、社会名人、外交同行都赶来中国驻法使馆表示欢送。3月25日，旅法华侨协会举行欢送招待会，会长说：我们华侨为祖国有黄镇将军这样的大使而自豪。27日，蓬皮杜总统专门设宴欢送。27日晚间，黄镇夫妇在驻法

黄镇出使法国期间，与戴高乐总统建立了深厚的友谊。

使馆举行告别招待会。

在所有的欢送赞辞之中，亚非使团团长、马尔加什驻法大使拉西玛玛加在亚非使团举行的欢送午宴上的讲话最为感人肺腑：

> 我回忆起九年前你来到巴黎，是担负着何等重大的使命。当时，你的国家的处境是困难的，对你们存在着不信任。但你和你的夫人，由于你们的耐心和努力，渐渐地，你们使大家了解你们的国家，了解

你们国家的真实面貌。在法国，无论是在人民群众中间，还是在所谓的资产阶级当中，人们对你的谈论是一片赞扬。一位非常高级的法国人士对我说，你是在巴黎能找到的最好的大使。你有一颗赤子之心，非常富有人情的心，一颗巨大的心！

法国谚语说：人之离去，好像消失了一样。我们不相信这句话。因为你走了，你仍然活跃在我们心里……

黄镇留给巴黎的印象太深了，以至于他已经乘飞机离开巴黎了，巴黎的报纸杂志还不断地在谈论他。很有影响的《世界报》评述说：在年刚65岁的时候，黄先生要退休还是太年轻了。人们对曾经担任过外交部副部长的黄镇将军未来的职务有很多猜测。由于美国总统尼克松在日前刚刚宣布资深外交家布鲁斯即将出任美国驻北京联络处主任，人们最容易联想到黄镇大使将去领导中国驻华盛顿联络处。

有位中国大使同行说，在新中国诸多驻外大使中，他是见毛泽东次数最多的、坐飞机次数最多的、担任位置最重要国度的大使，他也是中央委员，加上他曾经在中美秘密联络的巴黎渠道担任重要角色；因而，中国驻华盛顿联络处主任非黄镇莫属。黄镇自己心里也判断，此次奉调从巴黎卸任回国，很可能就出任中国驻华盛顿联络处主任。

其实，早在3月上旬，中央已经确定了由他出任驻美联络处主任的职务。

当时，美方已来通报，即将宣布由72岁高龄的资深外交官布鲁斯主持美驻北京联络处。据了解，这位戴维·布鲁斯在派到中国任职前为美国驻英国大使，还担任过美国驻联邦德国、法国等国大使，不久前担任越南问题巴黎会谈的美方代表团团长。其在美国当时的驻外使节中，无论资历和地位都是最高的，是美国外交界的"大老"人物。其熟悉欧洲事务，为人老成持重、处事谨慎，是尼克松总统和基辛格博士深为信赖的朋友。但对中国事务并不熟悉，对中国也知之甚少。考究其与中国的关系，就只有夫人伊万杰琳·布鲁斯曾在1948年跟随驻北京的外交官父亲待过一年，长大后还学过中文而已。据美方报纸披露，当时美国国务院有好几位高级外交官都对驻北京的职务翘首以待，跃跃欲试。

中方曾分析尼克松和基辛格为什么选中了对中国事务并不熟悉的布鲁斯

毛泽东会见黄镇大使。

呢？原因是与当时的政局与领导人办事的风格有关。尼克松上台后开始大力调整美国外交战略，从亚洲收缩兵力，力图摆脱越战泥潭，集中力量解决国内经济问题和加强美国在全球、特别是在欧洲的战略地位，为此需要打开同中国的关系，以便施展"均势外交战略"。尼克松和基辛格在调整外交战略时，不太信任职业外交官和国务院这种官僚机构，总想把对外大权集中于白宫，便于发号施令和进行秘密外交活动。这时，中美关系刚刚打开，双方之间都有很多敏感问题，布鲁斯赞同尼克松、基辛格的"均势外交"战略而又谨言慎行，因而被选中。

美方派出的是最有威望的外交官，中方当然也相应考虑派出最有资格的外交官。据《周恩来年谱》记载：

> 1973年3月4日，（周恩来）批示同意外交部所拟关于驻美国联络处主任人选的口信稿，并致信毛泽东：美现派高级外交官来任驻京联络处主任，我拟相应地派黄镇大使去任驻华盛顿我联络处主任，以利推动工作开展。毛阅批"照发"。

黄镇夫妇俩于3月30日回到北京当天，外交部即宣布任命黄镇为中国驻美国联络处主任（大使衔），原担任外交部礼宾司司长的韩叙为副主任（大使衔）。当时，对外尚未公布。

黄镇夫妇回到了在北京的家里，长大成人了的儿女们接到消息也纷纷赶回家中。一家人围坐在客厅里，这是很难得的全家人团聚。父母与儿女们的目光碰撞着。儿女们端详着多少总感到有点陌生的父亲，头发已经花白，老了，即使还需要工作，也是该留在北京的年龄了。在战争年代，孩子们过的也是烽火硝烟中的动荡生活。新中国刚成立，父母亲就出国任大使去了，匈牙利4年多，印度尼西亚7年多，法国9年多，只是从印尼回来留在北京当了两年多副部长，20多年来，绝大部分时间都在国外。一般人总以为外交官享有种种特权，可以领略世界各地异域风光，而不了解像黄镇大使这样的家庭在感情方面付出了多大的代价，忍受了多大的牺牲。这些孩子们不像在常人百姓家庭，可以得到正常的父爱与母爱。过早的独立生活，使他们变得各有主见，相互间长期分离，总不在一起而变得陌生，不容易倾吐心里话，甚至羞于喊"爸爸妈妈"。

儿女们盼望多少年，满以为父母老了总算回来了，该有一个像样的家了。可是，黄镇望了望儿女们，却说："我和你们的妈妈很快就要去华盛顿赴任了。"儿女们的眼光，先是惊异，接着是疑惑，都未有什么惊喜。

朱霖也有些不安地帮丈夫解释着说："这是组织上交给的任务。人家美国派来驻北京的主任比你爸年龄还要大得多，都已经72岁了。"

儿子眼里流出了泪水，没说什么就离开了。女儿们也相继走了。家里就剩下了老两口。

他此次回到北京,见到了周总理。周恩来消瘦憔悴的病容,使他格外忧心。周恩来当时苦撑着病体,晚上需吸氧才能入睡,还请了两个星期假,在玉泉山秘密治疗。

就在当晚的这个宴会后的深夜,他还有一个很重要的活动,要去见毛泽东。在中南海游泳池的书房里,毛泽东在周恩来的陪同下,接见黄镇和韩叙等人。

众人就座之后,毛泽东以其特有的幽默来了个开场白:"黄大使从法国调到美国去当联络处主任,官是升了还是降了?"

黄镇一时不知怎么回答。

毛泽东笑了,又接着说:"我看是你升了官,联络处比大使馆还要大使馆嘛。联络处主任嘛,CHIEF,元首也是这个词。"

周恩来插话说:"是部长级。"

毛泽东曾经多次接见黄镇,对他的情况很了解,说:"你十年前任副部长,又当了近十年驻法大使,现在当主任,为部长也毫不过分,而是理应如此。美方的主任布鲁斯是著名外交家、老前辈,要比部长声望还要高。"

黄镇坦率地说:"主席,你是知道的,我在国外太久了,实在是想念祖国,很想回来。"

毛泽东继续说着:"人家查了好几年,原来那本《长征画册》是你的手笔。想不到你还是上海美专刘海粟校长的学生。你是冯玉祥西北军的上尉参谋,二十六军宁都起义,你也算一个。你原来有个好名字黄士元,你说过你脾气不好,改了个'镇'字,要提醒镇静。'镇'字也不错哟,《楚辞》中说:白玉兮为镇,玉可碎而不改其白,竹可黄而不改其节啊。"

说着说着,毛泽东将话题转到外交部的"文化革命",似乎动了感情:"你和耿飚牵头贴出的91人大字报,造反派就说你们是耿、黄反党集团。其实,我是赞成你们的。"

毛泽东又说起去美国的事:"韩叙先去,你还有一个月时间才走,就到地方上走一走,看一看。到美国后,在那里工作要像阿庆嫂,不卑不亢,不要搞什么轰轰烈烈,不要大登什么广告。"

周恩来补充说:"赫鲁晓夫去美国登过广告,小蒋(经国)也登过。"

黄镇汇报了法国最近大选后的政治情况。这天晚上,毛泽东兴致很高,从中美、中日关系，还谈及文学，讲到《昭明文选》、《唐诗三百首》以及李贺、李白的诗，王羲之的书法是否真迹等。

谈话结束之前，毛泽东还给在座的人背诵了1965年秋针对国际形势写的《念奴娇·鸟儿问答》。他抑扬顿挫地用浓重的湘音朗诵至"不见前年秋月朗，订了三家条约。还有吃的，土豆烧熟了，再加牛肉"时，不待结束，书房里掌声已经响起。

■ 尼克松用总统专机接黄镇去西部白宫做客

舷梯的金属扶手闪耀着刺眼的阳光，仲夏灿烂的阳光映照着安德鲁斯空军基地的机场。

这是1973年7月6日的上午，也就是美国国庆日的三天后，在基辛格博士的陪同下，黄镇夫妇登上这架举世闻名的"空军一号"专机。这架机身漆成蓝白银三色的波音707型美国总统专机被命名为"76年精神号"。黄镇是应美国总统尼克松的邀请，乘坐总统的专机，离开华盛顿，去加利福尼亚州海边被称为"西部白宫"的总统别墅去做客的。

这可是驻在华盛顿的所有外国大使都没有享受过的待遇，有个欧洲某国的大使说，这可是一个重要国家的总统来访才会享有的特殊礼遇。

中国驻美国联络处首任主任黄镇到达华盛顿后，所受到的一连串非同寻常的礼遇，尤其令英、法、苏等大国的驻美大使羡慕不已。有人说，这在美国外交史上是罕见的。这还使住在有名的双橡园里的台湾驻华盛顿"大使"沈剑虹又气又恨，经常铁青着脸。这个当过蒋介石英文秘书的沈"大使"，且不说见总统，就是要会见国务院主管东亚事务的副国务卿都很不容易，在提出要求后，还需费上九牛二虎之力，等人家"安排"一段不短的时间才能轮上见面。

1973年5月29日上午11时30分，黄镇率领驻美联络处的第二批工作人员飞抵华盛顿（此前，韩叙率联络处第一批工作人员已于4月下旬抵达）。

当天下午，早在巴黎渠道见过数次面的基辛格与黄镇见面了。黄镇将一份需要拜会的名单交给基辛格。基辛格接过名单，甚至连看也不看一眼就说："在

尼克松总统会见中国驻美联络处首任主任黄镇。

美国,你可以会晤你愿意会见的任何人,可以访问除核武器试验场以外美国的所有地方。"

黄镇知道其吃中国菜的胃口很好,就向基辛格发出了到联络处赴宴的邀请:"博士阁下,我们从中国带来了很优秀的厨师,改天我想邀请您去我们联络处赴晚宴。"

基辛格说:"很遗憾,我已有个规定,任何使馆的宴会都不去。因为一开这个头,我这个国务卿就要跑遍华盛顿的150个使馆。"

机敏的黄镇笑着说:"我可以提醒你,目前我们那儿还不是大使馆,我们是联络处。美国只有一个联络处啊。"

基辛格听了大笑,也机智地应答:"对。驻华盛顿的任何联络处发出的邀请,我都将接受。"

黄镇抵达美国首都的次日上午,即被尼克松总统请进白宫。这是美国政府所给予的非同寻常的礼遇。正如《华盛顿邮报》所发的报道说的:中国大使抵达后不到二十四小时,就已经坐在总统椭圆形办公室的金黄色装潢的扶椅上了;

他同尼克松总统的会见，安排得这样迅速是非同寻常的，与美国有正式外交关系国家的大使，有时候还得等上一两个月才能见到总统……

黄镇给尼克松总统捎来了毛泽东、周恩来的问候。这对于正在被愈演愈烈的"水门事件"困扰不已的尼克松来说，无异获得了一些安慰。尼克松对黄镇说：希望不久有再次访问中国的机会。

尼克松说：我多次听基辛格博士和沃尔特斯将军谈起过你，谈到您对促进我上次访问中国所做的许多工作，我在此表示感谢。我也对美国驻中国联络处主任布鲁斯先生在北京所受到的欢迎，表示感谢。尼克松告诉黄镇说："三百多年前的1620年，一批英国清教徒横穿大西洋移民来到这块北美大陆，在马萨诸塞湾普利茅斯港登岸，他们所搭乘的一条船的名字就是'五月花号'。他们在新英格兰一带移民，并订立了一个约法《五月花公约》。从此以后，五月花就象征美国的开始，您下榻的五月花旅馆，就是用这条船名来命名的。"

尼克松谈起美国历史与美国人的开拓精神时，颇带感情地说："黄大使到美国，也是来开辟新天地的。"

黄镇举起右手，像举起一只酒杯来祝愿："愿五月花为中美两国人民开放！"

尼克松将手举在空中做碰杯状，并开起玩笑说："如果出了差错，我们就把基辛格的官撤了。"

没几天，美国方面给联络处接通了直达白宫的热线电话，可以有事随时联系。

黄镇到华盛顿一个月余，就遇上美国国庆。由于中美两国还没有外交关系，华盛顿还有台湾的驻美"大使馆"；于是，在这重大节日里怎么礼待黄镇主任，对美国政府可是一个棘手的问题。由于中美两国关系尚未正常化，黄镇未被邀请参加正式的庆典，但美国务院特意安排黄大使参加在白宫东边的政府大厦的屋顶花园中举行的宴会，从那里可以看到庆典上燃放烟火的整个壮观场面。

因而，美国国庆节刚过，尼克松总统就专门邀请黄大使夫妇乘总统专机去西部白宫做客，显然是含有弥补未能邀请黄大使出席国庆正式庆典的意思。

在乘坐"空军一号"朝加州飞去的时候，基辛格陪同他参观了机上的设备。这架专为总统设置的座机有舒适豪华的带卫生间的卧室，有宽敞明亮的办公室和会客室，还有贵宾舱。后舱还专门设有供记者、新闻官员发布新闻、传真等用的最先进的通信设备,总统可随时在专机上举行记者招待会,向外界发布新闻。在参观一些设备时,一个机上的官员指着一部电话,开玩笑说:"大使先生,你可以拿起这个话筒给美国三军下命令,就像尼克松总统一样。"

他笑了笑。对方不一定知道,尽管他此前没有上过"空军一号",但他是和"空军一号"打过交道的。

在巴黎的谈判及国内与美国先遣组的谈判中,中美双方秘密讨论尼克松访华的具体细节时,就曾经不断涉及这架飞机。那个时候,美方一再强调,尼克松从北京飞杭州、上海两地访问时,要按照美国的习惯做法,乘坐总统自己的座机前往。表示这是美国的一贯做法,不好改变,且根据美国宪法规定,只有总统本人有权宣布国家紧急战争令;所以,总统在国外访问期间,无论乘飞机、轮船或者汽车旅行,每分每秒都要与美国国内保持不间断的联络。为此,总统

基辛格陪同黄镇及夫人朱琳搭直升机去转乘空军一号。

专机内设了联络专线，美方还强调这也是从安全角度考虑。当时，在会谈中，为了维护我国家主权的原则，我方拒绝了对方的要求，并向对方说明，我国领导人陪同贵宾访问境内城市时，均乘坐中方的专机。我方安排尼克松夫妇和美方主要成员与周恩来总理同乘中方的伊尔－18型专机做主机在前飞行，中美双方其他官员乘坐总统专机做副机，在离主机有半小时的飞行距离外飞行。在主机上安排有美方通讯人员携带先进轻便的手提通信设备随时与副机保持联络。美方对此合理安排不得不表示同意。在尼克松来华路线已经决定、访问即将成行时，国内又从海外获得有关情报称，台湾高层中有人主张将战机伪装成中共的飞机，在途中拦截击落尼克松总统的这架"空军一号"专机；黄镇在巴黎接到国内的紧急指示，将此情报及时地通知了美方代表沃尔特斯将军……

不久，"空军一号"降落在洛杉矶机场，由加利福尼亚州政府出面为黄大使举行了宴会，又转乘直升机到达西部白宫草坪。尼克松还亲自开着打高尔夫球时乘用的小车，接黄镇夫妇去其官邸。

尼克松驾车时问他感觉怎样。

他笑着说，过去随周总理访问非洲时，也乘坐过总统亲自驾驶的汽车。

在客厅里，挂着尼克松和勃列日涅夫不久前会见及签署防止核战争协定文件时的大照片。尼克松当然是视作一种成功才挂这些照片的。尼克松注意到黄镇扫了一眼这些照片，脸上露出并不以为然的轻蔑神态。

黄镇心中很明白，苏联首脑人物勃列日涅夫刚刚于6月25日在举行了美苏首脑的会谈后飞离华盛顿。在勃列日涅夫访美期间，尼克松曾经陪同勃列日涅夫也乘坐"空军一号"专机从华盛顿来西部白宫进行美苏首脑会谈。他很清醒地意识到，尼克松请他来西部白宫做客，固然有美方重视中国、以示"平衡"的一面，也有美方玩弄"中国牌"乃至"苏联牌"的因素在内。

黄镇的政治感觉是很准确的。后来，他才知道，就在这间屋里，大约十天之前，尼克松与勃列日涅夫谈到了中国。先是勃列日涅夫对中国问题讲了几分钟，没有掩饰其对中国的忧虑，希望美方能将每次同中国人打交道的情况向苏方通报。

尼克松没有同意这种关于通报的要求，而是对勃列日涅夫说："我确实认为你对中国人的忧虑是没有道理的。"

勃列日涅夫问："为什么说没有道理？"

尼克松说："我的判断并非根据我们与中国领导人进行过的谈话，而是根据军事力量的实际情况而作出的。我觉得，中国人要获得足以对苏联或其他核大国冒险采取侵略行动的核能力，至少需要20年。"

勃列日涅夫却说："我并不这样认为。"

尼克松问："你认为中国成为一个主要的核大国需要多长时间？"

勃列日涅夫张开了双掌的十个指头。尼克松以为对方举双掌在做投降的姿势，就问："投降？你是说谁要投降？中国人，还是你们？"

勃列日涅夫说："我是指10年。10年之后，他们就会拥有我们现有的武器。到那时，我们当然又向前发展了，但我们一定要使他们明白：不能老这样下去。"

当黄镇在同一屋里看到这张大照片时，并不知道数天前照片中人的上述谈话内容。尼克松一看他的神态，就解释说："美国同苏联领导人的会晤所做的任何事，都不会以任何方式削弱我们同中华人民共和国的关系。"

黄镇说起了中国人的古训："总统阁下，中国人有句古话：势利之交出乎情，道义之交出乎理；情易变，理难忘。"

尼克松说："我们的哲学是不同的，但使我们双方走到一起的，并不是我们的哲学，而是我们共同的利害关系。"

基辛格对刚签订的美苏核协定解释说："只要中方私下理解我们正在做什么，公开反对更好。"

黄镇说："这样的协定，无疑是一张废纸。"

基辛格又急忙说："主任千万不要对我们的国会议员说这句话，因为我们要利用它。核时代迫使我们共处。"

黄镇笑着讽刺说："舞文弄墨，口诛笔伐，都改变不了事实。"

在谈话中，他观察着尼克松总统，觉得尽管总统是个老练的政治家，但在其言语之间已经透露出了一些疲惫与焦困。他知道，现在这位总统在深受"水门事件"的困扰，白宫的班底甚至总统本人都处在一种狼狈不堪的招架之中，日子很不好过。

在尼克松、基辛格与黄镇谈着这些政治时事话题的时候，尼克松夫人帕特带着黄镇夫人朱霖参观这座号称"西部白宫"的西班牙式的平房院子。

中午，基辛格陪着黄镇夫妇共进午餐，基辛格年仅10岁的儿子戴维也参加了。

他们边吃边谈。基辛格忽发奇想，说："我们从脚下挖一个洞，就能通向中国。"

戴维问："这个穿过地球的洞要挖多久呀？"

这就引发了黄镇的话题："中国有个典故叫'愚公移山'，说的是愚公一家世世代代挖山不止，总有一天会挖走一座挡在门前的大山。毛主席曾用这个典故指引我们在困难条件下打垮了日本侵略者。"

基辛格就想起了毛泽东，说："这位主席身体大大超重，但是他有着控制周围事物的出色能力。他全身洋溢出一种精神的力量。戴高乐每到一处就能控制全场，全靠他那挺立的性格。阿登纳靠他的安详来控制。但毛泽东靠他的精神力量同样能进行控制。"

黄镇继续说着"愚公移山"的话题："在朝鲜战场，在上甘岭，开始你们美国人在那个阵地上跳舞、喝啤酒，不可一世。我们就挖山不止，一直把洞挖到美军阵地前面。那支部队就是我的老部队。怎么样？你们的装备是很厉害，但是我们部队的军事素质、人的素质比你们强。所以，你们不能不承认打败仗。"

基辛格笑着点头，给黄镇斟上酒。

戴维却昂起脑袋问："长城也是愚公挖的吗？"

黄镇伸手抚摸着那可爱的小脑袋："广义来说是这样。但长城不是挖的，而是堆的。"他又转而对基辛格说："博士，你下次去北京，不要忘了将戴维和你的家人带来。"

戴维还在想着怎么挖洞去中国的事，天真地说："我要是挖洞，就发明一个吃土的机器。"

朱霖笑着说："真是有其父必有其子。你将来也是一个小博士。"

基辛格向黄镇夫妇祝酒说："孩子们生活在一个与我不同的世界里。我们小时候只知道有国家的界线，难以想象空间外的事情。电视是不可思议的事物，我们这一代人是读书长大的，孩子们是看着电视屏幕长大的。一切对于他们都太容易了。我不知道他们的豪情壮志能否有坚如金石的意志来支撑，就像你说的'愚公移山'。但我相信，在人类盛衰起伏的历史中，信念一直是一种动力。"

卷 五　　"水门事件"是"屁事"

■ 让"水门事件"弄得焦头烂额的尼克松住进了海军医院

7月12日,天还没亮,他醒了,还没有睁开眼睛,就强烈地感到胸口剧痛不已。他睁开眼睛一看,才是清晨5时半。昨晚睡觉前就感觉胸部有些疼,现在已经痛得不能忍受了。他想起在年轻时比赛橄榄球不慎断了一根肋骨也曾是这么剧痛。他打开灯拿起一本书看,但疼痛使他思想不能集中。他只好扔了书,又把灯给关上了。尽管身为总统可以随时呼叫有关人员,白宫里也有医生值班,他还是忍耐着没有叫人。

他睁着眼在床上躺着,在疼痛中等天亮。

他除了胸口痛,心也很痛!

到了1973年夏天,白宫和尼克松竞选委员会已受到下列单位的调查:联邦调查局,欧文委员会,国会的四个其他委员会,审计总局,众议院一个委员会,洛杉矶、纽约、佛罗里达、得克萨斯的大陪审团和迈阿密地方检察官办公室。已经提出了十多个有关的民事诉讼案。这使得尼克松总统和他的政府处在各种指控之中。

尤其是国会山上欧文委员会关于"水门事件"的听证会,沸沸扬扬的,已经开了好些天了。国内电视网对每次会都进行实况转播,每周有关"水门事件"的电视新闻、专辑和白天的节目平均播送22个小时。各大报也连篇累牍地评述或是揭秘,传媒界把"水门事件"的传播当成了中心工作。

这是一年前夏天的事了。1972年6月17日深夜,一支五个人组成的特别行动小组,从底层潜入了华盛顿西南区的水门综合大楼内民主党总部办公室,每人手上都戴着医用橡皮手套,将窃听器安装在民主党全国委员会主席劳伦斯·奥布莱恩的电话机上。当时这个行动组在安装完窃听器后,不慎在门口留下了一卷胶带,由此引起了值班警卫弗兰克·威利斯的觉察,并立即通知警方。

经过搜查，终于将这五个人抓获。

案发的前一天，尼克松正前往佛罗里达州度周末，次日又在比斯坎湾迷人的海滩上休闲。尼克松最早是从当地报纸《迈阿密先驱报》看到有关此事的一则新闻，标题是《迈阿密人在华盛顿被拘，企图在民主党总部装窃听器》。他从新闻得知，警察拘捕了五人，其中一个自称是中央情报局的雇员，其余四个人是从迈阿密来的，其中有三人是古巴人。他看了后认为此事荒谬得很，不足信。直至在他返回华盛顿途中，才得到白宫办公厅主任霍尔德曼的报告称，闯入民主党总部安装窃听器一事涉及"共和党争取总统连任委员会"的一个工作人员。他本人认为为了竞选在民主党总部搞窃听的做法是很愚蠢的。他暗中有些吃惊，表面上还装作镇静，他很希望自己手下的人，特别是亲信，没有人卷进去。

他回到纽约后，很快就搞清楚了。这个去装窃听器的小组由过分热心的"争取总统连任委员会"财务组顾问戈登·利迪领导。他对利迪是有印象的，此人蓄着小胡子，穿着打扮和举止更像一位走运的士兵而不像政府官员。他喜欢将手放在点燃的蜡烛上，以显示其不怕身体危险的勇气，以此博取大家的注意力。

"争取总统连任委员会"的成员被揭露卷入"水门事件"，因而导致被进一步追究，这是尼克松最不愿看到和听到的。该委员会主席是约翰·米切尔，此人早在尼克松当总统前就曾为尼克松竞选出谋划策。尤其是在争夺美国南部选区时，米切尔积极效力，四处奔走游说，为尼克松的竞选胜利立下了汗马功劳，从而得到他的信任与重用。1969年1月，他正式出任总统后，就任命了米切尔担任政府的司法部长，直至1972年2月。鉴于其忠诚而又能干，在下一届的总统竞选时，他又任命米切尔做"争取总统连任委员会"主席。

"水门事件"发生后，虽说有手下的麦科德被揭露，但米切尔镇静自若地表态说："我对发生在民主党总部的那件蠢事一无所知。被捕者与我本人及'争取总统连任委员会'没有任何联系。"

但是，1972年6月20日《华盛顿邮报》披露说，白宫顾问与窃听人员有关。报上指出，在被捕人物中有两人的通讯地址上有霍特华·亨特的名字和白宫的一个内部电话号码。霍华德·亨特不仅是中央情报局特工，还是白宫顾问查克·科尔森手下的雇员，而科尔森又是尼克松总统的高级顾问中的核心人物，拥有特殊的权力和地位。因而,"水门事件"的发展,对白宫越来越不利。

尼克松心中也有底气不足之处。他虽说没有直接下令要对民主党总部进行窃听,但民主党主席劳伦斯·奥布莱恩是尼克松长期以来的政治劲敌,过去奥布莱恩一直抓着尼克松的一个把柄,指控尼克松的兄弟唐纳德在可疑的情况下接受过亿万富翁、影视巨头霍华德·休斯一笔20多万美元贷款。在过去的竞选中,这笔贷款背景问题成了尼克松竞选中的难题,至今这个难题仍然悬而未决。因此,尼克松对奥布莱恩是抱有成见的。他担任总统后,1971年1月14日在"空军一号"上曾口授备忘录,下令对这位民主党领袖的活动与财产记录进行广泛的调查。

"水门事件"暴露之后,尼克松与其亲信们千方百计寻找对策摆脱困境,米切尔出主意,要联邦调查局停止调查被捕者身上所带美元的来源。白宫办公厅主任叫利迪去自首。尼克松也认为可以此舍车保帅的办法作缓兵之计,把责任都推到利迪身上,可以避免深究到"争取总统连任委员会"主席米切尔头上。

这样,他就授权中央情报局阻挠联邦调查局对"水门事件"作进一步的调查;同时,为进一步争得公众对共和党的信任,他又在记者招待会上公开宣布,白宫的任何人员没有参与水门发生的任何活动。他说,他相信米切尔声明"争取总统连任委员会"对此事一无所知。这种做法并不高明,中国早就有一句形象生动的成语形容这是"此地无银三百两"。

他万万没有想到,使形势突然恶化的竟然是一个女人!

这个女人就是米切尔的夫人。这是个神经过敏情绪急躁脾气古怪的女人。"水门事件"使她精神受到刺激,她就经常给这家报社那家电视台打电话,同时向自己的丈夫米切尔发出最后通牒,要丈夫立即摆脱一切政治活动,否则她就将所掌握的一切向新闻界公开宣布。米切尔当然不能按她的话去办。于是,这个女人便向记者公开宣布,她手中有一个本子,其中详细记载着"水门事件"的预定步骤以及她本人了解整个事件的全部细节。新闻界真是如获至宝,立即把米切尔夫人所说的一切公布于众。米切尔的尾巴因而暴露出来,不得不于1972年7月1日宣布辞去"争取总统连任委员会"主席的职务。这又是对尼克松一个很大的打击。

但他并不甘心,为了竞选成功,他和亲信们采取对策,掩盖事实,把此事拖下去，以不至影响大选的顺利进行。因为被捕的有三个古巴人，他们通过所谓"古巴委员会"打掩护，向被捕者提供律师费或生活费的办法，要被捕者保持沉默，甚至对个别人许愿可能减刑或者赦免。他们借古巴人对民主党的对外政策不满转移了视线，使人们以为古巴人才是"水门事件"的主谋。这使共和党金蝉脱壳，赢得了时间。

1972年11月的大选中，尼克松战胜了民主党候选人乔治·麦戈文，获得了胜利，实现了他连任总统的愿望。但民主党对竞选失败也心有不甘，又重新拿起了"水门事件"的这把利剑，紧紧抓住它不放，要直逼到尼克松头上，威胁他的总统职位。

1973年1月，已经被保释参与"水门事件"的七个人重新被收审。尼克松没有掉以轻心，也采取了一些应对策略。他选择了能干而机敏的白宫律师约翰·迪安代替埃利希曼负责"水门事件"的全面调查。他还让与被捕的亨特有关的科尔森放弃白宫顾问的职务。

为了揭露"水门事件"的真相，联邦调查局、联邦大陪审团、参议院欧文委员会经常传讯有关人员，米切尔和科尔森都被传讯过。尼克松都密切关注着。到了1973年3月间，他深感问题不仅是他们要追究"水门事件"的主要策划者和后台，而且要追究此事件的掩盖问题。所揭露的问题已经牵连到米切尔、迪安、科尔森等白宫要员，社会压力越来越大。连有经验的迪安都有些受不住了。经与助手们研究，在被深追不舍的情况下，迪安被迫于3月15日召开了记者招待会，目的是想作些解释，重申白宫与"水门事件"绝无牵连。但在记者们的刁钻而毫不留情的逼问下，真是欲盖弥彰，他竟然心悸、紧张、流汗，表现得失去了常态，已被人看出有重大的隐瞒。

3月21日，他约迪安到椭圆形办公室密商对策。迪安告诉他，被捕者如亨特，有可能不断进行讹诈，威胁说不按期付款就要揭发问题。因而问题更为严重了，如不给钱，将受到威胁，如继续付款那就会加重对司法的阻挠。鉴于亨特要求付款的期限已到，同时法庭对被告的宣判只有两天了。为了封住此人的嘴，尼克松只好要求迪安迅速处理亨特的经济问题以争取时间，"付多少钱作代价都可以"。

至此，他已经意识到"牵连已经越来越逼近我本人了"。他痛苦已极地说：

尼克松总统受"水门事件"冲击。图为1973年10月,尼克松在白宫记者招待会上。

"我们最终总要被放完血然后死去,这一切到最后无论如何还得暴露出来……"

败露是不可避免的。被捕者麦科德向法官坦白了。白宫的防线被攻破一个缺口了。由北卡罗来纳州的萨姆·欧文领导的一个有100多人组成的参议院"水门事件"特别委员会,与众议员的司法委员会联手进行全国所关注的调查。尼克松只好痛下决心，让涉及此案的霍尔德曼、埃利希曼等一个个辞职。

到了五六月间，连迪安也被迫作检查了。尼克松更显得势单力孤，受到多面夹击。

但他在危难之中不服输，要振作起来，坚持下去。他公开表明自己没有牵连此案，是无罪的。他已对政府中有牵连的人进行了清洗，他要重建政府，吸收新人。

欧文委员会的调查已经触及总统，已经有消息说欧文准备提出要求查阅总统文件。尼克松获悉后，于7月7日写了一封信给欧文说，只要查一查历史上的先例，就可以知道我们与国会调查进行之合作已属空前。据传闻，欧文委员会打算要他亲自出席作证，因此他写信提醒他们，1953年哈里·杜鲁门曾被票传出席国会一个委员会，但杜鲁门拒绝了。他在信中写道：我将和杜鲁门一样，既不出席欧文委员会，也不提供文件；假若公众可以查阅总统机要人员拟定的总统机密工作文件，那么总统就无法履行其职责了。

欧文于7月12日写信给白宫，表示其担心双方要引起一场"关于根本性的宪法争论"的严重可能性。信中，欧文要求会见总统，以求避免这场冲突。而且，尼克松觉得欧文的做法太出格了，这封信尚未送到白宫，就先透露给新闻界了。

7月11日的晚上，他躺在白宫卧室的床上收听新闻时，就听到广播了这份封信。他感到很气愤，也觉得胸口发闷。也不知道是怎么入睡的。

于是，12日清早一醒来，就发生了胸口的剧痛。这天，他躺在床上，欧文来了电话。两人在电话里发生了争吵。他的胸痛更厉害，还发烧了。

当天，经医生检查，他患了过滤性肺炎，住进了贝塞斯达海军医院。

■ 毛泽东说"水门事件"是"屁事"

如果说斯诺是毛泽东这一生中最要好的美国朋友，基辛格则是毛泽东生前接见次数最多、谈话最深入广泛的高层美国官员，这是西方国家官员从未有过的，因而基辛格常常以此为殊荣。基辛格很有自知之明，知道自己不是国家元首，而毛泽东、周恩来与他作如此坦率、真诚、深入而广泛的谈话，他是深受感动的。

特别是1973年11月12日晚上，在毛泽东和他进行了将近三个钟头的深谈结束后，在告别宴会上，他将毛泽东、周恩来视作知己，他兴奋地引用了中国古老的谚语"酒逢知己千杯少"，以此来形容他对毛泽东、周恩来的感情。在宴会上，他再次举起盛着他喜爱的茅台酒的杯子时，诚恳地说：

> 我很荣幸地同毛主席进行了有远见的广泛的交谈，同总理进行了长时间的建设性的会谈。很清楚，我们两国人民的友谊将得到加强，《上海公报》的原则将得到增强和重申，我们的关系正常化将继续下去。我们向你们保证，不论今后发生什么事情，我们关系中所取得的进展今后将继续发展下去。

基辛格于1973年11月间访问北京，是他第六次访华。他是在结束了中东之行，又访问了伊朗、巴基斯坦后，来到北京的。这次访问按原计划是在这年的7月份进行的，但是后来推迟了。据分析和推测，推迟的原因主要有三个：其一，深陷"水门事件"困境中的尼克松总统处理印度支那战争的方式遭到了国会的反对。国会在8月中旬通过了议案，要求停止对柬埔寨的轰炸，使基辛格失去了其所说的"讨价还价的主要本钱"。其二，中国共产党将在8月间举行十大，美方显然是想要看一看中国的政治动态。其三，基辛格已经事前获知不久要让他接替罗杰斯出任国务卿，能以国务卿的身份而不是只以总统国家安全事务顾问的身份访华，会让他在中国领导人面前更高兴。

基辛格于11月10日下午飞抵北京，当晚9时25分，周恩来同基辛格在人民大会堂新疆厅进行了单独会面，周恩来祝贺他出任国务卿。基辛格很高兴地说："当国务卿一天要看那么多文件，我再也不能思考任何问题了。"

周恩来笑着反驳："这话我不相信。我认为你会找到时间的，因为你年轻，精力旺盛。"

12日下午3时15分，周恩来与基辛格在人民大会堂福建厅进行了第一次会谈。基辛格说："最初我们由于相互需要走到一起来了，但我们在此基础上怀

毛泽东会见基辛格，对美国"水门事件"不以为然。

着坦率、真诚有远见的态度又进一步发展了这种关系。世界上没有任何别的国家领导人能像总理这样谈问题，原因之一是世界上其他国家的领导人都不能像总理这样全面思考问题。"

周恩来说："你过誉了。这些话可以用在毛主席身上，我作为战友向他学习，但学的不够。你刚才说我们的关系是有原则性的、坦率、真诚、有远见的。我们同意这一说法。本着这种态度，我们什么问题都可以讨论。"

12日下午5时40分至8时25分，毛泽东在周恩来陪同下接见了基辛格。外交部长姬鹏飞、副外长王海容等也在座。这次美方参加接见的还有美国驻华联络处主任布鲁斯及温斯顿·洛德。翻译是唐闻生、沈若芸。基辛格记述这次一见面的印象说："毛泽东带着他特有的嘲讽而又略带一点令人生畏的微笑迎接我们。他的身体似乎比我以前见到他时还要好些。"

毛泽东一开始就问：各位在讨论些什么？

周恩来说：扩张主义。

毛泽东指着基辛格问：谁在谈扩张，他吗？

周恩来说：他先开始，其他人也跟进。

基辛格说：贵国姬外长不时批评我们，但我认为他了解真正的源头。

毛泽东说：但那种扩张主义是微不足道的，你们不该怕他们。虽然他们的野心很大，但能力却很有限。以古巴为例，你一恐吓他们，他们就跑了。……我很怀疑他们会想同我们建立关系。先是卡斯特罗派代表团来接触，后来又是通过罗马尼亚的齐奥塞斯库来谋和。后来，柯西金亲自来了，我向他宣布我们准备对他进行斗争一万年。看在他亲自来拜访我的分上，我就减一千年。你看我多慷慨，我一让步就是一千年。

会见室里充满了笑声。

毛泽东又说：后来罗马尼亚的代表又来了，我又让步了一千年。

在笑声中，毛泽东继续说：两年前，齐奥塞斯库总统亲自代表苏联来了，我就说，这次不论你说什么，我不能再让步了。

基辛格笑着说：我们也必须采用中国式战术。

毛泽东说：我现在讲话不太舒服，我掉了两颗牙。你们跟我们的活动也有点不同，那就是，我们向来以牙还牙。而你们的做法是中国式的太极拳。

毛泽东把话题转至"水门事件"，说：为什么在你们国内，你们对"水门事件"那桩屁事那么在意？这个事件本身是个很小的事，可是因而引起这么大的乱子。无论如何，我们不希望这样。

翻译解释说，她不能照实翻译主席的"屁事"一词，因为那意思就是"放屁"。在座的中国人都放声笑起来。周恩来问身旁的洛德是否知道中国字"屁"的意思，洛德先生回答说："不知道。"周恩来说：你可以回去问一问你的华裔太太。翻译说：这是一个形容这种情况的字眼。

在谈过苏联霸权问题之后，毛泽东将话题引入台湾问题。

毛泽东说：只要你们跟台湾断绝外交关系，就有可能解决我们两国之间的外交关系问题。这跟我们和日本的处理方式是一样的。至于我们跟台湾之间的问题，就相当复杂……

周恩来说：他们现在有 1600 万人口。

毛泽东说：至于你们与我们的关系，我想不需要用 100 年的时间来处理。

基辛格说：我相信是这样。我们应该会快得多。

毛泽东说：不过这是你们必须快决定的事情。我们不会去催你们。如果你们觉得有需要，我们就来做。如果你们觉得现在还不行，那我们也可以缓一点。

基辛格说：从我们的立场来说，我们希望能够与中华人民共和国建立外交关系。我们的困难是我们不能立刻切断与台湾之间的关系。有几个理由，而这些理由全部都跟我们国内的情势有关。我跟总理说过，我们希望在1976年之前，或者1976年期间完成这个程序。所以问题是我们能不能够找到某种方法，让我们得以建立外交关系，这个作用是当做我们加强关系的象征，因为在技术层面来说，联络办事处用处非常大。

毛泽东在谈起中美两国联络处的工作后，又说到了苏联：赫鲁晓夫说我们像是好斗的公鸡。

基辛格说：他1959年到这里访问时，不太成功。

毛泽东说：我们在1959年决裂。他1958年想要控制中国海岸和中国海港时，我们开始失和。我和他们，他们的大使讨论时，我差一点拍桌子，我骂了他一顿。他向莫斯科报告后，赫鲁晓夫就来了。当时，赫鲁晓夫提出联合舰队的构想，就是苏联和中国共组一个联合海军舰队。这是他提出的建议。那时候，他十分自大，因为他见过当时担任美国总统的艾森豪威尔将军，就有了点所谓的"戴维营精神"。他在北京向我炫耀，说他认识美国总统，提到艾森豪威尔总统时还说了两个英文字，说他是"我的朋友"MY FRIEND。（问戴维·布鲁斯大使）你知道吗？

布鲁斯说：不，我从不知道这回事。

周恩来看了手表说：已经谈了两个半小时了。

毛泽东说：今天我们好像谈得太久了。超过两个半钟头。我们占了原本为别的活动安排的时间了。

在谈话快结束时，毛泽东说：我认为最好不要打仗。我也不喜欢战争。虽然人家都认为我是个"战争贩子"。如果你们和苏联开战，我也认为不太好。如果你们准备打，最好使用传统武器，把核武器留着当备用，不要碰它们。

基辛格说：我们绝对不会发动战争。

毛泽东说：那好。我听说你们提出这种说法是想争取时间。

基辛格说：我们是希望争取时间，但我们也希望处于一种地位，就是如果苏联攻击我们讨论的任何重要地区，我们就要反击。这是我们必须准备好的情况。

毛泽东说：完全正确。至于苏联，他们欺弱怕硬。（他笑着指着唐闻生和王海容）你不要因为王小姐或唐小姐比较软弱，想欺负她们。

基辛格也笑说：主席先生，依我的经验，她们并不十分软弱。她们也不按照主席的劝告行事。

毛泽东哈哈大笑，说：唐是"美国人"，而王是"俄国间谍"。

近三个钟头谈笑风生的会见结束了，毛泽东在没有人搀扶的情况下自己站起身走起来，送客人到外面大厅。可见毛泽东已经从1971年底的重病中恢复过来了，进驻游泳池的医疗组也在这段时间撤走了。毛泽东情绪很高。基辛格在这次与毛泽东、周恩来的谈话中，不止一次地允诺推进中美关系的进程，以及在1976年以前即尼克松总统的第二任期内实现关系正常化。

卷六　　现在请了一个军师，叫邓小平

■ 听了邓小平说"军阀混战",毛泽东几个晚上都没有睡好

他看了一个教师老乡寄来的信,首句话就祝贺他八十大寿,说能活到八十这个坎的人是不多而有福气的。他这才想起再过两个多星期,确实是吃八十岁饭的人了。这天是1973年12月12日,他醒得早,吃过饭,批过紧要的文件后,在秘书拿来的邮件中,有一封湘潭来信,他就先看了。

这是一封年轻时就认识的一个湘潭小学老师的来信。上次他回湘潭,跟这个老师见过面叙过旧。他突然想起,上次当面答应过给人家写一幅字。许过诺就是欠了人家的债,他怎么能够忘了呢?他还记得这个老乡说很喜欢"喜看稻菽千重浪,遍地英雄下夕烟"的句子。

他立即叫人铺开宣纸,挥墨写了自己也比较满意的这首七律诗《到韶山》。这首诗刚写完,政治局委员们都陆陆续续到了,连不是政治局委员的邓小平也来了。张春桥充行家,说这幅字写得如何如何好,堪称极品,赞不绝口。他自己却说,写的不满意,是拿不出手的,待今天开完会,他要重写。王洪文嘴快,说主席既要重写,这幅就赠给做范本了。

他没有吭声,只望了王洪文一眼说,王副主席是得练一练字的。王洪文立即将这幅字卷去了。江青、王洪文、张春桥、姚文元都坐在显眼的沙发上。他也注意张望了一下,邓小平只坐在一个角落里。过去他曾经不满地说过,"文化大革命"以前政治局开会,邓小平都远远地坐在一个角落里。这次不能怪人家,邓还只是中央委员嘛!

于是,这些在中国政坛叱咤风云的人物都围坐下来开会了。一般政治局开会,大都由周恩来主持。这次政治局会议,由他亲自主持,这就使与会者分外感到这次会议非同一般。之所以由他亲自主持,因为他知道此事与邓小平有关,非由他出面做工作不可。要不,有些人就不会安生。

【卷六】 现在请了一个军师，叫邓小平 | 67

毛泽东早就关注邓小平。图为1962年2月，毛泽东与邓小平在扩大的中央工作会议主席上。

1973年8月间举行的中共"十大"前后，因中风与冠心病而躺在床上的毛泽东已经在考虑身后之事了。

"十大"产生的核心领导班子，充分反映了他的内心矛盾。

他在一定的程度上接受了林彪事件的教训，并相应调整了一些政策。除了周恩来之外，还有叶剑英、朱德、李德生、董必武等老同志选为政治局常委。邓小平与王稼祥、乌兰夫、李井泉、谭震林、廖承志等一批久经革命考验的老同志一起，被选为中央委员。有关档案材料表明，在中央委员会开会时，最初的候选人名单中虽然有一些别的老干部，但是没有邓小平。显然，邓小平的名字是经他的同意才能补上去的。但他又在维护着"文化大革命"的错误。与林彪等一伙有着共同思想体系的江青一伙，打扮成"受林迫害的左派"、"反林的英雄"，在"十大"中的政治地位也上升了。"十大"选出了五个副主席：周恩来、王洪文、康生、叶剑英和李德生。张春桥当选为政治局常委，江青、姚文元当选为政治局委员。这说明了在触及"文化大革命"是否正确的深层次问题上，他仍有思想矛盾，没有迈出更大的一步。在"十大"召开之前，他曾经尖锐地批评了外交部对国际形势的看法，这实际上是批评周恩来的。他说近来外交部有若干问题不大令人满意，在思想方法上是看片面，不看实质。接着，他说结论是四句话：大事不讨论，小事天天送，此调不改动，势必变修正。将来搞"修正主义"，莫说我事先没讲。

鉴于林彪事件的教训，他主张"十大"不再像"九大"，党中央只设一个副主席。如果只设一个副主席，"十大"就只设王洪文一个，如今设了五个副主席，就包含了对接班人还需慎重考察的意思。林彪之后，他开始是寄希望于年轻的王洪文的。周恩来所作的"十大"政治报告的讲稿，大部分是王洪文领导下的写作班子准备的。王洪文在"十大"上作了《修改党章的报告》。但在"十大"结束之后，他对林彪事件的思考仍然在深化着。王洪文虽然被选为中央副主席，排在第三，仅在患了绝症的周恩来之后，这个年轻的"左派"挑得起党与国家的重担吗？他对王洪文也并不是很放心的。

据曾经担任过英国驻华大使的理查德·伊文思在其所著的《邓小平传》中记述：

> 当年秋天，毛派邓小平和王洪文一起离京到外地视察。他把这两人推到一起的动机大概是看看他们是否容忍对方，判定一下他们将来是否愿意和可能在一起共事。可惜的是，谁也不晓得他们这次是如

何在一起工作的。邓后来对王洪文有个评价，说他的提升是"坐直升机"（"坐直升机"这是邓创造的新词。由此可以看出邓对王洪文个人及其能力的观感）。他俩视察回来后，毛问他们，他死后中国将会发生什么？王洪文回答说，中国将继续致力于坚持主席的"革命路线"和在这个基础上达到统一。邓则机敏或者更老实地说，军阀将会再度出现，全国将会陷入混乱。毛认为邓的回答比较好。

表面上看，王洪文说的是听起来舒服的好话，邓小平说的是乍听起来有些惊人的真话，但毛泽东相信邓小平关于他去见马克思后中国有"军阀混战"的预言。

邓小平的回答使他连续好几天都睡不好觉。

■ 毛泽东相信邓小平非凡的洞察力

他相信邓小平的洞察力。军队介入"支左"，军队领导人掌握了各省革委会的主要权力，使他敏感地意识到这是林彪时代留下的"枪"管着党、管着政。这是十分危险的事。

这时，正好主持中央军委工作的叶剑英当面向他建议说："小平同志回来了，我提一个要求，让他来参加和主持军委工作。"

他采纳了叶剑英的建议，这次政治局开会就请小平也来参加。在会上，他批评了"政治局不议政，军委不议军、不议政"。说"政治局不议政"是批评周恩来的，说"军委不议军、不议政"是批评叶剑英的。然后，他在会上向大家推荐邓小平，说："我和剑英同志请邓小平同志参加军委，当委员。是不是当政治局委员，以后开二中全会开会追认。"

他又指着叶剑英说："你是赞成的，我赞成你的意见，我代表你讲话。"

他随后让叶剑英召集各大军区司令、政委迅速来京议事。

12月15日，他又同政治局有关同志和八大军区司令员、政委谈话，再次推荐邓小平。他说：

1974年10月，毛泽东在长沙会见邓小平。

我们现在请来一位参谋长邓小平同志，他呢，有些人怕他，但办事比较果断。他一生大概三七开，你们的老上司，我请回来的。政治局请回来的，不是我一个人请回来的。

（毛转身又对身旁的邓说）你呢，大家有点怕你。我送你两句话：柔中有刚，绵里藏针。外面和气点嘛，里面是钢铁公司。过去的缺点，慢慢改一改吧。

■ 性格倔强的毛泽东给老帅老将们作了自我批评

12月22日，中央军委发布命令：八大军区司令员对调。他召集这些司令员来中南海开中央军委会议，在当众宣布中央和军委的决定时，他指着邓小平第三次向大家推荐说：

现在，请了一个军师，叫邓小平。发个通知，当政治局委员、军委委员。政治局是管全部的党政军民学、东西南北中。我想，政治局添个秘书长吧，你（邓小平）不要这个名义，那就当个参谋长吧。

他的脾气是很倔强的，从历史上看，向来是不轻易认错的。但在这次军委会议上，他作了坦诚的自我批评。他握着朱德的手说："老总，你好吗？你是'红司令'啊！人家讲你是'黑司令'，我总是批他们，我说是'红司令'……"

他又说：我看贺龙同志搞错了，我要负责呢。杨（成武）、余（立金）、傅（崇碧）也要翻案呢！我是听了林彪的一面之词，所以我犯了错误。他还提到了要给罗瑞卿平反，因为也是听了林彪的话。

在短短的一席话中，他三次说到要"自我批评"。从8月底党的"十大"，到12月下旬的中央军委会议，毛泽东在对"文化大革命"的错误的认识上，又朝前迈了一大步。

这天，身体不好却心情很好的周恩来亲自为中共中央起草了《关于邓小平任职的通知》。通知中说：

1974年邓小平陪同抱病的周恩来会见金日成。

遵照毛主席的建议，中央决定：邓小平同志为中央政治局委员，参加中央领导工作，待十届二中全会开会时追认；邓小平同志为中央军事委员会委员，参加军委领导工作。特此通知。

不久，从1974年初开始，周恩来也把外交事务的日常工作交给邓小平处理了。

卷 七

邓小平出席联大特别会议惹起风波

■ 为邓小平出国，江青大闹钓鱼台国宾馆，周恩来迟迟不肯住院

1974年3月间，周恩来的病已经很重了。3月12日，他刚在玉泉山进行第二次膀胱检查与电灼术治疗。术后效果并不理想，肿瘤再次复发，并已大量尿血。本来他早就该住院了，此次复发，医生劝他早点住院治疗。但他强忍病痛，坚持一边治疗一边工作。3月24日晚上，人民大会堂宴会厅里灯火辉煌。周恩来正在此举行国宴，宴请来访的坦桑尼亚总统尼雷尔。

就是这个晚上，几乎在同时，在西城区的钓鱼台国宾馆里，江青把外交部的王海容、唐闻生召至她所住的楼里，横加指责，厉声呵斥。江青此次大发火，原因出自她刚刚看到送来的一份给政治局委员核阅的文件。

这是一份由外交部就中国出席联大第六届特别会议代表团团长人选问题的专题请示报告。周恩来批示同意了，毛泽东也亲笔圈阅了。只剩下最后一道手续：正式报请中央政治局批准。这样，由邓小平率中国政府代表团出席该次大会似成定局。岂料，作为政治局委员的江青看了，怒火一下就爆发了。

本来她对邓小平复出而且执掌军队与政府的大权就极为恼火。邓小平是被她领导的"中央文革"小组早已打倒的"党内第二号最大的走资派"，竟然死灰复燃、卷土重来。邓小平复出这是毛泽东定的，她虽怒火在胸，却无可奈何。但是，她于心不甘，思来想去，最近写了一封给毛泽东的求见信。但毛泽东在三天前（3月20日）复信拒绝见她，还在信中把她批评了一番。毛泽东在信中对她说："不见还好些。过去多年同你谈的，你有好些不执行，多见何益？""你有特权，我死了，看你怎么办？你也是个大事不讨论、小事天天送的人。"

受到了毛泽东的批评，她心里正窝着气，3月24日这天又看了外交部写的让邓小平出席联大特别会议的报告，她就更火了，要是让邓小平走向国际舞台，

威望更高了，将来更难被整垮。这段时间积压的火就一起借此爆发出来。她把王海容、唐闻生召来住处，狠骂了一通，强令她们立即撤回外交部这个报告。

王海容、唐闻生却毫不畏惧，从容相对，据理力争。

原来，1974年春，专门研究世界原料和发展问题的联合国大会第六届特别会议即将在纽约召开，这是一次表达发展中国家维护民族独立和国家主权、发展民族经济、反对帝国主义经济掠夺和剥削的强烈愿望的重要国际会议。第三世界国家十分重视这次会议，许多国家元首都要亲自出席。3月20日，外交部就出席这次会议的代表团团长人选问题专门行文请示毛泽东。毛泽东收阅后随即建议由邓小平当团长，同时由已连续三年出席联大的"识途老马"乔冠华担任邓小平的"参谋"。出于尊重中央政治局的考虑，毛泽东又对王海容、唐闻生表示：此事不要讲是他的意见，还是让外交部写报告正式提出为好。

根据毛泽东的指示，王海容、唐闻生立即组织起草报告。

3月22日，外交部正式向中央呈送了关于出席联大第六届特别会议代表团人选的请示报告。

周恩来完全赞同毛泽东的方案。3月24日上午，周恩来在批示同意外交部请示报告的同时，考虑到叶剑英因高血压导致视网膜出血尚未痊愈，而王洪文又忙于指导"批林批孔"运动，他需要邓小平协助工作，因而他建议特别联大有三个星期的会期，邓小平只出席一个星期，在向大会发表讲话并与主要国家领导人会晤后，即启程回国。周恩来特别指出，将他的批示意见首先呈报毛主席，暂不送王洪文、康生，在毛主席批示后再送叶剑英、张春桥、江青、姚文元、李先念、邓小平等政治局委员核阅，最后退外交部办。

毛泽东在24日当天就圈阅了周恩来的批示意见。这样，下来就是送政治局的各委员核阅。江青一阅此件，就在钓鱼台大闹起来。

此时，周恩来的癌症已经日趋恶化，每天尿血几十毫升至一二百毫升，常要靠输血和其他治疗才能坚持工作。这时，为了力保邓小平率团出席特别联大，他觉得更不能去住院，于是拒绝了医生一再提出的住院治疗的意见。周恩来担忧的是，邓小平因挨整被迫长期离开领导岗位，基本处在与外界隔离的状态。如今他恢复工作不久，对当时外界的复杂情况了解尚欠充分，自己一旦住进医院动了手术，离开了中央政治局常委和国务院总理这个至关重要的领导岗位，江青那伙人会伺机出来发难，再整邓小平。到了那个时候，自己将很难掌握情况、驾驭局势，帮不了邓小平的忙。

■ 周恩来苦思焦虑，毛泽东再次写信批评江青

得知江青出面发难，在钓鱼台闹事，周恩来心中极为焦虑。第二天（3月24日）下午，周恩来陪同毛泽东在中南海会见尼雷尔总统结束后，为大局考虑，他曾向王洪文提议一同就出席联大特别会议的团长人选问题请示毛主席，由毛最后拍板。

可是，一经联系，重病中的毛泽东在接见尼雷尔后已经太累，不能面谈，毛泽东让秘书传话给周恩来、王洪文：关于邓小平出国一事，他是个人意见，如果政治局大家都不同意，那就算了。周恩来当即回答：将于明日向政治局传达，并对有关同志做工作。王洪文也作了一番表白：原先他并不清楚，既然毛主席这样说了，当照此办理。周恩来机敏地随即委托王洪文与张春桥、姚文元谈谈，做做工作。

与此同时，江青在当面斥责了王海容、唐闻生之后，还不罢休，又继续向她们两人施压。江青连续四次打电话给王、唐，非要逼迫她们撤回让邓小平率团去联大的报告。王、唐两人见江青气势汹汹，如此横蛮，十分担心 26 日的中央政治局会议是否会倒向江青一边，要是让江青得逞，后果不堪设想。王、唐两人想先了解一下毛泽东现在究竟持何态度，这是最关键的事。25 日，王、唐两人拨通了中南海毛泽东住处的电话，请示了最关键的两条——

"毛主席是否仍主张邓小平率团与会？"

"我们是否可以将毛主席提议让邓小平当团长的意见说出去？"

接电话的是毛泽东的秘书，他让她俩稍候。他显然是去请示毛泽东。片刻，秘书回电话了。他除了复述向周恩来、王洪文传达的毛泽东的意见之外，还特别补充了一句：

"毛主席说，如果实在不行，也可以说明，让邓小平当团长是他提议的。"

一直为此惴惴不安的王、唐两人这才心中有了底。

3月26日上午，中共中央政治局在人民大会堂东大厅举行会议，讨论邓小平率团出席联大特别会议的问题。大家表情严肃冷峻，气氛凝重，两军壁垒分明，但"四人帮"这边因为有人得知毛泽东的意见，因而就采取了静默策略，先让肆无忌惮的江青出面发难。江青在会议中途命人召来了王海容、唐闻生。

王、唐一走进东大厅，尽管会场肃然无声，她俩却感受到了火药味。她俩看见周恩来端坐着，面容消瘦苍白、神色倦怠，双眉紧蹙。冷不防江青一声猛喝，打破了静场，几乎让这两个年轻女子吓了一跳。

"让邓小平率团出国与会，究竟是外交部的意见，还是毛主席的意见？"

王海容、唐闻生跟毛主席做翻译时间已经不短，与江青打交道也已不少，对今天的对阵已有预见，还作了准备。她俩立即冷静下来，毫无畏惧地坦然说出事情的来龙去脉：

"这份报告是外交部写的，但是……"

王、唐将派邓小平出国参加联大特别会议的情况具体一说，有的政治局委员原来对邓当团长有意见的也不再说了。江青一看，以势压不倒外交部这两个年轻人，就想对她俩来软的。江青将她俩叫到东大厅一边的小屋里，骤然间恶脸变成了笑脸："小王、小唐，不是我江青反对邓小平去联合国开会，是中央军委要开会解决李德生的问题，邓小平必须参加。再说我们先要搞好根据地，国外的事相对来讲，是次要的……"

王、唐两人随她编造理由说去，就是不吭声。

江青见不能使她俩松口撤回外交部的报告，就只好悻悻然地回到会场，继续纠缠不休。大多数委员获悉毛泽东的意见后，纷纷表示赞同邓小平当团长去联合国开会。但是，江青还不罢休，气呼呼地说：毛主席是允许我保留意见的。当年发动"文化大革命"前，毛主席并不同意批判彭真、吴晗，就允许我保留意见。后来我组织了批《海瑞罢官》的文章，毛主席还是支持了我，这样才开始了"文化大革命"。

王、唐两人亲眼看见江青给周恩来掣肘，设置障碍。为了让邓小平出任中国代表团团长的事，周恩来真是费尽了心思，还如此为难。她俩已经知道周恩来抱病在身，但还不知道他得的是绝症。于是两人就从东大厅出来后，经过简单商议，抢先把会议情况向毛泽东作了汇报。

毛泽东悉知内情后，大为不快。3月27日凌晨，毛泽东写信给江青，告之："邓小平同志出国是我的意见，你不要反对为好。"同时，毛泽东让秘书把信的内容打电话告诉了王、唐两人。江青收到毛泽东的批评信后，在当晚12时复信给毛泽东，表示拥护毛泽东让邓小平率团出国的提议。

当晚，周恩来参加中央政治局主管"批林批孔"的七人小组会议，会上江青被迫同意邓小平带团出国参加特别联大。当晚会议结束后，周恩来致信给毛泽东，说："大家一致拥护主席关于小平同志出国参加特别联大的决定。小平同志已于27日起减少国内工作，开始准备出国工作。"并告："小平等同志出国安全，已从各方面加强布置。4月6日代表团离京时，准备举行盛大欢送，以壮行色。"

■ 毛泽东嘱咐，以后中国代表团去每届联大都要乘坐专机

第六届特别联大预定4月上旬末在纽约召开，从3月20日开始张罗，因江青等的作梗，在确定由邓小平率团出席的问题上，已经耗去了一个多星期，计算起来，至少不能迟于4月6日要从北京起程。周恩来只有一个多星期为代表团做准备工作，时间是够紧张了。准备工作的关键是两个：一个是专机长途飞行安全问题；一个是主持中央政治局审定中国在特别联大的主题发言稿，与确定与会的方针。这两个问题都得周恩来出面来主持。

毛泽东早就向周恩来嘱咐过，以后每届联大开会时，中国代表团团长都要坐专机。此次邓小平率团出席特别联大，是作为政府首脑率团出席，在当时复杂的国际环境下，周恩来对邓小平此次去联大的安全问题，更是考虑得十分周全。

3月27、28日，周恩来在西花厅召集外交部、民航局有关负责人开会，研究邓小平率团出席联大迎送礼仪和飞行安全等问题。周恩来提出：邓小平同志代表中华人民共和国出席联合国大会，我们要为他圆满完成任务打通道路，增添光彩。为了确保邓小平乘坐的专机安全与及时到达纽约，周恩来指示民航机组安排东、西两线同时试飞。东线飞越太平洋、经夏威夷抵达美国西海岸，西

周恩来抱病到首都机场欢送邓小平出席联大特别会议。

线经法国巴黎飞越大西洋抵达美国东海岸。两条航线备好，届时如一条航线因故不能飞行，还可以走另一条航线。后来，虽然经过试飞，但考虑到东线太长，沿途气候、地理等条件很复杂，机组需要有一个适应过程，为了安全起见，邓小平率代表团还是经巴黎去美国。

周恩来与邓小平商量，决定以毛泽东提出的关于划分"三个世界"的战略思想作为邓小平在特别联大的主题发言稿，由乔冠华执笔起草。

这年2月22日下午2时至3时半，毛泽东在中南海的书房里会见了再次访华的赞比亚总统卡翁达和夫人贝蒂·卡翁达。在这次会见中，毛泽东提出了划分"三个世界"的观点。毛泽东说："我看美国、苏联是第一世界。中间派，日本、欧洲、加拿大，是第二世界。咱们是第三世界。"他又说："美国、苏联原子弹多，也比较富。第二世界，欧洲、日本、澳大利亚、加拿大，原子弹没有那么多，也没有那么富。""第三世界人口很多。亚洲除了日本，都是第三世界。整个非洲都是第三世界，拉丁美洲是第三世界。"

毛泽东提出的"三个世界"理论引起了中国共产党中央的极大重视，在4月3日至5日间，周恩来主持中共中央政治局会议，决定由邓小平在第六届特别联大上将此思想向世界公布并全面阐述。但是，江青、张春桥、姚文元借口"有病"，没有参加会议。会后，周恩来、邓小平联名写信给毛泽东，汇报发言稿讨论与修改情况。4日，毛泽东就此批示："好，赞同。"5日，周恩来致信给邓小平、乔冠华，告之：外交部将毛泽东批示影印若干份，送中央政治局成员传阅后归档。

4月6日上午，首都机场上空覆盖的阴云中露出了一片蓝天。经毛泽东批准，在机场举行了隆重的欢送仪式。周恩来亲自前往机场与数千名群众一起，欢送邓小平一行启程。有西方记者如此报道：邓小平复出不久，就作为政府首脑人物出席联大会议，这引起了国际社会的广泛关注，"这是至今为止出席联大的中共最高级官员，大多数中共政治局委员都到机场欢送，甚至包括打倒他的对手"。

一个英国记者曾经这样分析那天拍摄下来的周恩来送邓小平的照片："……照片上可以看出，两人的健康状况呈现出相当强烈的对比。邓只比周小6岁，脸圆圆的，肤色发亮。周是凹陷的面颊，从鬓角到下巴长着深色的斑点。穿的衣服就像挂在衣架上一样。"

卷 八 基辛格说与邓小平打交道很难

■ 中国一个大人物来到联合国

他一支又一支地抽着烟。

他的个子太矮，头还靠不着椅背的顶端。飞机在疾飞着。他已经不去看舷窗外的云海了，只是吸着烟在浮想联翩。他乘坐有五星红旗标志的中国民航专机飞抵巴黎，再从巴黎搭乘法航班机飞越大西洋赴纽约。在漫长旅途中，他想得很多，烟也吸得很多。那个航班的一个空姐至今还记得，当她频繁地去为他倾倒烟灰时，他说着浓重的川音向她抱歉。

1974年4月6日，邓小平率领中国代表团飞赴纽约。他已到了无须睡太多觉的年纪，又是刚刚经历了巨大的政治磨难后复出并走向国际舞台，他就在旅途中一支接一支烟吸着不断回忆起往事。

他想起了近几年来命运的变化。

他也想起了有关去美国的事。最早是在很年轻的时候，在法国勤工俭学，他与周恩来、李富春等都曾向往和议论过去美国的事……

后来到了延安时代，在获悉罗斯福总统打算援助八路军抗战的时候，毛泽东、周恩来就曾经准备飞赴美国去会晤罗斯福。罗斯福过早去世后，美国与中国共产党的关系经历了很大的波折。在新中国成立后，毛泽东也不止一次地谈起过要去美国之事，还说不仅要在长江游泳，还向往到密西西比河游泳。在前年初春尼克松总统访华期间，美方谈到过邀请中国领导人回访美国之事，毛泽东就明确地表示过，只要美国政府还没有与台湾断交，中国领导人就不会访问华盛顿。他这次作为国家领导人率领中国代表团出席联合国特别大会，虽然不

邓小平会见联合国秘书长瓦尔德海姆。

是访问美国,也算是新中国成立以来新中国领导人第一次踏上美国的国土,第一次出现在联合国庄严的讲坛上。

他也想到,他此次去美国出席联大真不容易啊!是经毛泽东私下提议,周恩来苦心安排,几经斗争,毛泽东公开出面,才克服了江青、张春桥等人的反对和阻挠,经政治局大多数通过了委派他出席联大的决定。他记得政治局开会那天,江青、张春桥、姚文元都找借口缺席了。

当时,周恩来总理已经癌症扩散,病情很重,他作为常务副总理已经开始实质性地介入并承担起主持中共中央日常工作的重任。他除了在第六届特别联大作阐述毛泽东关于第三世界理论的重要发言之外,他作为周恩来事实上的继任者,还要在纽约与基辛格举行会谈。他为与基辛格的会谈,进行了详细的准备。因为周总理病得很重,很快就要离职住院治病,政治局决定他不要开至散会,要他在作了联大发言及会见了与会的一些友好国家领导人之后，就赶回北京。

他是 4 月 7 日到达纽约的，4 月 10 日在特别联大代表中国发言，在这期间，会见一些友好国家的领导人，并预定 4 月 14 日与基辛格博士会见，然后于 4 月 16 日晚间离开纽约经巴黎回国。

如果说 1971 年在第 26 届联大中国恢复在联合国及其一切机构的合法席位是一个伟大的历史性时刻的话，那么两年多以后，邓小平率领中国代表团出席六届联大特别代表大会则又是一个令人激动的历史时刻。这是广大亚非拉国家为改变自身经济不平等地位、要求与发达国家建立经济平等关系的一次重大尝试。"建立国际经济新秩序"就是这次会议的宗旨和口号。

当时在联合国工作的外交官吴妙发在其回忆录《小平到联合国》中，真实生动地记述了邓小平来到中国代表团驻地五月花宾馆的情景：

> 小平同志率团抵达纽约的当天，我们有幸都去机场迎接了。小平同志在乔冠华同志的陪同下，健步走下飞机，欢迎同志热烈地鼓掌，小平同志不时地摆手微笑作答。到达代表团大厅时，全体同志列队欢迎，场面异常热烈。小平同志稍事休息后，就在当晚于驻地顶层召集二秘以上的外交官开会。小平同志历经磨难，可双目深邃，思路敏捷，发言简明扼要。决定了有关事项之后，小平同志风趣地说，我没有话了，要睡觉了。我是早睡早起啊。乔冠华接着叮嘱我们，小平同志复出，意义决非一般，已在国际上引起强烈反响。大家一定要全力以赴地在小平同志领导下做好工作。乔冠华在小平领导下奋力工作。他一般晚睡晚起，可小平同志起得很早。有好几次小平同志到了早晨 7 点就从代表团楼房十层长廊他的卧室的一头散步到另一头乔冠华的卧室外，用浓重的四川口音叫道："乔老爷，起来吃早饭了。"

4 月 10 日这天，据联合国秘书处的官员说，因为"中国的一位大人物来到了联合国，今天要发表演说"，会场内外和观众席上挤满了代表和观众。许多华侨携带子女在观众席上就座。一些口译厢座里的译员事先跑出厢口，在狭长的过道里不停地朝邓小平的座位张望。秘书处人员脸上也显出兴奋的神色。

邓小平从中国代表团的席位上站了起来，健步走向讲台。会场顿时安静下来，所有的目光都在注视着他。他个子不高，身穿黑色中山装，精神抖擞，显得十分高兴。宽敞的联合国会议大厅里，响彻了他那带四川口音的中国话，坚定、明朗、清晰、自信。他阐述了毛泽东提出的"三个世界"的理论：

——两个超级大国是最大的国际剥削者和压迫者，是新的世界战争的策源地。

——处于超级大国和发展中国家之间的发达国家的情况是复杂的。它们当中的一些国家至今还同第三世界保持着不同形态的殖民主义关系；同时，所有这些发达国家，都不同程度地受着这个或者那个超级大国的控制、威胁和欺侮。

——广大的发展中国家，长期遭受殖民主义、帝国主义的压迫和剥削。它们取得了政治上的独立，但都还面临着肃清殖民主义残余势

邓小平在乔冠华陪同下会见联大轮值主席贝尼特斯。

邓小平在联大特别大会演讲。

力、发展民族经济、巩固民族独立的历史任务。这些国家地域辽阔，人口众多，资源丰富。这些国家受的压迫深，反对压迫、谋求解放和发展的要求最强烈。它们在争取民族解放和国家独立的斗争中，显示了无比巨大的威力，不断地取得了辉煌的胜利。他们是推动世界历史车轮前进的革命动力，是反对殖民主义、帝国主义特别是超级大国的主要力量……

联合国大会召开时，一般不鼓掌，很少出现中断的场面。邓小平30多分钟的讲话，中间被多次热烈掌声所打断。

这时候，远在太平洋西岸的北京已经是后半夜。

天就要亮了。在中南海西门旁那座叫西花厅的灰旧院屋里，周恩来被癌症的疼痛所折磨着，要吸氧和辅以别的治疗才能减轻疼痛而入睡。他的身体已经非常虚弱，他醒来的时候，已经不能像过去那样自己伸手端起茶杯或者拧开收音机了。他的手指已经极为乏力，走路、洗漱等活动都会使他的呼吸和脉搏加速。

身边的工作人员按时给他拧开收音机，早晨新闻节目里广播着邓小平在特别联大发言的新闻，他听着听着，那清癯而苍白的脸上露出了笑容……

一个月之后，周恩来住进了北海公园西侧的305医院。

■ 对邓小平发言的反响强烈，基辛格妒忌得要死

作为美国代表团团长的基辛格，特别注意观察这个穿黑色中山装的矮个子。邓小平目光敏捷而深邃，步履坚定，一看就是一个性格坚毅顽强的人。邓小平的复出在国际上产生了强烈的反响。他看过美国驻华联络处、中央情报局分别

邓小平在联大特别大会演讲的会场情景。

邓小平发言后，与会代表排队与他握手祝贺。

呈写的关于邓小平情况与经历的材料。了解到这是一个历经坎坷、身世不凡的中共高层领导人，是周恩来的挚友，早在年轻时就曾与周一同在法国留学。据悉在五六十年代就曾多次代表中共与苏联打交道，使另一个矮个子赫鲁晓夫深感头疼。看上去，他脸色红润，身体很健康，到这年秋天将满70岁。显然，此次毛泽东与中共政治局让他率团出席联大特别会议，表明他就是周恩来的继任者。

那天，邓小平那简明扼要的发言，竟然使以能言善辩著称的基辛格博士羡慕到有点妒忌了。他的发言不断被热烈的掌声所打断，结束时掌声更为热烈，响彻了整个会议大厅。这时，中国代表团席位前排起了长龙，几十个国家的大使或者团长向这个中国矮个子表示热烈祝贺。大会因此中断了好些时候，这在联合国历史上也是少有的。基辛格目睹着这个热烈场面的时候，心里期盼着与这个中国对手即将进行的会谈。

在此次基辛格与邓小平初次会谈后，基辛格深有感触。据接触过基辛格的英国外交官理查德·伊文思评述说：

> 从 1974 年初起，周也把外交事务的日常工作交给邓处理了。这对邓来说是个新的领域。邓立刻显露出他的作风与周有很大不同。柔和圆滑甚至有点狡猾的外交风格丢掉了。从 1971 年 7 月至 1973 年 11 月，在完全秘密情况下四次来华访问的基辛格，曾同周恩来建立了相互尊重和谅解的关系。他发现同邓打交道很难。邓不容易让人接近他。事实上邓当时向基辛格传递的信息的确比周恩来更严肃、刺耳。他对基辛格讲，美国如若想从与苏联的和解中捞到点什么，肯定是危险的。美国也并没有兑现稍早所作的有关台湾问题的承诺。

■ 基辛格对邓小平说，美国几乎成了稀奇古怪的地方

在邓小平离开纽约的前两天，即 4 月 14 日晚上 8 时 05 分，他与担任美国代表团团长的基辛格国务卿举行了会谈。这是邓小平与基辛格之间的第一次会谈。会谈是在纽约沃尔多夫阿斯托利亚饭店基辛格的套房中举行的。邓小平在乔冠华副外长的陪同下进行谈话。

在记者进房拍照之后，他首先就拿出烟盒来，问基辛格能不能吸烟。基辛格摊了下手说：我不会抽烟，早就听说您抽烟是很有名的，当然也不反对您抽烟。他就说：你不会抽烟，那你就缺了点什么。下面的对话选自在美国解密出版的《基辛格秘录》。

> 基辛格：我不抽烟，可我有其他的坏毛病。……
>
> 邓小平：你同苏联打交道已经有了许多年的经验。
>
> 基辛格：是的。好多年了，那总是使人疲劳的事情，同时也总是千篇一律。一开始，气氛很愉快。等到第二天，就争得面红耳赤。到

邓小平与基辛格在纽约会见。

最后一天,在还有两小时我们就离开时,他们看到我们不放弃最终的立场,于是又变得迁就和愉快起来。每次都一样。

邓小平:我也有不少与苏联打交道的经验。……根据我的经历,我们从来都不能和他们达成协议。

他们走进了饭厅,先谈了一阵中东问题之后,基辛格端起茅台向邓小平敬酒。在场的温斯顿·洛德开玩笑说:我相信我们用茅台可以解决能源危机。

邓小平接过话头幽默地说:那我们也能解决原材料危机吗?

基辛格也以美国式的幽默答道:我认为只要喝了足够的茅台,任何问题都能解决。

邓小平马上接着说：那我回国后一定采取措施增加茅台产量。

基辛格说：我们一如既往地把保持良好和朋友般的中美关系看做是最重要的。正如我同毛主席、周总理会谈时所说的，我们力图寻求使我们关系正常化的途径。

邓小平：这个政策和建立在这个政策基础上的原则，是得到毛主席本人支持的。我相信，在你同毛主席的两次长谈中，你会明白这一点的。我想，你上一次和他谈了有三个小时。

基辛格：我们谈了许多细节……以我们的经验，中国人是说话算数的。

在基辛格与乔冠华干杯的时候，邓小平说：博士，即使喝掉所有这些茅台，你明天的讲话也会是第一流的。

基辛格：真令人感动不已！我大约应该好好抨击一下超级大国。我很高兴副总理肯定了乔副外长在北京已经对布鲁斯大使说过的话。我们之间的关系没有变动。

邓小平：我读过你同毛主席谈话的记录。他们非常坦率。你们从战略的观点讨论了中美之间的关系。有些谈不拢的是，关于苏联的战略重心到底放在哪里的问题。在这一点上，我们有些分歧，但这些分歧不算什么，因为事实将表明真正的重点在哪里。

基辛格：是的，不管第一个重点在哪，下一个重点却是明显的。如果重点是在欧洲，那么下一个重点就是中国。如果重点在中国，下一个就是欧洲。如果重点放在中东，那么下一个也是明摆着的。……

邓小平：为什么对"水门事件"那么吵吵嚷嚷？

基辛格：这是一连串难以理解的事情之一。在吵嚷的包括很多人，他们有各种各样的理由反对总统。

邓小平：毛主席告诉过你，我们对此并不感到高兴。这件事无论如何不应影响我们的关系。

基辛格：我可以向你保证，不管"水门事件"怎样，我们一直在执行着我们的政策，我们也将继续执行这个政策而不受"水门事件"的影响。

邓小平：我们对这类事情并不太关心。

基辛格：我们的外交政策仍然得到非常广泛的美国公众的支持。我第一次见到周总理时，我曾说中国是一片神秘的土地。现在美国自己似乎成了一个稀奇古怪的地方。

邓小平：这种事对我们来说真是不好理解。

基辛格介绍了"尼克松－勃列日涅夫最高级会谈"的计划后，说：无论我们和苏联人做什么都是双边的，对中华人民共和国没有约束。美苏间在限制战略武器的谈判计划，我预测不会达成一致。

邓小平：我也觉得在这方面你们不可能达成协议。就我们同苏联的关系而言，也就是说，在我们的东部边界，情况没有改变。还是原来的样子。在军事部署上没有变化。

基辛格：我想，有一点变化，但我不能肯定。我认为他们现在已经增加了三个师，但我还得查一下。

邓小平：主要是他们没有改变什么。

基辛格：这也是我们的印象。

邓小平：在我们非常长的边界上，他们部署了100万军队，分散在整个的边境地区。他们用这种办法吓唬神经衰弱的人！我想毛主席在同你谈话的时候说过，100万军队既不够用作防守，也不能用于进攻，他们必须再增加100万。

基辛格：那取决于他们想做什么。如果他们想占领全部中国，那是对的，这取决于他们的目的。

邓小平：如果他们占领了边境的某些地方，那将意味着什么？他们就真正陷入了泥潭。

基辛格：我没有估计到他们有这样的企图，但可能是那样的，在某种情况下，他们可能会试图摧毁你们的核设施。我不是说他们已经确定地计划要那样做，但我认为这是可以想象的。

这时候，在会谈的最后时间里，邓小平主动提出了台湾问题。当时，身陷"水门事件"困境中的尼克松为了避免在政治上招致其国内亲台势力的攻击，在台湾问题上有所倒退。1974年2月间，尼克松以快得异乎寻常的速度任命了高级外交官列昂纳德·安格尔为美国驻台新任大使，而没有采取本来可以用一位代办可以负责的方式。同时，还允许台湾在美国开设两个新的领事馆，并再次向台湾出售潜艇和先进的军事装备。邓小平已经注意到了尼克松的这些做法。

因此，邓小平问：在台湾问题上我们可以做什么吗？

基辛格：正如我告诉你的，我们正继续减少我们的存在。我们正在考虑怎样使上一个公报所表达的一个中国的原则得以发生效力的方法。我们还没有形

1988年5月24日，邓小平欢迎来华访问的老朋友基辛格。

成整个的想法，但我们愿意倾听你们的任何意见。

乔冠华副外长：我在想这个问题，我明白问题的实质。我参加了公报的起草，拟定了它的语言。其基本含意就是毛主席告诉你的。我们之间关系的正常化，只能以日本模式（中日建交以日与台断交为前提）为基础。其他模式都不可能。

邓小平：关于这个问题，还有两点。第一，我们愿意这个问题解决得相对快一点。第二，但我们对这个问题并不心急。这两点毛主席也告诉过你。

与基辛格会谈的次日，邓小平已经准备回国。他只是在唐明照、乔冠华的陪同下，匆匆地浏览了一下纽约的景色。据当时跟随邓小平去联大的外交部礼宾司负责人唐龙彬说，在返程经过巴黎的时候，他用零用钱买了一些名叫"魁桑"的法式棍子面包带回国。他没有说买回去做什么，人家以为他是给所疼爱的孙子买的。多年以后他的秘书才透露，返回北京一下飞机，他就让秘书迅速将面包捎送给周总理。他是想让病重中的周恩来总理能品尝一下年轻时喜爱的法式面包。

卷 九

天上先后给福特掉下了两个馅饼，一个比一个大

■ 中国风水先生给福特算命,称其有"特别的福气"

在尼克松总统1972年2月访问北京逛长城、看故宫、用筷子的镜头向美国实播后,美国掀起了一个中国热。长城、茅台、针灸、太极拳之类的功夫,甚至中国的看风水算命,都使许多美国人大感兴趣。这时,在密执安州的一个虽有权势却并不出名的众议员JERRY FORD竟也请了一个华裔的风水先生算命。密执安州的华人原来称其为甫尔德或佛特。这个风水先生采用中国面相与拆字法给他算命,就先看他的相。

他身高6英尺多,肩宽臂长,脸瘦下巴阔,鼻子隐约还有受过伤的疤痕(年轻时在橄榄球场受过伤),平秃的额头,冷峻的眉毛,一张宽嘴,咧开大笑时露出一排整整齐齐而洁白发亮的大牙。风水先生用粤语说他:"嘴阔吃四方,臂长捞世界,苦命拼搏了一世而建树不大,遗憾多多,既没捞得几多钱,亦没捞得几多势。"

然后此公又将他的名字FORD翻译成中文"福特",顿时眼又变得有神了,说按中国人的算法,他将有特别的福气。

福特问:福有多大?

算命先生给他一个结论说:一生苦命奔波,晚年福可齐天。

福特问:这个"天"如何解释?

算命先生说:按中国的说法,是人间最高的福分。例如,天子的福分,中国的天子就是皇帝,也即相当于美国的总统。

他淡然一笑,听了不怎么相信。他心里在嘀咕说,我从密执安州老家来到华盛顿在众议院整整熬了25个年头,想攀上议长的高位,但始终没能做到,还说什么"福可齐天"呢!但他听了心里仍然很高兴,据说就给这个中国风水先生多付了十几美元。

【卷九】 天上先后给福特掉下了两个馅饼，一个比一个大 | 97

电视实况转播尼克松总统访华，在美国形成了"长城热""中国热"。

■ 福特真是个苦命奔波的人

福特也真是个苦命的人。

他1913年7月14日出生于内布拉斯加州的奥马哈城，本名叫莱斯利·林奇·金。生父是个羊毛商。两岁时父母离婚，他就跟随母亲回到她的密执安州大瀑布城老家。母亲不久就嫁给油漆商杰拉尔德·福特，他被收为养子，改名为杰拉尔德·鲁道夫·福特。靠勤奋实干发家的老福特是家中绝对的权威。老福特为养子与三个亲生儿子规定了三条严厉的生活准则：一、努力工作，有所作为；二、说话老实，不准撒谎；三、吃饭准时，必须吃干净盘里的食物。

福特兄弟们长大成人后都不会忘记，有一次汤姆吃饭来迟了，说了一个站不住脚的理由，被老父亲按住屁股狠打了一顿，连尺子都打断了。因父亲不爱看书，小福特看的书也不多，但他喜爱户外运动。

在父亲的严厉管教下，他成为一个勤奋自立、身体健壮的孩子，从小就懂得帮着做家务，照管煤炉、割草、洗碟子等。他在学校就很喜欢体育比赛，还加入了童子军，上进心强，赢得了各种奖章，直到最后赢得了最荣耀的雄鹰童子军奖章。

那个时候的美国还没有电视机，最使青年们羡慕的是两样东西：拥有自备小汽车和玩橄榄球。小福特两样都有。后来他当了总统，才给人透露了一个年轻时头次买车被烧的悲剧。高中时候，他用暑假劳动挣的钱买了一辆二手T型汽车，在寒冷的冬天，他也像别的车主一样用毛毯来给车子保暖，驾车回来后，人家将毛毯盖在车头上，他却打开车头盖直接将毛毯盖在引擎上。他刚回到屋里，引擎积蓄的热量就使毛毯冒烟烧了起来。等火扑灭，汽车也烧坏了。那时，他伤心透了。但他打橄榄球的成绩却使他备感荣耀。他是球队中很有名的中卫，他认为活着就为了打赢！优秀的橄榄球运动员特别能获得漂亮姑娘的青睐，他却很少跟姑娘们在一起。晚年，他曾对橄榄球生涯发表了这样的感想：" 我在橄榄球运动的经验，使我懂得了协作与配合的价值。这是人生中最重要的课程之一。它帮助我在二次大战中或在险恶混乱的政治生活中，战胜艰难的处境，在不利的条件下积极行动起来，争取获得主动。"

30年代，他从密执安大学毕业后，正遇经济大萧条时期，大学生都难找工作，他就在耶鲁大学做了足球副教练和拳击副教练。但他父亲告诫他，当教练并非终生的选择。他就白天当教练，晚上攻读耶鲁大学法学院课程。经过数年苦读，终于在 1941 年取得耶鲁大学法学士学位。他辞去了教练职务，在大瀑布城当律师。这年底，日军袭击珍珠港，美国对日宣战。28 岁的福特渴望参加海军为祖国作战。他参军之初是海军少尉，后来上了新型的航空母舰"蒙特瑞号"赴太平洋作战。在太平洋战争的最后阶段，"蒙特瑞号"参加了所有主要的海战，后来成功地在菲律宾登陆。在海军档案中，他得到了"蒙特瑞号"指挥官海军上校亨德特的最好评价。"二战"结束，他已经 32 岁了。1945 年底，他已获得了十枚战斗勋章，以海军少校退役回到大瀑布城。他重操战前的律师旧业，并热衷于从政。他参加了共和党的一个改革组织——国内战线，并在这个组织的支持下，准备参加密执安州第五选区国会议员的竞选。在竞选中，他结识了伊丽莎白·贝蒂·布卢默，并在 1948 年 10 月间结婚，这年他 35 岁。

■ 他从政是从在田头与农民叉干草开始的

他从政参加竞选，没有像人家一样有大家族或大资金作后盾，他的竞选是从田头同每一个农民选民握手见面开始的。在他的第五选区有许多荷兰裔居民，他当然要争取他们的支持。

"嗨，我是杰里·福特，正在竞选国会议员，我能同你谈几分钟话吗？"

"你没看见吗，我正忙着翻晒干草呢！"

他想了想，就说："我帮你搞，好吗？"

对方瞄了瞄这位身体健壮的未来议员，就说："挑草的叉子在那边，年轻人，你知道用叉子的哪头挑吗？"

他微微一笑，挑草叉的挑战比起当年携炸弹的日军飞机在"蒙特瑞号"航空母舰甲板上空的挑战来说，根本不值得提了。他脱掉外衣，解开领带，卷起衬衣袖子，拿过叉子干起活来。他很快就边干边谈到了选举，而农民则在一旁注意地听着。这是他使用了多次的拉票手段。

他叉干草的活儿，竟然使其弟弟汤姆后来竞选州参议员也受益。汤姆称自已多次遇到的农民都在说:"我记得那个名字。你的哥哥在竞选国会议员时,曾同我一起叉过干草。"

选区里许多男女老少都记得他叫杰里·福特。他也忘不了大家。即使在第一次竞选运动中,他坚持要把捐款者的姓名和所捐数额都记下来。好些捐款者是在马路上、田野里送 5 元、10 元给他的,他总是记下他(她)们的姓名。

1948 年,他击败了轻敌自傲的对手琼克曼,终于当选密执安州第五区的第 81 届国会议员。这是他从政的开端,从这一年起,他在国会工作了 25 年之久。在这期间,他又先后进行了 12 次竞选,每次都以 60% 以上的选票当选。

■ 未经选举程序就当上了美国副总统乃至总统

他在第一届国会议员的任期里,就结识了另一位共和党的海军退伍军人理查德·尼克松。尼克松当时以支持麦卡锡主义反共出名,但他并不效法尼克松这种靠反共起家的战术。

1972 年尼克松访华时,福特表示支持尼克松的对华政策,他曾说:"我们同他们隔绝了 25 年,现在大门已经打开了。这不仅仅对中国和美国,而且对全世界都有很大的好处。"

也在 1972 年,尼克松以美国历史上罕见的压倒多数再次当选总统。但是,共和党却没有在国会中取得多数党的地位;这时,福特觉得自己当众议院院长的可能性日趋渺茫,便已萌生去意,准备退出政界回密执安州老家去养老了。

命运就在这种时候,起了变化。

想不到风水先生预言他晚年将"福可齐天"的话不久就应验了。

副总统斯皮罗·阿格纽因犯有受贿和伪造税单逃税丑闻辞职。陷入"水门事件"困境中的尼克松急于找一个人来填补阿格纽的空缺。当时尼克松的想法是:新的副总统人选既要忠于总统,又必须能得到公众的接受。按照 1967 年颁布的宪法第 25 条修正案的规定,当时副总统可供选择的对象有四个人:一是财政部长约翰·康纳利,但对他的任命将会在听证会上引发长期的辩论;二是纽约州州长纳尔逊·洛克菲勒,但共和党内反对派反应会很强烈,难在国会通过;

三是加利福尼亚州州长罗纳德·里根，情况与洛克菲勒相似，若提名会影响共和党内的团结；第四个人就是福特了，他知名度不高，且有坦诚、稳重、简朴、清廉的特点，其经历经得起联邦调查局的严密调查，公众容易接受。

于是，尼克松迫不得已就选中了他。

在尼克松提名福特做副总统后，据称，进行了美利坚合众国历史上对一个人生平所进行的最为彻底的调查。参议员规则委员会、众议院司法委员会以及联邦调查局都投入了很大力量进行调查。凡是同福特有过交往的人都被询问到。在一个短短的时间内，联邦调查局的430多个特工在全国范围内进行了调查。凡是能想到的一切，甚至许多不可能发生的事情，都包括在调查范围之内。甚至多年来在大瀑布城为福特做衣服的裁缝也被反复询问，特别是被问到福特是怎么支付服装费的，细至某年某月某日某一套西装及某一件衬衣。幸好这个名叫劳埃德·利文斯的裁缝，对福特夫妇所做的每一衣裤都有记录。审查从10月12日起一直进行到11月底，联邦调查局的报告数以吨计。

在太平洋西海岸的中国，邓小平复出之前在江西老根据地的山里访问参观的同时，1973年12月6日下午6时10分，在大洋东边华盛顿国会山上众议院的豪华大厅里，年届六十而身体健壮的福特，正在星条旗下，将左手放在夫人捧着的《圣经》上，举起右手宣誓就任美国副总统。主持这次典礼的是众议院议长卡尔·艾伯特，尼克松总统夫妇站在他后面。众议员、参议员、政府要员、各国使节和他的密执安州朋友们等1500人挤满了这个大厅。在大家的注视下，他那橄榄球运动员健壮的胸膛中发出了有些尖的、带着中西部特色的口音宣读誓词。看来他是有些紧张，将一句誓词读错了。领读的首席法官沃伦·伯格重复了这句话，他也就改正了。

这样，他成了美国历史上第一个没有经过选举程序而任职的美国副总统。既然没有经过选举，很多人就不知道他。

这时，在全国乃至全世界，到处都提出一个问题：这个杰里·福特是谁？他是什么样的人？他将成为何种类型的总统？一个与他是密执安州同乡的名记者巴德·维斯塔尔这么写道：即使在密执安州，也没有一个图书馆里收藏有一本关于福特的书。除了国会、密执安州第五国会选区及共和党的官员外，可以说人们对他是一无所知的。

1974年8月8日，白宫椭圆办公室里，要宣布辞职的尼克松总统与福特副总统谈话。

当时尼克松的威信因"水门事件"在急剧下降，敏感的人在心里就冒出了一个还是潜在的问题：要是尼克松被弹劾和定罪，或者辞职，这个密执安佬又将不经选举程序而担任美国总统。8个月后，尼克松因"水门事件"彻底暴露被迫辞去总统职务，1974年8月9日，福特又宣誓接任总统职务，成为美国第37位总统，也是美国历史上第一个没有经过选举程序而先被任命为副总统、后又接任总统的人。

在福特任副总统以前，也即1800年建都华盛顿以来，总统住在白宫里，副总统住在自己的家里，或者在华盛顿租赁房子住。至20世纪后半叶，鉴于副总统的地位与作用日趋重要，1974年，国会作了决议为副总统提供在职期间的专用住房。决议将长期以来为海军上将们提供住房的海军天文台的一部分转给副总统使用。

副总统官邸坐落在海军天文台东北部一个小高地上，有12个房间，由海军派员为副总统服务。本来福特就该是住进这个住宅的第一位副总统，他的夫人正在挑选瓷器和布置装饰，突然之间，还来不及搬家，福特就接任总统，直接住进了白宫。

福特真是有特别的福气。十分熟悉美国事务的中国老外交家王炳南是这么说的：天上先后给福特掉下了两个馅饼，一个比一个大。

尼克松在任总统期间，曾经当面向毛泽东、周恩来许诺，要在第二任期内实现中美关系正常化，这就无法兑现了。

中国方面关注着新总统的态度。

卷 十

福特在上班第一天就会见黄镇,并给毛泽东写信

■ 福特说，我有许多反对承认红色中国的朋友

当他作为总统第一天坐在椭圆形办公室的星条旗下开始履行总统职权后，他第一个召见的原政府内阁要员就是亨利·基辛格。

他要留用基辛格做国务卿。

这可见他对基辛格的器重。从另一角度，也说明他很明白自己的弱点。

当过橄榄球运动员的福特身体当然健壮，看上去似乎挺有魄力，其实他为人和蔼，还缺乏领导能力，特别不擅长外交。在其经历中，除了在"二战"中作为海军军官在太平洋海战中与日本人作战及战后进行了不多的海外访问旅游外，就没有什么国际交往的记录。他的交往范围，更多是与密执安州有关的老乡们及朋友们。这样，外交领域就成了他的最薄弱的方面之一。这就决定了他对能干的博士基辛格的信任甚至超过了尼克松。

他在担任副总统时，在谈到外交政策时，他会说到他现在每天凌晨就收到12页或更多一些的每日世界情报。在谈到越南、柬埔寨时，尽管他不排斥重新轰炸的可能性，但他也会把国会不可能支持美国军队到印度支那去的情绪告诉尼克松："我们再也不需要越南了，也可以不要柬埔寨，虽然落入共产党手中是很遗憾的。"

当副总统时，在一次会见中，他也谈到中国。他说，他最有意思的一次旅行是国会领导人1972年到红色中国的访问。他与民主党领袖博格斯一起访华后，就说过："我们两国的人口加在一起超过十亿——接近人类的三分之一。因此，努力达成相互谅解和尊重是符合双方利益的，而且当然也是符合全世界的利益的。"

福特还谈到了周恩来。他觉得周恩来是一位令人神往的优雅的、机敏的主人。他还说："他是深谋远虑的、坚强的，对各方面的情况非常了解。"

在场的福特夫人说："我深信周懂得我们讲的每一个英文字。"

对方问：如果你是总统你会谋求和红色中国重新建立关系，会告诉基辛格，去把关系建立起来并访问北京吗？

他说："不会。根据我 23 年来反对这样做的记录，我不会这样做。我大概会不情愿这样做。不过我赞同这项政策，并且我希望在时机到来的时候，我会抱着充分灵活的态度来听取像基辛格这种人所提出的理由。而且我必须说，在这 23 年中，我在两党内有许多反对承认红色中国的朋友。如果我得到基辛格肯定会提供的论据，我希望我过去所抱的固执政策可能会变得灵活起来。"

杰拉德·福特总统。

在这次谈到外交政策、美中关系及基辛格的时候，他明白地表示，他非常尊重基辛格的才能。如果他当上总统，他会要求这位哈佛大学教授继续担任他的杰出的国务卿的工作。

这时候，基辛格正式接替罗杰斯任国务卿只有一年时间。

■ 不擅长外交的福特仍然重用基辛格

一年前，1973 年 8 月 22 日，在尼克松政府内因制定与执行外交政策而引起的国务卿罗杰斯与总统国家安全事务特别助理基辛格的矛盾，终于有了结果：罗杰斯屈辱忍让而辞职给基辛格继任，基辛格得以登上外交权力的顶峰。

这事颇引起舆论的非议。

在美国，罗杰斯的名气和声望都不小。早在 40 年代末，年轻的罗杰斯出任参议院的法律顾问时，就揭露出杜鲁门的军事助理沃恩少将为首的贪污集团，一举轰动全国。50 年代，罗杰斯就为艾森豪威尔和尼克松获得共和党总统和副总统候选人的提名立下了汗马功劳。他在担任艾森豪威尔政府的司法部副部长、部长期间，为制定 1957 年和 1960 年的美国民权法作出了杰出的贡献，使无数长期被排斥在选举之外的黑人等有色人种第一次获得了选举权。该法案成为美国法制史上的里程碑。1968 年尼克松再次代表共和党竞选总统，罗杰斯一如既往，鼎力相助。结果尼克松当选美国第 37 任总统。

尼克松为了报答罗杰斯多年来始终不渝的友情，任命其为国务卿。但尼克松早就对美国外交战略有了新的考虑，从宣誓就任总统时，就打算把对外政策的决策权牢牢掌握在自己手中。尼克松认为国务院臃肿、保守与僵化，无法适应其外交新战略的变化。他任命罗杰斯为国务卿，只是给其一个位置而已，让其去管理国务院，而不是作外交政策的决策者。尼克松因基辛格的地缘政治理论很适应自己的外交战略，就选择了基辛格为白宫的国家安全事务助理，把外交决策权集中在基辛格为首的国家安全委员会手中。这就造成罗杰斯处处受到基辛格的排挤和压制，许多重大的外交行动是在绕过国务院和瞒住国务卿的情况下决定与实施的。最典型的就是 1972 年尼克松访华的事件。基辛格肩负秘密外交使命访问北京，作为国务卿的罗杰斯就不知道。待基辛格到达北京之后，尼克松担心国务卿不满，才将此事相告。但基辛格与中国政府所达成秘密协议的具体内容，罗杰斯仍然不清楚。

在尼克松访问北京时，罗杰斯作为负责外交事务的国务卿，理所当然地是美国政府代表团的要员之一。但在举世关注的与毛泽东进行的历史性会见时，陪同尼克松前往中南海的不是罗杰斯，而是作为总统助理的基辛格。这实在使罗杰斯感到难堪。周恩来觉察了这件事，到了上海后，还专门登门去看望罗杰斯。

除了与中国关系正常化，其他诸如 1971 年美英法苏的《西柏林协定》、1972 年美苏《关于限制战略武器的协定》、1973 年停止越南战争的《巴黎和平协定》等，这些尼克松执政时期的重大外交行动，无不是由基辛格操纵、策划与实施的。罗杰斯成了徒有虚位的国务卿。在尼克松执政初期，尼克松为了安抚遭到冷遇的罗杰斯，也考虑到基辛格是犹太血统，因而把解决中东问题的重任交给了罗杰斯。罗杰斯为实现中东和平准备了一份"罗杰斯计划"。罗杰斯经过与苏联秘密谈判，首先促使埃及与以色列达成了一项临时停火协议，然后继

1974年8月9日，在白宫南草坪，直升机舷梯前，就职总统福特与辞职总统尼克松交接后辞别，图为两人的夫人吻别。

续做工作，争取以色列放弃1967年战争所占据的领土，作为补偿，阿拉伯国家承认以色列，以此实现中东和平。但基辛格对罗杰斯计划抱有成见，竭力影响尼克松，说这个计划只对苏联有利，而须保持阿以冲突才有利于美国的全球战略。尼克松最后倾向了基辛格的观点，导致了罗杰斯计划的夭折。从此，基辛格建立起了对外交的全面垄断。罗杰斯在外交上的地位日益跌落，地位十分尴尬，其领导的国务院内部好些人偷偷地讨好基辛格，连一些外国的政要也知道，在美国"通过基辛格办事要比国务院快"。例如，一个法国高官通过国务院安排访美，就没有会见尼克松总统的计划，但这个法国官员找了基辛格，很快就见到了尼克松。

在尼克松连任总统之后，基辛格不再甘心只做一个总统的助理了，频频向尼克松施加压力。在"水门事件"中已很困难的尼克松，只好抛弃了老朋友，于1973年8月22日宣布罗杰斯辞职，由基辛格接任国务卿。9月22日，基辛格在白宫东厅举行的宣誓就职仪式上曾这样说："我这样出身的人居然能在这里站在美国总统身旁，这在世界上无论哪个国家都是不可想象的事。"

福特接任总统后，尽管他知道舆论界对尼克松让老朋友罗杰斯将国务卿职务让给基辛格的做法甚有非议，他还是要重用基辛格，以至于吉米·卡特在福特之后担任总统时就曾评价说，这一届共和党政府虽然冠冕堂皇，气势不凡，可就是抓不住实质，"就拿对外政策来说，基辛格先生已成了这个国家的总统，福特先生已表现出缺乏领导才能，掌握不了这个国家的现状和未来的发展"。

基辛格在福特接见时，就向他建议，在总统上班的第一天要接见中国驻华盛顿联络处主任黄镇。

■ 福特在上班第一天就会见黄镇，并给毛泽东写信

在华盛顿街头的车流中，中国的大红旗轿车也是很显眼的。好些国家的大使乘坐的是梅赛德斯－奔驰、卡迪拉克、宝马或者丰田，在那个时候，中国驻美联络处主任黄镇乘坐的是国产红旗车。

1974年8月9日这天下午，新任总统福特上班第一天要会见中国驻美联络处主任。黄镇乘坐的就不是红旗，而是白宫派来的卡迪拉克专车。

车子从联络处出门时，正好遇上一队美国中学生在老师的带领下来到联络处参观中国艺术品。学生们热情友好地朝黄镇挥手。黄镇让车子放慢速度，缓缓而行，也从车里向学生们挥手。

那个时候，联络处刚刚由临时安置的"五月花"旅馆搬进自己购置的"温莎公园"旅馆。在建处的时候，黄镇以艺术家的眼光对联络处做了精心的布置。这个旅馆的底层原来是一家由韩国人开的餐馆，它被改建为一个高大宽敞、明

亮悦目的大厅。它与周围几间小房相连接，可以容纳近千位宾客。大厅正对的墙面上高悬着毛泽东主席与中国 56 个民族代表在一起的巨幅绒绣画。大厅及小房墙沿和墙柜中错落有致地陈列着几十件中国名贵的艺术珍品。其中有名家书画、雕塑、玉器、瓷器等古代文物和现代艺术精品。尤其值得一提的是，其中有 25 件是黄镇启程来美之前专门向中央提出报告，经周恩来总理特批，从故宫博物院借来的国宝。它们当中有：商朝的青铜器、汉朝的陶瓷、唐代的三彩陶、明清时期的宣德和朗窑等名窑烧制的瓷器以及任颐、郑板桥、吴俊卿、徐悲鸿等大师的书画。就是那些现代艺术品，如苏州的双面绣，也都巧夺天工，引人入胜。经有艺术家慧眼的黄镇匠心独运，巧作安排，联络处的接待厅、室，成了荟萃艺术品的殿堂。许多外宾每来参加联络处活动，总要流连忘返地先参观这些艺术品。消息传开后，在艺术馆相当多的华盛顿，中国的联络处居然也成了吸引人的一个去处。有些美国中、小学老师，就要求带领学生来参观。

近几个月以来，黄镇特别关注着华盛顿政局的变化，并随时将了解到的最新情况及时发回国内。他与夫人朱霖出使雅加达，就与苏加诺总统夫妇建立了很友好的朋友关系；他们出使巴黎，也很快与戴高乐夫妇建立了很密切的关系。他们来到华盛顿以后，也与尼克松总统夫妇建立了融洽的关系。在尼克松陷入了"水门事件"的困境时，北京方面与黄镇都很关切华盛顿政局的发展与尼克松命运的变化。

1974 年的夏天，在华盛顿是一个特别炎热的夏天。而且酷热中随时都有雷雨。

6 月间，他注视着尼克松去中东进行访问。7 月间，众议院司法委员会相继通过了三项对尼克松总统的弹劾案，指控尼克松在"水门事件"调查中掩盖事实、阻挠司法工作等。就在这个时候，尼克松还在白宫接见了中国武术代表团。

他与联络处的同事们原来都担心，中国武术这一东方体育艺术未必能为美国人所欣赏。但武术团在华盛顿连续三天演出，场场爆棚，取得了出人意料的成功。那时候的团员李连杰，还只是十几岁的少年，他和另外几名少男少女如风的动作、火辣的拳脚、精彩的对打，尤其得到美国观众的喜爱。在困境中的尼克松还特别在黄镇陪同下接见了中国武术团，李连杰等在白宫南草坪上专门为尼克松总统夫妇做了精彩表演。尼克松大为赞赏，特别让李连杰等挨在其身边，与黄大使、代表团长等一起照相留念。就是这一次，他还进了总统的椭圆形办公室与尼克松作了谈话。

黄镇对白宫的美国总统椭圆形办公室已经十分熟悉了。他已经应邀来过好几次了。他初次来的时候，尼克松还兴致很高地拉开金黄色的窗帘，指着让他看窗外美丽的玫瑰园。又有一次，尼克松还给他介绍屋里装着世界上最先进的通信设备和各种供总统在紧急情况下使用的设备。总统还笑着说，要是有导弹袭来，这张办公桌下就是特建的避弹室。

最近一次，尼克松就曾经笑着对他说，黄大使，你是唯一能进世界上两个最重要的办公室次数最多的人。

他就问：哪两个办公室？

尼克松说：一个是白宫里我这个椭圆形办公室，另一个是贵国毛泽东主席在中南海的书房办公室。

他说：我看基辛格博士进这两个办公室的次数不会比我少。

尼克松说：博士来这儿的次数当然比你多，但他见毛的次数就比你少。据我感觉，我们这位博士很向往在毛书房的谈话，所以老想往北京跑。

虽说这也是在预料之中的事，但他也觉得变化得快了一点。离上次尼克松在白宫接见中国武术代表团不到一个月，椭圆形办公室就换了主人。

在他回忆往事时，卡迪拉克已经驶到了白宫门前。

椭圆形办公室的新主人福特总统与他握手。他按礼仪祝贺福特就任总统。

福特采纳了基辛格的建议，在其当总统的第一天，就会见了他。福特对他表示，要继续执行尼克松的对华政策，奉行中美两国所签的《上海公报》，并说要在自己任期内实现美中关系正常化。

福特还告诉黄镇，他写了一封信给毛泽东，称其政府没有比"加速"美中关系正常化进程更为重要的事了，基辛格国务卿应当访问北京，讨论实现两国关系正常化的细节。

黄镇心里明白，这是福特总统上任后在对华问题上做出的两个姿态。

卷十一　布什不选伦敦、巴黎，而只挑选了出使北京

■ 从教堂祈祷回来，福特突然宣布赦免尼克松

福特作为总统入主白宫之后没几天，就安排时间去视察即将竣工的国家大教堂。据记载，他观看、询问得很仔细。

众多的尖塔、飞檐、长柱、巨大的横梁和高大的拱形屋顶融于一体，规模宏大的国家大教堂，巍峨矗立在华盛顿西北郊马萨诸塞大街和威斯康星大街交汇以北的一个高坡上。它在英国哥特式建造中糅入了某种法国式的建筑风格。

它是 19 世纪末选址、20 世纪初开始建造的。它的主体工程大部分于 1976 年美国独立 200 周年庆典时完成，全部工程直至 1990 年才完毕。这个教堂也叫圣彼得教堂、圣保罗教堂或者国家大教堂。在宗教对社会生活有深刻影响的美国，它在漫长的建造过程中，已是好些重大的历史的见证人。威尔逊总统和艾森豪威尔总统的葬礼就在这里举行。诺贝尔和平奖获得者、经历了第二次世界大战的美国国务卿赫尔也安葬在这里。美国著名的黑人人权领袖马丁·路德·金在遇刺身亡前的最后一个星期天，就在这座大教堂中精美的石刻讲坛上作了其生命中最后一次布道演说。

人们当然一时也无法猜到新总统内心的想法。

过了没几天，1974 年 9 月 8 日，这天是他宣誓就任总统刚满一个月的日子。上午，福特就来到了白宫附近的另一个大教堂里。宽敞深邃的大厅里，肃穆庄严的歌声荡漾起伏。此时，看着殿堂的古典装饰，使人会产生一种回到中世纪的感觉。在这环境里，可以看见杰里·福特那魁梧健壮的身影，他双手合十，在对上帝做着祈祷：

  全能的上帝，我们的圣父，他的伟大的慈爱允诺宽恕那些真心忏悔和对他真正忠诚的人的罪恶；施给你们仁慈；赦免并把你们从罪恶中

解救出来；使你们在仁爱中坚强与获得力量；把你们带到永生；通过我们的上帝，耶稣基督。阿门。

他从小就生活在宗教的氛围里。在大瀑布城，母亲经常带着他，有时有父亲陪着，去格雷斯·伊皮斯科教堂。后来他长大了，每作什么重大决定时，他都要去教堂做祈祷，即使在军舰的甲板上、在最紧张的战斗中也未曾忘记做祈祷。他母亲后来还说，杰里在航空母舰上服役，数次与死亡擦肩而过能活下来，就靠虔诚的祈祷而获得上帝的保佑。

他做完礼拜回到白宫，就召集了几个值班的记者，宣布了一条爆炸性的新闻："完全、全面和彻底赦免"前总统尼克松在其任职期间"对美国犯下的或可能犯下的或参与的所有罪过"。他还说，他这样做是"因为对尼克松的审判将再次唤醒那些丑恶的痛苦。我们的人民将再次由于他们的观点而分化。我们政府的自由制度的可靠性将再次受到国内外的挑战"。

思考问题时爱抽烟的福特总统。

尼克松虽然辞职了，但福特就任总统后所面临的最棘手的问题，不是别的，仍然是"水门事件"。怎么对待尼克松？是不是辞职就完事了？全国都注目着这个接任的新总统。

他出于对国家政局稳定的考虑，加上他与尼克松是共和党内老朋友的这层关系，凭借他素来办事平稳的风格，他准备利用手中的权力赦免尼克松。

福特的这一举动，事先没有与党的领袖、国会议员们和水门特别检察官打招呼，因而在全国上下引起了强烈反响。一时间风暴骤起，报刊电视上的反对舆论沸沸扬扬。电报、电话、信件等雪片似的飞向白宫，表示愤怒和谴责。有的人甚至还怀疑他与尼克松之间作了什么肮脏的交易。

■ 尼克松辞职后，布什原希望能当上福特的副总统

按美国宪法，副总统是由总统挑选和任命的。福特经考虑筛选，觉得有两个人可以担任副总统：一个是纳尔逊·洛克菲勒，有显赫的大家族背景，加上担任过州长；另一个就是乔治·布什，担任过两届众议员及尼克松总统任内的美国驻联合国大使，此时还担任着共和党全国委员会主席。

出于种种考虑，福特还是挑选了洛克菲勒任副总统。福特与布什也是好朋友，如何安置布什，是需动脑筋的，也是不能怠慢的。

福特知道，布什在尼克松决定辞职而不被弹劾的问题上，是起了重要作用的。在"水门事件"的真相逐步被揭露出来的时候，担任共和党全国委员会主席职务的布什很可能成为总统祭坛上的牺牲品。但布什妥善地对待此事，既善始善终地坚持原则，也没有出卖尼克松这位老朋友。在尼克松面对弹劾与辞职的关键时刻，布什从共和党的前途着想，也出于对尼克松的忠诚，就给总统写了一封建议信。他事先将信装在衣袋里，去参加 1974 年 8 月 6 日的内阁会议。会上，尼克松满带情绪地表示既不会辞职，也不接受弹劾。布什在会上没有吭声，散会后就悄悄将信交给尼克松说：你回去再看吧。

信中这样写道：

1975年9月5日,福特总统遇刺。图为他逃过一劫,在保镖们护送下离开现场。

亲爱的总统:

这是我深思熟虑后作出的判断:你应当立即辞职。也许,在您孤军抵抗的处境中,这对您似乎是来自您多方支持和帮助过的人的不忠行为。但我的观点是:我不将自己的判断告诉您,我就不适于为一个我永远尊敬其巨大成就、热爱其家庭的总统服务。直到现在,您对辞职还完全没有答复,但是,考虑到事情结局的影响,辞职是最后的、也是我现在坚定感受到的、最利于国家、最利于党的行为。我相信这个观点也是全国大多数共和党领袖的意见。……如果您辞去公职,历史将怀着持久的敬意记录下您的业绩。

布什的这封信对尼克松决定辞职而不被弹劾起到了重要作用。次日，即 8 月 7 日，尼克松决定辞职。8 月 8 日，尼克松对全国发表了辞职讲话。

当时，福特已经组织了"厨房内阁"，为自己接班进行紧张的准备，商定了应急计划。在福特正式组阁时，布什内心里是很想得到副总统的职位的。

那天，布什正在家里，接到了福特打来的电话，说已准备宣布任命洛克菲勒为副总统，还说希望与他尽快碰头，以"商量将来的安排"。

■ 布什不选伦敦、巴黎，而只挑选了出使北京

放下电话后，他心中有点发闷，未免有些失望。但很快就过去了。他与夫人芭芭拉商量好了，都认为，最理想的"将来的安排"，是离开华盛顿，脱离刚刚在首都发生的一切，且越远越好。他感觉到，在尼克松政府的最后几个月里担任共和党全国委员会主席完全是一场政治上的噩梦。两人都觉得，尽管喜欢华盛顿，但倘若有适当的职务，现在是离开这个城市的绝好时机。

两人还带有预感地商量说，要是总统给我们对外职务的选择，那就去远东。还说，尽管伦敦或者巴黎的大使职位是显赫的，而且是令人羡慕的，许多人都争着去，并对个人履历有好处，他们还是想去北京。

说起布什想去北京，得先说说他因中国而引起的一场痛苦的失败，这使他与中国有了一段特殊的"缘分"。

1970 年底，他刚刚在众议员的竞选中失败，那是在休斯敦，有记者问他："你心情怎么样？"

他回答说："一个人从最初的痛苦中或失败的打击中清醒过来，并非坏事。"

就在这个时候，传来消息：尼克松总统提名他出任美国驻联合国大使。这个提名立即在美国政界引起了议论。联合国是世界舆论的讲坛，美国驻联合国大使是美国外交界最高的大使位置，这一职务已经升到了内阁成员的级别，美国大使坐在联合国大厦里就如同坐在白宫里一样。由于联合国总部设在美国本土，美国政府的捐款分担了联合国预算的大部分，因而美国大使在联合国里的地位是举足轻重的。

有人说，像布什这样一个过去的飞行员，一个来自得克萨斯州石油界的百万富翁和保守的共和党人，竞选连任众议员时都失败了，又没有什么外交经验，怎么能够担任美国的最重要的大使呢？

尼克松总统对布什的任命是在1970年12月11日宣布的，在国会也顺利通过。他于1971年2月宣誓就职，搬进了联合国大厦对面美国使团大楼第11层的办公室，并在国务院拥有一间办公室。

在他出任驻联合国大使的两年里，发生的最重要的事件，也是他和美国最沉重的失败，就是中华人民共和国恢复了在联合国的合法席位；同时，"联合国驱逐了美国的老朋友——台湾中华民国政府"。布什的传记中说："他尽了自己最大的努力，勇敢地战斗着，以阻止此事发生，但最终他不得不鼓起勇气，以最好的风度接受了这一事实。"

1971年夏秋，布什与他的美国代表团提出了所谓"双重代表"提案的政策，也就是美国欢迎中华人民共和国在联合国取得一个席位，但不同意驱逐台湾。支持中国的一方联合起来，抵制美国的这个提案。布什为了这个"双重代表"提案真是煞费苦心。他对这个国家的团长亲热地搂着胳膊说话，请那个国家的团长饮咖啡。有的国家代表团还与他进行艰难的讨价还价。巴拿马人想以取得巴拿马运河控制的更大份额来达成投票支持美国提案的交易；爱尔兰人说，他们的态度有可能改变，但要在阿·灵格的着陆权问题上得到让步；有些代表，甚至包括某些非洲、拉丁美洲国家的部长们，希望美国给他们的侄甥或者女婿们在美国得到一份工作。好些国家对美国要他们不支持北京而尼克松却背着他们与北京拉关系的做法大为不满。

这年的10月25日，是关键的表决时刻。这天，基辛格还正在北京作其第二次访问。联合国会议大厅的电子荧光屏在计算着实际票数，几百位代表都在紧张地盯望着。

当最后的票数公布出来时，许多国家的代表们欢呼跳跃起来。坦桑尼亚、赞比亚、加纳等非洲国家的代表甚至在会议大厅里跳起了庆贺胜利的非洲快步舞。布什与助手们很沮丧，痛苦地坐在美国代表团的位置上。有人回忆说，这位高个子美国驻联合国首席代表怒不可遏地骂了一句："婊子！"

后来，他自己则说当时的感觉像驾驶飞机在空中作战时被击落了一样。当他听说中国报刊形容美国代表在联大辩论中"像热锅上的蚂蚁"时，他想象着说："蚂蚁？趴在火烫的热锅上？"他朗声大笑，觉得中国语言中竟然有如此生动形象的比喻。

后来，中国代表团很快就来到了联合国。乔冠华的联大首次发言，谴责了美国，也谴责了苏联。在第二天的报纸上，他看到了一幅漫画，漫画上苏联代表马立克和他坐在各自的桌子后面做鬼脸，而乔将一桶水倒在两人的头上。

乔冠华回国后，黄华作为中国驻联合国的代表留在纽约。布什在自传中回忆说："我第一次遇见黄华是在联合国大厦的过道上，礼宾司的某人介绍我们相互认识。我们第二次相遇是在法国大使的公寓里，参加安理会五个常任理事国会议。法国大使把他介绍给我，然后又把他介绍给苏联大使马立克，这个中国人背起了他的手。马立克的脸涨得通红，仿佛下巴挨了狠狠的一拳。法国大使马上掩盖了这一窘态，把我们请到另一个房间去用茶点。"以后，布什谨慎地招待了中国的代表们。中国人也给他以回报。

那个时候，北京和华盛顿还没有联络处。他甚至带领这群中国人去靠近格林尼治的乡村，到鸟兽禁猎区去游览。

在联大的这次失败触动了他，使他产生了强烈的要了解这个占世界人口四分之一国家的愿望。因而，他和芭芭拉商量了，要当驻外大使的话，就去中国。

■ 布什闯进了基辛格独自控制的对华外交领域

福特总统很快就约他去白宫谈工作。

布什在其自传中，对此次福特总统的约谈有精彩而真实的记述：

> 我来到椭圆形办公室，总统首先感谢我作为共和党全国委员会主席所做的工作，然后告诉我有两个重要的外交职位需派人员，一个是驻英大使，另一个是驻法大使。
>
> 但我另有打算。驻华联络处主任戴维·布鲁斯正要离任。我告诉总统，如果让我选择，我愿要这一职务。

福特弹了弹雪茄，抬起头了，反问一句："去中国？"他显然很吃惊。

"是的。中国。"我重复了一遍，"什么时候条件成熟的话，我愿去。"对于布什要求去中国，福特当然很吃惊。那时，中美尚未建立正式的外交关系。任命这个职务对福特来说不是什么难事，因为这不是正式的驻外大使，不需要经参议院表决。但是，福特望着他，笑着说：人家都纷纷来向我要求到伦敦、巴黎去，我当然可以考虑你要去北京这个愿望，但这需要同基辛格协商，我将与基辛格国务卿打个招呼再正式通知你。

他听了之后，稍稍一愣，但没有在总统面前说什么。

对基辛格独占对华外交，他是有看法的。他后来曾说过，在70年代中叶，如果你是福特政府成员而口中吐出"中国"这个词，你就知道亨利·基辛格的触角都会抖动，无论博士身在何处——开罗、耶路撒冷还是巴黎。中国是亨利

老布什出任美国驻华联络处主任。

的秘密外交领地，在那里，博士取得了其在外交上的最大成就。

他知道他若出使北京，就得与基辛格打交道了，因为美国政府有关涉华事务没有不通过他的监督和批准的。在去北京之前，他进一步作了了解。国务卿非常担心任何中美关系上的"泄密"，就连国务院和国家安全委员会有关他新职的报告都是在极其保密的气氛中进行的。

他要做一些必要的准备工作，想了解美中关系的极其重要的文件，如最后导致签订1972年《上海公报》的尼克松与毛泽东的谈话记录。但一打听，文件都被基辛格手下严密地控制起来了。因而他只能想法在国家安全委员会高级官员理查德·所罗门的私人办公室里读到这些文件，其保密程度可想而知。

去北京赴任之前，他就得知，关于美中关系发展的所有信息，都不是来自北京的联络处，而是从华盛顿知道的。有朋友还告诉他：基辛格频繁地在华盛顿与中国驻美的联络处主任黄镇接触，你要想得到有关国务卿与中方秘密会谈的内容，就得像前任戴维·布鲁斯一样同国务院不断打硬仗！

他是1974年10月21日飞抵北京上任的。刚到北京一个月，就遇上了基辛格来北京访问。

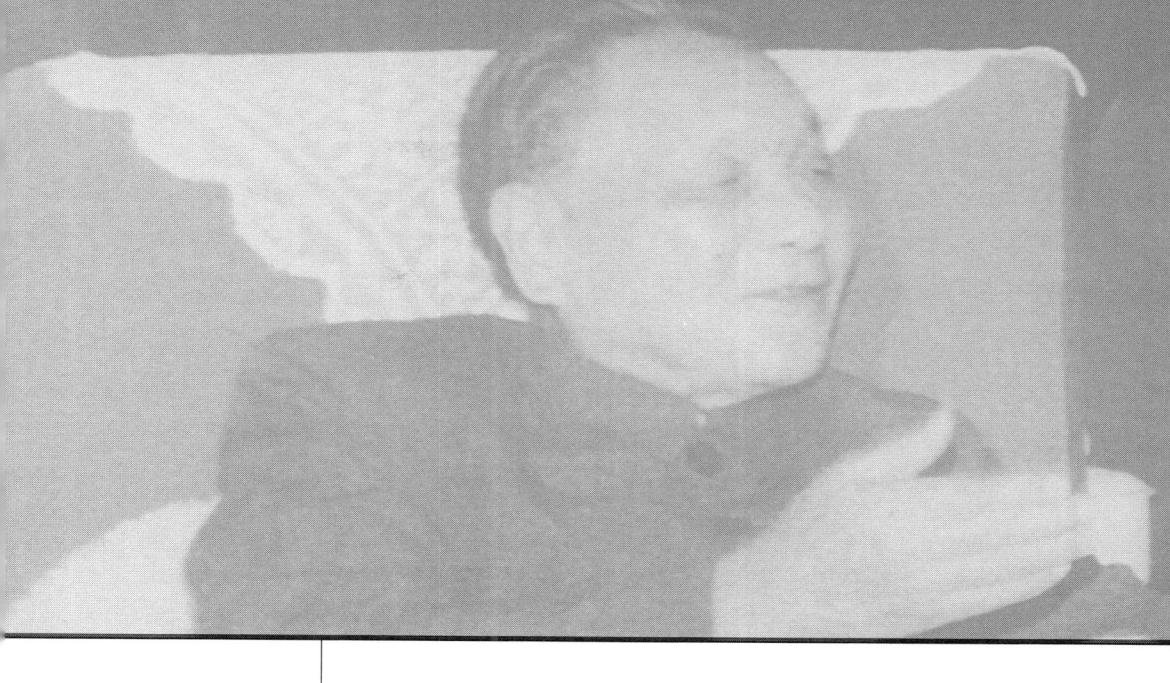

卷十二　邓小平对基辛格说：阁下可以研究我们的大炮

■ 基辛格经过两次推迟,才从苏联来到北京

其实,福特这个总统并不好当。他是未经选举而接任总统的,其政治地位自然很脆弱,加上其剩下的任期只有两年,接着就是1976年的大选,其大部分的精力将用于竞选。

福特在国内经济政策上执行的仍然是尼克松政府的那一套,由于各种环境的制约,没有什么起色。当时美国国内处在战后第六次经济危机,工业生产持续下降,失业人数剧增,通货膨胀严重,人民生活水平下降。他曾经采取削减

福特访苏会见了勃列日涅夫,之后才同意基辛格访华。

政府费用、平衡预算、紧缩货币和信贷等措施，企图解决通货膨胀问题，但收效不大。在福特对国内政策使尽了招数还不灵的情况下，他就想通过对外政策来提高自己的威信。他并不认为对华政策是需要急于处理的。1974年11月中下旬，他出国到远东进行为期一周的访问。在访问日本时，他作为第一个访日的在任总统赞扬了美、日两国在第二次世界大战后建立起来的友谊。在韩国，他重申美国将继续支持韩国维护自己的独立。11月23日，他飞往苏联，与勃列日涅夫举行在他任期内的第一次美苏首脑会谈，而后就一项关于限制1977—1986年间核武器的生产和部署的新条约的基本框架达成了协议。

福特访问了苏联之后飞返华盛顿，这时，他才同意派遣基辛格在返程途中顺道访问北京。

对于美中关系，福特有自己的考虑。在1976年大选获胜之前，他是无法推进美中关系正常化的，只能在这个问题上采取拖的办法。在福特的影响下，基辛格在推进美中关系正常化问题上也失去了昔日的热情。基辛格是在尼克松辞职后的一个星期开始制定访华计划的，目的是向中国领导人肯定美国对华政策的连续性，也为了抵消已经确定的同苏联人高级会谈的影响。基辛格希望至少安排两次访华：一次在9月间，一次在年底。但实际情况是，在福特的主张下，他只能在这一年的11月下旬从苏联返回时顺道去北京。这次，擅长于搞地缘政治的基辛格耍了一点并不高明的"小聪明"，竟然同意在中苏边界上的城市举行美苏首脑会谈，然后紧接着再访问北京，以强调美苏关系缓和对中国利益的影响，从而迫使中国接受美国的政治目标。这表明基辛格还没有充分了解中国人，他的做法只能使中国人愤然，中国领导人仍然坚定地坚持自己的原则。他肯定要在北京碰软钉子。

黄镇将福特总统上班第一天就安排会见自己的情况，当晚就发电报向北京作了报告。福特会见黄镇与向毛泽东写信，这也只是两个象征性的表示而已，中国人从来都有"听其言而观其行"的传统。睿智而敏锐的毛泽东、周恩来和邓小平很快就对这位继任总统能否实现尼克松所作的承诺心存怀疑和十分不安。从为基辛格新的访问所做的具体准备中，中方发现，基辛格的日程并非加快实现关系正常化的进程，而是试图表示这只不过是迈向关系正常化进程中的一个步骤而已，实际上拖延的最终结果是要等到美国的国内政治允许白宫中止与台湾的关系。

1974年11月25日，基辛格在海参崴美苏最高级会谈结束后乘专机来到北京。这次，基辛格全家都来了，包括夫人南希及其儿子和女儿。

基辛格在首都机场刚下飞机，前来迎接的乔冠华在握手拥抱时弦外有音地对他说："博士，你过去来北京，都是从南面或者是从东面来的，你这次是从北边来的。"

基辛格应对着说："我从西、南、东三个方向都来过中国，所以这次就试着从北边来。"

乔冠华说："不知道博士是否知晓，影响中国天气的西伯利亚寒流都是从北边来的。"

■ 我们没有任何手册，只有小米加步枪

基辛格抵达的当晚，就携带全家在邓小平的陪同下去医院看望住院治疗的周恩来。周恩来请基辛格给患病的尼克松捎去问候，却并没有说给新接任总统的福特捎去问候。

次日，11月26日、27日、28日，邓小平与基辛格连续进行了四轮会谈。中方在场的有外长乔冠华，美方有新任驻华联络处主任乔治·布什。

第一轮会谈开始时，基辛格为了缓和谈判气氛，指着摆在面前厚厚的三大本提要手册，说："我将开始把这几本手册，从头到尾给你念一遍。"

邓小平幽默地说："博士，你这几本手册有几吨重？"

基辛格故弄玄虚："有好几吨重。还准备了不少，这仅仅是开场白。"

邓小平机敏而坚定："我们方面没有任何手册，我们只有小米加步枪。"

在谈到中美关系正常化问题时，邓小平严肃地说："我必须先放一炮。"

基辛格问："对我？"

邓小平说："空炮还是真炮，看你喜欢哪一种。那就是，在这个问题上，如你们所说，你们欠了我们的。"

在这样的情况下，基辛格还是亮出了美方的观点。基辛格说：在中美关系

正常化的问题上，问题是我们怎样完成这一过程。我想将我们遇到的问题分成几部分：这就是台湾外交地位问题与我们的外交关系问题以及我们在台湾的军事力量问题和我们承担台湾的防务问题。我们的问题与日本不同，或者说，在这个问题上不同于与你们已经建立正式外交关系的任何国家。首先，我们存在着正式的防卫关系，美台间订有《共同防御条约》；其次，在美国存在着一大群人，他们在历史上就是亲台派。在这种情况下，美方提出：第一，美国准备按日本模式解决中美关系正常化问题，需有一种变通，即我们在台湾维持一个联络处，在北京建立使馆；第二，确定美国从台湾撤军的时间表，到1976年夏天撤出一半，剩下的在1977年底全部撤出。但在撤军的过渡期，我们还没有找到

邓小平回应说，我们没有手册，只有小米加步枪。

妥善解决美台《共同防御条约》问题的方案，希望中方声明和平解放台湾，以便美国考虑放弃美台防御关系……

邓小平盯着基辛格，这是美方在台湾问题上立场明显的倒退，因而心里十分不快。基辛格自知理亏，说话有些吞吞吐吐，不很流畅。不待基辛格将话全说完，邓小平就打断他的话，问：就这些啦？

基辛格：是的。这是基本的，这因为美国有法律上的问题。

邓小平一言挑明：实际上这条法律是由你们自己制定的，对吗？

基辛格：哪条法律？

邓小平：你们就是那些制定法律的人。就是你们对台湾防卫承诺的法律。那是你们自己确定下来的。

基辛格：当然，这完全是真实的。

邓小平直截了当地指出：好。既然你们可以制定法律，那自然你们也可以废除它。

基辛格：这也是真实的。我们的观点不是那不能做。我们的观点是我向你解释的那些原因……

邓小平：你的考虑（倒联络处方案），从本质上说，我们感到，它还是"一中一台"的变种。

基辛格：为什么是这样？

邓小平：主要是你们的立场倒退了，改变了联络处的立场。现在的情况是，你们在北京建立了联络处，我们在华盛顿也建立了自己的联络处，你们在台湾还保持着大使馆。这本身表明，还不存在关系正常化的必要条件。换句话说，如果你颠倒一下位置，在北京设立大使馆，在台湾设立联络处，这不是解决问题的方式。人民会得出一个结论，这实际上是"一台一中"的翻版。因此我们觉得难以接受这个方案。

基辛格：我们希望实现的，是同台湾一步一步地分离……

邓小平：很明显，解决台湾问题的时机还不成熟。至于解决台湾问题的方式，就解决台湾问题而论，假定你们断绝同台湾的外交关系，台湾问题应该留给我们中国人自己来解决。至于我们用何种方式解决台湾问题，我相信毛主席已经在他的谈话里讲得很清楚了。

基辛格：如果我理解正确的话，毛主席声明了两点：一个他相信问题最终要用武力来解决；但他也说，中国可以等待一百年使问题得到解决。

邓小平：是的，他是那样说的。当然，一百年这个数字是象征性的。

基辛格：当然，我理解。我要说的是，一百年以后，我将不再是国务卿了。

邓小平：毛泽东主席已经把解决台湾问题是中国内部事务、它应该留给中国人来解决讲得很清楚了。

基辛格：我同意。这也正是我保存的谈话记录。

■ 邓小平对基辛格说：阁下可以研究我们的大炮

在这几轮会谈中，在广泛地谈到核武器、缓和、中东冲突、柬埔寨问题、中苏关系及能源危机等世界上别的问题之后，话题又回到了中美关系正常化的问题。邓小平重申了中方的关系正常化三原则。

邓小平：博士阁下，中方只能按照日本模式实现中美关系正常化。一旦华盛顿终止了它与国民党当局的《共同防御条约》，台湾问题就成为中国人自己解决的内部事务。在这一过程中，任何形式的评判和保证，以及任何形式的卷入，我们都不予接受。如果是你们还需要台湾，以及你们国内还有困难，还有待于时间，那么，我们可以等待。

在11月28日下午举行的最后一轮会谈中，双方各自谈了对世界形势的认识。基辛格说因为欧洲和日本不能构成强大的战略力量，所以美国基本上处于世界的"第一线"。邓小平委婉地反驳了美国在所有的地方都处在"第一线"的说法。

邓小平：……刚才博士几次说到开炮问题。似乎博士对炮火非常关注。

基辛格：我要深挖洞。

邓小平：我赞成深挖洞。可炮必须开。博士说，炮火的频率和精确度都提高了，由于精确度提高了，炮火能否停下来就不好说了。我认为，研究一下炮开得究竟有没有道理是必要的。因此，我想提出这一点以引起你们的注意是有用的。也就是说，现在在许多问题上，美国正处于第一线。当然，美国也并不是在所有的问题上都处在第一线。

　　基辛格正想说什么时，邓小平看了一下时间，暗示会谈该画句号了。邓小平最后以一句幽默作为结束："阁下对炮感兴趣，可以多研究我们的大炮。"

　　由于美国从原有的立场上倒退了，当时美国的评论家们普遍认为，基辛格此次访华"受到了冷落"。尽管基辛格表达了包括会见毛泽东在内的全部的兴趣，但主人告诉他由于毛正在长沙而"不方便安排会见"。后来基辛格从另外的渠道听说毛泽东在长沙会见别的外国客人，他只好悻悻然地去访问了苏州。

　　基辛格再次见到毛泽东，已经是十个月之后的事了。

卷十三 邓小平说：我可以让黄镇回军队当副总参谋长

■ 旧金山，刺客的枪口刚刚瞄准下车的黄镇大使……

他们夫妇乘着小车，在旧金山市街头疾驰。

这是旧金山市政府礼宾部门安排的车子。黄镇与朱霖是赶去参加"中国出土文物展"开幕式的招待酒会。他俩已经是第二次来到旧金山了。去年秋末他们乘汽车横穿美国考察，到过这里。这次是乘飞机从华盛顿赶来的。

6月下旬，旧金山的天气已经十分炎热了，但该市的亚洲艺术博物馆内外，更是热闹无比。经过数月巡回展览，盛况空前、轰动美国的"中国出土文物展"在1975年6月26日来到旧金山。在馆门口的空地与大街上，车水马龙，许多人排了三四个钟头的长队，才买上参观券。

按中美双方的文化交流协议，"中国出土文物展"仅在华盛顿和密苏里州的堪萨斯城两地展出，但因展览影响特别大，旧金山市政府及各界人士强烈要求增加在旧金山的展出。因为旧金山是老华侨聚居最多的地方，黄镇积极支持这一要求，对有关部门说：增加旧金山一站的展出，作用很大，影响深远，肯定可以赢得高潮而结束。

也难怪，美国只有将近两百年的历史，而这个展览展出了凝聚中国数千年文明史的稀世珍宝。展品从旧石器时代蓝田猿人头骨、北京猿人头盖骨起，直至辽、金、元时期的各种珍宝。这次展览的标志展品是东汉墓葬中出土的铜器"马踏飞燕"，放在展览大厅中心，衬着绿色的丝绒和柔和的灯光，使人看了觉得优美可爱，浮想联翩。西汉中山靖王刘胜及其妻窦绾墓中发掘出来的金缕玉衣，由2000多块玉片用金丝编缀而成，设计严密，工艺精细，真可谓精美绝伦，巧夺天工。所有这些展品，特别是上述两件，使许许多多美国观众久久伫立，不思离去。有的甚至看过之后，改天又来看。无论是美国人还是华侨都十分踊跃。美国人是啧啧称奇、赞不绝口；华侨们扶老携幼，感到自豪和荣耀。

车子放慢了速度，渐渐开至举行酒会的大厦门前。大门前已经有许多人。车子停了下来。黄镇虽说年事已高，仍有军人的敏捷，很快就下车了，等着朱霖下来。他多年在异国当大使，在复杂的环境中养成了保持高度警惕的习惯。他在环视中发现大门旁的墙边人群里有两个男子忽然厮打起来，扭成一团，其中一个还不停地朝小车这边冲来。手中拿着一个黑家伙，竟是手枪！

他立即联想到：暗杀！

朱霖这时刚下车，黄镇迅速拉着她，快步走进了大门。"中国文物展"开幕式酒会盛极一时，出席的各界名流竟达1000多人。著名亲台的右派人士旧金山市法官刘百昌和加利福尼亚州民政厅厅长江月桂刚从台湾回来，也分别担任了赞助委员会的两主席之一和名誉主席。

大门前的惊险一幕并没有影响黄镇在酒会上作十分精彩的演讲。

■ 黄镇终于愤然决定向毛泽东去电请辞

1975年7月间，华盛顿闷热多雨。黄镇从西海岸的旧金山参加了"中国出土文物展"的开幕活动回来，就先忙于阅看国内文电及有关信件。联络处收到一封匿名信。黄镇看了，不禁长舒了一口气。朱霖看信后说：真是好险啊！

匿名写信人自称是"已觉悟者"，说其参加在旧金山的"中国出土文物展"开幕式时在门前看到一个人正从裤袋里掏出手枪要瞄准刚下车的中国大使，他立即上去推了刺客一把，两人扭打起来，因而未发生血案。

在国内的电文中还有一封有来头的电文，批评联络处的"右倾"倾向，指示说什么要在路线斗争中实现老、中、青三结合。

这是什么意思？他今年已是65岁了，在联络处只有他超过60岁，这不是要赶他下台吗？

他想起部里有的领导给他打了招呼，提醒他注意：联络处里有个别个人主义恶性膨胀的人，给北京打小报告，往联络处泼脏水，鼓动造反，要把水搅浑。他们拱不动黄镇，就找韩叙、朱霖的岔子。

窗外下起大雨来了，大颗大颗的雨滴敲打着窗玻璃。黄镇拿着这一封电文，很不舒服，心中久久不能平静。

他领导下的中国驻美国联络处，在地理上与国内隔着半个美国加上一个太平洋，如此的遥远也并不平静。"四人帮"也将手伸到驻华盛顿的联络处里来。

前不久发生的"蜗牛事件"还历历在目。国内有关部门派了一个小组来美国考察，订购制造显像管和玻璃罩的成套设备。显像管与玻璃罩，两项合起来约1亿美元，是双方互设联络处以来最大的一笔生意。这个小组包括各方面的专家，美方很重视很热情。当时正值圣诞节前夕，厂方给小组每人送了一件小礼物：一个小巧而精致的玻璃玩意儿。当时，谁也没有看出是一只蜗牛。美国的玻璃厂家嘛，目的是宣传他们制造的玻璃，说明他们的玻璃产品没有一点杂质，透明度很好。另一方面，也有表示祝福吉祥如意的含义。

小组回国后，其中一名年轻的组员给江青写了一封告状信，说对方送蜗牛是对我们国家的侮辱，诬蔑我国是在"爬行"，我方竟然接受，这"有损国格、人格"。江青出于政治上的需要，就拿来大做文章，上纲上线，就要上上下下整一批人，掀起了轩然大波，成了著名的"蜗牛事件"。

当时，周恩来知道后，就对这个部的同志说："你们吵嚷什么？人家送给你们礼物，你们还不知道是什么意思，就发个电报去华盛顿，请联络处调查一下再说。"

联络处接到国内一封电文，询问在圣诞节美国人赠送蜗牛是什么意思，请速了解后报国内。当时，黄镇正在国内，联络处商务参赞张建华就去问熟悉美国生活习俗的高级翻译冀朝铸。冀朝铸不以为然地说："不用调查了。我在美国生活这么多年，还不知道这个吗？这是象征祝福和有耐力，没有什么别的意思。"

张建华还不放心，仍请冀朝铸再找人了解一下。冀朝铸就给知名的华裔朋友任之恭、牛满江和一些美国朋友打电话，询问送蜗牛的含义。回答都是一样，没有歧义。于是，联络处就实事求是地报告了国内。

这样，江青整人的阴谋就没有得逞。国内好些担心为此事牵连挨整的人才放下心来。黄镇在北京听说此事时，就曾找周恩来总理提了建议。待他回到华盛顿，称赞联络处的同志发了那封电报，说："我们共产党人就是要坚持原则，实事求是嘛！"

窗外大雨还在下着。他通知召开党委扩大会议，开会的同志都来了。会议就开始了。

负责联络处思想政治工作的朱霖，刚刚发言摆了事实，有的人就有呼有应地说了起来。他们说话的锋芒是有所指的。

"有的老干部，自己不行了，还硬着头皮干。人应该有自知之明！"

"联络处经常不让讲路线，现在让讲了，但并不按革命路线办事！"

"我有个印象，我们这儿为什么一提起路线，就好像不大愉快，这确实存在着问题……"

对方要逼黄镇下台的意图是很明显的。好些同志就针尖对麦芒地反驳。韩叙副主任就说："你们排斥老干部的做法不符合毛主席的指示。毛主席是说老、中、青三结合，就包括有老干部。"

有的说："照你们这么说，连中央领导都该下台了。这分明是抢班夺权嘛！"

黄镇一拍桌子，站起来说："你们不用说什么60岁划线了，我完全可以辞职。驻美联络处的职务重要，这是中央任命的，我可以向中央发报辞职，请中央另派人来。"

他这一愤然表态，会场顿时变得寂静无声，只听得见冷雨敲窗的震颤声。

韩叙听了也很吃惊，忙对他劝说道："你这一辞职，不正是这些人希望的吗？"

朱霖也说："我们也没犯错误，干吗自己摔乌纱帽呢？"

这天晚上，雨停了。他翻来覆去睡不着觉。

他想着，这些矛盾也不止一天了。英文翻译冀朝铸很同情他的处境，就曾经劝他说："你跟主席那儿熟悉，为什么就不向主席反映情况呢？"

他是这么回答的："主席年纪大了，也不像从前那么好说话了。"

冀朝铸又说："你跟总理说说也行呀。"

他内心很矛盾，叹了一口气："总理自己处境也不好，我怎么好去打搅他呢！……可是，要是他们把我逼急了，我是要反映的。"

他再也睡不下去了。他还想到，尼克松已经辞去总统职务了，福特已经接任总统，有消息说美国驻北京联络处主任也准备换人了。……他挣扎着起来了。

这天晚上，他艰难地写了一份辞职书：

这是我第一次书面向领导提出调动我的工作。我任职已经两年多了。从各方面来说，我担任这一重要工作是不称职的。身体不好，也使工作受到影响。经反复考虑，为我驻美联络处今后能很好地贯彻执行主席的伟大战略方针，请尽速选任其他同志接替我的工作——美驻华联络处主任已调换，对我的调动，对方也无可非议。

他的请辞报告电文发出后，北京方面迟迟没有回复。

他索性一不做、二不休，又将请辞报告另电转呈毛泽东和周恩来。

■ 要是容纳不了黄镇，我可以让他回军队当副总参谋长

那个时候，在外交部主持工作的是乔冠华。

毛泽东是十分欣赏乔冠华的。早在抗战期间，毛泽东在延安窑洞里读到从德国留学回来的乔冠华在香港写的一些国际时事评论，就曾经称赞这些文章相当于几个师。不久前，中国刚恢复联合国席位时，毛泽东亲自点将，"让乔老爷率团去，不去就脱离群众了"。

从联大作首次发言及与尼克松、基辛格连续熬夜推敲《上海公报》之后，乔冠华见到毛泽东的机会就更多了，更得毛泽东的器重。1973 年春天，他与美国助理国务卿詹金斯在北京商谈建立美国联络处事宜时，谈判顺利也高兴，就在谈判间隙写了一首打油诗的前三句，朗诵给参加谈判的同志听：第一句，"八重樱下廖公子"，说的是廖承志在樱花盛开时节率团去日本访问；第二句，"五月花中韩大哥"，说韩叙去华盛顿为设联络处打前站下榻于五月花旅馆；第三句，"欢欢喜喜詹金斯"，说的是正在北京进行的中美谈判。他甚为得意地吟罢，征求第四句，并说有陈年茅台一瓶作奖赏。

据说，大家七嘴八舌续这第四句。有的说"扬扬得意乔老爷"，也有的说"喜上眉梢乔老爷"。他听了，都摇头说不满意。此事也就暂时搁下了。

过了一天，毛泽东召集大家去汇报中美谈判情况，看见毛泽东的兴致很高，有人就将征求最后一句诗的事也汇报了。

毛泽东来了雅兴，说："我来给乔老爷续后面的诗。"

毛泽东文思敏捷，稍作思索，就笑着对他说："乔老爷，你的前两句是'八重樱下廖公子，五月花中韩大哥'；我现在给你续上后两句，'莫道鄙人功业小，北京卖报赚钱多'。你看如何？"

原来，毛的续诗是戏指"文化大革命"初期乔冠华被造反派逼迫上街头卖小报的事，在场的人听了都哈哈大笑，都说："主席这两句诗续得真好！"

可见，毛泽东对乔冠华是宠爱有加的。不久，筹备中共"十大"，他被点名

邓小平与黄镇。

指定参与起草"十大"政治报告中外交政策部分。他在"十大"被提名选为中央委员,"十大"闭幕的三个月之后,即1974年11月,又接替姬鹏飞出任外交部部长。

1975年7、8月间,黄镇要求辞职的电文从华盛顿初次发回外交部里时,部领导是准备开会研究后再予以答复。也许是工作太忙,此事就拖延了。等到获悉黄镇将辞职报告发给了毛泽东、周恩来,部领导就觉得非同小可,不能再拖了。

作为部长的乔冠华得知此份辞职报告到了毛泽东那里,更是大吃一惊!这时,是1975年夏秋间,他看到黄镇给毛泽东的请辞报告,内心有着复杂、沉重而尴尬的心情。

他的这种心情,是有来历的。

他作为在周恩来身边工作了几十年的人,命运是同周恩来连在一起的。

1973年夏天,毛泽东听信了江青、张春桥等人关于所谓"右倾回潮"的汇报。这年的7月4日,毛泽东在同王洪文、张春桥的谈话中,除了重提批判孔子的问题外,还尖锐地批评了外交部对国际形势的看法。毛泽东说,近来外交部有若干问题不大令人满意,在思想方法上是看表面,不看实质。接着,毛泽东就上纲了,作出了四句话的结论:大事不讨论,小事天天送,此调不改变,势必出修正。将来搞修正主义,莫说我事先没讲。毛泽东通过对外交部的指责,曲折而又严厉地批评了主管外交工作的周恩来。

毛泽东的批评未免使乔冠华紧张起来,他是在周恩来直接领导下负责抓国际形势分析、主持进行重要的外交谈判的。他心里不能不有些想法。

1974年春,"四人帮"发动了"批林批孔"运动,就把他卷了进去。"四人帮"别有用心地提出所谓"新文革与旧政府"的矛盾,批"现代大儒",批意大利著名导演安东尼奥尼拍摄的电影《中国》,还搅起了"风庆轮事件"等,把矛头直指周恩来,使已患重病的周恩来蒙受了屈辱。江青气势很盛,专门写信批评了外交部。在人民大会堂召开的一次会议上,他说了违心的话,揭发批判周恩来在中美、中日建交谈判中的所谓"右倾错误"。作为周恩来长期的助手,他未能尽自己的心力来为周恩来减轻一点压力,还伤了好人。后来,这使他一直感到内疚。

1975年12月,黄镇(左二)陪同访华的福特总统在颐和园。

在这年秋天，他终于鼓起勇气，在去 305 医院给住院的周恩来汇报工作的时候，向周恩来剖析了自己当时的懦弱，承认自己在那次会上的发言是错误的，对不起总理，请他原谅。周恩来听了，非常宽容地说："这也不能怪你，那是总的形势，大家都讲了嘛！你在我身边工作好几十年，又管美国这一摊，怎能不讲呢？"

也就在这个时期，他发现有人看到了驻美联络处的重要，一直在兴风作浪，要夺黄镇主任的权。他们正在整黄镇的材料，诬蔑黄镇"在联络处执行错误路线，打击青年干部"等。

他拿着黄镇的请辞报告感到烫手，怎么办？

他想到了邓小平。

他就拿着黄镇的请辞电文及别人打的小报告，去找主持中央工作的邓小平。

邓小平对挨整是深有体会的，看了一遍报告，就洞察一切了。邓小平目光灼灼地望着乔冠华，直截了当地说：

"我看，要是外交部容纳不下黄镇这样一个老干部，我可以让他回军队担任副总参谋长。"

乔冠华赶快说："要是这样，不如把我先调走，免得别人说我如此小气。"

邓小平问："他到底遇到了什么问题？"

乔冠华就把别人整黄镇的一些材料送上。邓小平随手翻了翻，就说："等黄镇回来再听听他的。"

邓小平又问："部里准备怎么回复？"

乔冠华把准备回复的电文呈上，邓小平看了看，就摇头说："太厉害了。"就边说边作修改。修改完了，又细看了一遍。回复的电文大意是：

黄镇同志，你的来电收悉。你即将会见尼克松，加上基辛格即将来华洽商福特访华事宜。诸事繁多，故不宜考虑调动问题。国内考虑，可趁基辛格、福特来访之机回国面谈。

邓小平修改完毕，在这封发往驻美国联络处的电文上签了字。

卷十四　布什在北京开展很有魅力的"自行车行动"

■ "困难时刻，才能识别真正的朋友"

车子上了坡顶，加利福尼亚海边那座西班牙式的院落已经在望了。两年多以前的夏天，他和朱霖就应邀来过，当时这座叫圣克利门蒂的别墅被称为"西部白宫"。现在，总统下野后别墅就是别墅了。

这是1975年8月30日的下午。黄镇是在出席8月27日在旧金山隆重召开的"中国出土文物展"闭幕式招待会之后，专程赶到洛杉矶来看望于8月9日刚刚辞职的尼克松的。

在离开华盛顿之前，他接到了国内的回电。辞职没有获准，他是军人，党性又很强，当然继续工作。按原来所订的计划安排，来到了圣克利门蒂。

尼克松辞职后回到加利福尼亚才几天，就收到了周恩来总理的电报，表达了对总统始终如一的良好祝愿；同时，总理希望尼克松再次访华。不久，尼克松就因腿部血栓性静脉炎十分严重，在家人和大夫的劝说下，住进了长滩纪念医院治疗。为了拯救其生命必须动手术，否则凝结的血块就有堵塞血流窒息心脏的危险。尼克松的辞职及住院，都引起了中国方面的关注。黄镇及时将最新的情况向国内报告。毛泽东还亲自打电话到长滩医院向尼克松问候病情。毛在电话中通过翻译告诉尼克松，他认为尼克松是历史上最伟大的政治家之一。毛还说，中国在任何时候都欢迎尼克松去访问。

在黄镇一行来到圣克利门蒂数日前，尼克松也刚出院回到这个别墅。他还将与尼克松讨论其再次访华的具体细节。

当他们于下午5时许到达时，尼克松夫妇已在其办公室门口迎接了。

黄镇将这次展览的出土文物复制品"马踏飞燕"和出土文物展画册送给尼克松。尼克松接过来时说："我不久的将来再次访问北京时，将会有时间看到更多的出土文物展览。"

随行的同志还将茅台酒和桂花酒赠给尼克松。尼克松高兴地说:"你知道吗,我上次从北京带回的茅台只剩一瓶了。今晚我们就将这最后一瓶茅台喝了。"

他首先问候尼克松的健康,询问了住院动手术的情况。他说:"不久前,毛主席会见泰国总理时,曾经托其转达对总统的问候。毛主席说他想念您,他认为您是一个好总统,'水门事件'不要那么搞嘛。他还说到,几乎,每一位来见他并叫他喜欢的人回国后就遭遇到灾难。他列举了七个对中国友好的领导人,首先说到您,还有田中角荣、恩克鲁玛、希思、苏加诺和西哈努克,他们在国内都有不幸的遭遇。"

黄镇看望尼克松。

尼克松听了显然有些激动,边听边点头说:"一个人卸职后容易被人忘记。而正是这种困难时刻,才能识别真正的朋友。我可以自豪地说,无论我在不在职,毛泽东、周恩来以及大使阁下都是我的真正的朋友。我把打开美国同中国关系正常化之门,视作我在任职内最大的成就。我可以向大使并通过大使向毛主席及其北京的同事们保证,我虽不再任职,但我将尽我所能,在我的余生内为我们两个伟大国家的友好关系作出贡献。我可以有信心地说,在今天这个世界上,如果美国不同中国保持密切的关系,就不能有一项建立世界和平的政策。"

黄镇说:"我非常注意听了总统刚才的讲话,并将此报告我国的领导人。"

在下午 7 点钟的晚宴中,尼克松打开了茅台酒。屋里弥漫着茅台的醇香。

尼克松举起酒杯时动了感情,回忆说:"大使阁下,我记得三年多前在人民大会堂喝茅台的场面,是电视转播中最吸引美国人民的镜头。"

尼克松说，将推荐一批商人去中国做贸易生意。黄镇还与尼克松商量了再次去中国访问的事。黄镇说，毛主席希望和你讨论一些重大问题；要是你身体允许的话，毛主席希望尽快见到你。

直至晚上9时20分，黄镇一行才离开了圣克利门蒂。

辞职后过了一段隐居生活的尼克松十分渴望与外界的接触，此次邀请可谓正中下怀。黄镇一行刚刚离开，尼克松就兴冲冲地往华盛顿给基辛格打了电话，声言只要福特不反对，他就准备于9月间动身前往访问中国。

当时，基辛格作为国务卿正在张罗安排福特总统访华，因而，基辛格的回答使他甚为失望。基辛格认为，如果辞职不满一年的前总统在福特本人访华之前再度访华的话，只会使白宫当局感到难堪。基辛格建议尼克松是否考虑其访华的时间安排在福特访华之后，并希望在尼克松的访华新计划确定前与他商量一下。尼克松想了想，不能否认对方说得很有道理，就当即同意再等一段时间，也同意在确定新时间时将与基辛格打招呼。但他又向对方暗示说，这种等待不会太久。

不久，福特总统访华的时间确定之后，尼克松也与黄镇联系说："明年2月21日是我访华四周年，又逢我大女儿的生日，我夫妇俩期望同大女儿一起去北京。天气虽然太冷也不要紧，这次去既要谈问题，也要参观一下上次尚未去过的地方。"

■ "自行车行动"：布什在北京的外交开始活跃了

1974年10月21日，布什夫妇俩初到北京时，第一次出门乘坐的是一辆豪华的黑色克莱斯勒小轿车。车子驶入长安大街时，他惊讶不已，连眼睛都瞪大了。整条大街都是川流不息的自行车。各种节奏轻重的车铃声动听地响着。他的克莱斯勒车子像是一条驶入这条自行车河流的船只，在其中缓缓前行。在小车里，他跟夫人芭芭拉说了一句英语，这句话翻成中国话意思就是："我的天啊，太棒了！"

一个月后，布什夫妇俩经常各骑着崭新的上海产的自行车，并排走出三里

老布什接任美国驻华联络处主任,在联络处门前留影。

屯的美国联络处大院,汇入长安大街上的自行车流里。大街上的骑车人并不知道这对老外是美国驻华的"大使"夫妇,但都亲热地朝他俩笑着。有的打出欢快的铃声表示问候。布什也按响车铃以示谢意。

他的"骑自行车的外交行动"使他在美国获得了一个称号——"像中国老百姓一样骑自行车的乔治·布什"。

布什夫妇俩骑着自行车游览了北京的不少名胜古迹,串游过不少很有特色的胡同。数年后,他当选总统,在电视新闻里露面多了,北京有的胡同里的老人们都能把他认出来。有个叫李圆的大妈说:"哇,这个高个子总统,不就是当年蹬自行车来游我们胡同的那个老外吗?他们两口子还让我用中国话教他们说咱们这条'羊、拐、儿、胡、同'。"

李大妈回忆说:那个男老外(布什)搞不明白,问这胡同名字的意思是不是指"羊拐着腿生下的崽子"。李大妈咯咯大笑、摇着头说不是,但自己又解释不清楚。幸好有一个懂英语的中学老师经过,告诉布什,汉语中的这个"儿",独立用的话是"儿子"的"儿",但在此处的胡同名称里仅是一个语助词。

布什点点头,似乎感觉到了汉语的奥妙。

老布什刚到北京就去游览长城。

到北京不久，布什就觉得他此次选择出使北京是太对了。

但他的前任戴维·布鲁斯却感到太突然了。布鲁斯觉得自己刚来北京一年多，任期尚未到，兴致刚产生，怎么就给调走了。布鲁斯对此是持保留态度的。但布鲁斯得到的解释也很简单，在阿格纽辞去副总统后，乔治·布什和杰拉尔德·福特都是副总统的竞争者；在福特接任总统后，布什与洛克菲勒都是副总统的竞争者；而作为新总统给两次都没能当上副总统的布什的安慰奖，就是让他在政府中挑选一个他想要的职务，他却选择了出使北京。而对布鲁斯的安慰是，到布鲁塞尔出任美国驻北约组织的大使。布鲁斯心里不高兴，不等布什来北京交接就离开了。布鲁斯临走时私下对人说：

"我很伤心！我对中国虽有了兴趣，但我不一定打算长期待在中国，我希望至少能够自己选择离开北京的时间。"

前后两位驻华联络处主任给人两种截然不同的印象。

布鲁斯显得拘谨而保守，严守着自己工作的局限，即作为美国驻中国联络处主任，而不是全权大使。在其主持下联络处的活动不多，实行的是一种远离外交活动的政策。除了联络处与中国外交部门的事务往来及有限的离京旅行之外，在当时单调乏味的生活中，美国的外交人员都只是在联络处里设法将生活安排得不至于太枯燥。因此，当时联络处在北京的外交圈显得有欠活跃。

精力充沛的布什使北京联络处活跃起来了。

他在开始实行"自行车行动"时，又设法主动走出联络处，去参加其他国家驻华使馆的节庆活动，诸如去阿尔及利亚使馆出席阿国的国庆节活动。这是在北京的美国人首次参加外交活动！他称这是"一块外交上的冰打破了"。接着，出席法国使馆的酒会，出席荷兰使馆纪念朱丽安娜女王生日活动。以后，就习以为常了。他在各种活动中广交各国朋友，还能与平时难得接触的中国官员见面交流。那个时候，在中国只

老布什夫妇在北京买了两辆飞鸽牌自行车，开展"自行车行动"。

有黑白电视机，他家里有一部美国带来的彩色电视机，经常邀请一些中国朋友去家里看电视。他还通过开展体育活动，例如打网球结交朋友。一个非洲大使说，美国人在北京竟也活跃起来了！

他在北京的活跃外交，使他受到了不寻常的礼遇。在这一年圣诞节，他被邀请参观了地下防空洞工程，这在当年北京的外交界，是一种特殊的例外。

布什在北京的活跃外交传到了亨利·基辛格那里。基辛格就曾不以为然地对他说："其实，你没有必要在北京那么使劲。不管他们是否喜欢你都没有关系。"

美国驻华联络处首任主任布鲁斯（右一）。

1991年1月，老布什就任总统后重访中国，来到胡同旧地重游。

【卷十四】 布什在北京开展很有魅力的"自行车行动" | 147

1991年1月,老布什接受李鹏总理赠送的飞鸽自行车。

1991年1月,老布什夫妇在天安门受到热烈欢迎。

他听了却大不以为然。他在自传中这样写道：

> 我不同意这种说法。我这样做的目的，并非是想在北京的"受欢迎"比赛中获胜，而是为了了解中国人，而且使他们了解美国人。在所有人中，亨利更应该知道个人关系在世界事务中的价值。正是他同安瓦尔·萨达特的紧密关系，帮助打破了中东对美国的不信任感。

他到北京不久，就着手张罗基辛格的来访。在进行有关的准备工作时，他问联络处副主任霍尔德里奇，除了布鲁斯主任陪同基辛格见过毛泽东之外，你们见过毛泽东吗？

霍尔德里奇回答说："联络处开办不久，毛泽东曾经邀请联络处几位官员一起观看一次篮球赛。我因患了流感没能参加，布鲁斯主任与联络处的好几个官员都去了。看球的时候，毛与布鲁斯单独说过一些话。"

■ 毛泽东说：都无所求，你们干吗要到北京来

黄镇比基辛格提前两天，即1975年10月17日由华盛顿飞返北京的。他这次回来的任务相当重，先是立即参加基辛格为准备福特总统访华之行而进行的会谈。然后，陪同福特总统进行12月间的访华活动。再接着就是在12月底元月初，接待前总统尼克松的女儿朱莉及其丈夫戴维·艾森豪威尔。紧接着，又在2月底接待并陪同前总统尼克松夫妇再次访华。

除上述一系列重要的接待任务之外，就是解决上次外交部复他的辞职电报所说的，商谈他的职务问题。

他回到北京，种种情况使他感觉到心情很沉重。特别是他平生最崇敬的周恩来总理正在与癌症作最后的抗争，已经不能接待福特、基辛格、尼克松这样的重要客人了。另外，尽管邓小平还在主持中央工作，但是他已经敏锐地感觉到政治上有一股邪风在作祟。毛泽东审阅批准的《打招呼的讲话要点》，又说到当前出现的问题"绝不是孤立的，是当前两个阶级、两条道路、两条路线斗争

的反映。这是一股右倾翻案风"。已经开始不点名地批评邓小平了。

在这年的 8 月间，医疗组刚刚成功地给毛泽东做了摘除"老年性白内障"手术。这次手术是由邓小平领导的医疗组进行的。动手术的时候，周恩来也从医院赶来观看。毛泽东的眼睛在手术后复明了。

10 月 19 日，基辛格为准备福特总统访华之行又一次来到北京。基辛格与邓小平进行了数次会谈，在即将离开北京的时候，才被告之毛泽东将会见他。

会见是在 10 月 21 日傍晚 6 时 25 分至 8 时 05 分进行的，地点仍然是在中南海毛泽东的书房。副总理邓小平、外长乔冠华、驻美联络处主任黄镇、美国驻华联络处主任布什等参加了会见。毛泽东坚持站着欢迎他们进屋，握手寒暄，并让摄影记者拍照。可以明显地看出，毛泽东身体已经很虚弱了，站着谈话已经相当困难。他与基辛格夫人一握过手，就坐下来了，要了一张便条，写下了他要讲的话，说基辛格夫人个头比基辛格还高。然后，毛泽东再度站起来，欢迎其他的客人。拍照后，基辛格随从的官员被送出房间后，美方只有国务卿基辛格、联络处主任布什和洛德留下来谈话。

毛泽东讲话已经十分困难，是由唐闻生与王海容重复他说的话，确认没有错，然后才进行翻译的。要不然就是由他的护士拿着一本记事本，让他把要说的话写在上面。在整个会谈过程中，毛泽东都不断用力地用手和手指做出手势，以强调他的重点。从谈话内容看，他的头脑很清醒，思路还明晰。下面内容摘引自《基辛格秘录》。

  毛泽东：你知道我浑身是病，我很快就要上天堂了。
  基辛格：不会的。
  毛泽东：快了。我已经收到上帝的邀请信了。
  基辛格：我希望你还要很长的一段日子才会接受邀请。
  毛泽东：我接受博士（医生，一语双关）的嘱咐。
  基辛格：多谢。（美国）总统非常希望能够访问中国，也非常希望能和毛主席见面。
  毛泽东：我们诚挚地邀请他来访。
  基辛格：我们非常重视和中华人民共和国的关系。

毛泽东：是蛮重要的，但没那么重要。（用手指做手势）

你们是这个（两个手指中间空间比较大），我们是这个（两个手指中间空间比较小）；你们有原子弹，我们没有。

基辛格：是的，但是主席过去常说，军事力量不是唯一决定性的因素。

毛泽东：副总理邓小平说过，小米加步枪。

基辛格：我们有一些共同的敌人。

毛泽东：是的。

基辛格：你用英文说，也写下来了。能不能把这给我？

毛泽东：好。（他把他写下的便条递给基辛格）

基辛格：我看主席学习英文大有进步。我说过，我们有共同的敌人。

毛泽东：不（把两个手指握得很近）。所以你们和他起了争执（指着副总理邓小平）。昨天，你对他说到，美国对中国无所求，中国对美国也无所求。我的看法是，这种说法一部分是对的，一部分是错的。台湾是小问题，全世界才是大问题。（开始咳嗽了，护士帮助）要是无论哪一边对另一边都无所求，你们干吗要到北京来，我们又为什么要接待你和贵国总统？

基辛格：我们到北京来是因为我们有共同的敌人，也是因为我们认为你们对世界情势的看法比我们打交道的任何国家都要清楚，而我们和贵国若干观点一致……相当多。

毛泽东：那样靠不住。那些话不可靠。……（拍自己的两个肩膀）我们认为你们做的是从我们的肩膀跳到莫斯科去，这些肩膀现在一点用都没有了。

基辛格：我们在莫斯科什么都得不到。

毛泽东：但是你能在中国取得台湾。

基辛格：我们能在中国取得台湾？

毛泽东：但是你们现在有中国的台湾。

基辛格：但是我们总有一天会解决这件事情。

毛泽东：在一百年内。

基辛格：上次我到这儿，主席也是这样说的。

毛泽东：的确。

基辛格：至少，我不认为需要一百年。

毛泽东：要是现在你把它送回给我，我也不要。因为它现在要不得。现在那儿有非常多的反革命分子。一百年的话，我们会要它。……

基辛格：不是一百年。

毛泽东：（做手势，计数）很难讲。五年，十年，二十年，一百年，实在难说得很。

接着，毛泽东谈到了欢迎福特总统来访，也谈到了自己患病的具体病情。

基辛格：主席，我看了我们两年前的对话记录。我认为它是最深入的国际事务记录之一。我们对它非常重视。

毛泽东：但有些事我们必须等待观察，我做的一些评估还有待客观的情势来推动。

两人在讨论了美苏在欧洲的争夺、在欧洲打仗会不会使用核武器等问题之后，毛泽东谈起了经常爱看报上的国际新闻，就说起了《纽约时报》、《华盛顿邮报》都是犹太家族拥有的。

基辛格：《华盛顿邮报》现在不是了。（询问布什主任）

布什：主掌《华盛顿邮报》的格雷厄姆夫人确实是犹太人，她是麦耶先生的女儿。

基辛格对毛：你说的没错。

毛泽东：经营者都是犹太人。（对布什感兴趣，看着布什）你这位主任在北京处境艰难，为什么不来找我？

布什：我今晚能来这儿，真是荣幸。我认为您很忙，没有时间接见联络处主任。

毛泽东：我不忙，因为我不用去管所有例行性的事务。我只看国际新闻。你们不晓得我的脾气。我喜欢人们骂我（提高声调并用手拍打椅子）。你们一定会说毛主席是一个老官僚，这样的话，我会快一点与你们见面。而且会急着想见到你们。如果你们不骂我的话，我就不会见你们，宁愿睡大觉。

基辛格：这对我们很为难，特别是叫你为官僚。

毛泽东：我批准（用手重击他的椅子），外国人都在我面前拍桌子。骂我的话，我只会感到高兴。

基辛格：这对我们来讲，还是很不自然。除非是出自策略上的权谋。

毛泽东：但我的确是个官僚，而且还是个军阀。这是苏联给我挂上的名号。

基辛格：但苏联对中国的评价与我们不相同。

毛泽东：他们每天都在骂我，每天。因此我接受这两个称号，军阀与官僚，再荣幸不过。而且你们也说过我是个战争贩子及侵略者。联合国通过一项美国支持的决议，宣称中国侵略朝鲜。

基辛格：那是25年前的事情了。

毛泽东：没错，所以它和你没有直接的关系。那是杜鲁门时代的事。

基辛格：是的。那是好久以前的事情了，我们的想法已经改变了。

毛泽东：（摸摸头顶）但决议还没有取消，我仍然戴着侵略者的帽子。我仍然把这视做无上的荣誉。好极了，非常好。

次日，在基辛格离开北京的那天深夜，基辛格与乔冠华讨论美国的声明草案。乔冠华拒绝了美方建议的公报，提出了一个美方觉得不能接受的公报，基辛格也拒绝了。乔冠华外长明确地说，中国准备举行不要公报的高级会晤，这使基辛格很恼火。会议在凌晨中断，没有达成协议。分手时，乔冠华表示说，中国政府不能保证美国总统将受到热烈的欢迎。有评论说，这次基辛格访问是从北京两手空空地返回华盛顿的。

在基辛格离开北京不久，华盛顿方面宣布了对布什的新任命：担任中央情报局局长。布什接到通知说，将在福特总统12月初访华后离开北京赴任。

布什想着毛泽东上次说的让他去见他，他是很想去的。他请教了联络处里的中国问题专家。这些专家们的印象是：毛泽东只是出于外交礼貌而随便说说，

【卷十四】 布什在北京开展很有魅力的"自行车行动" | 153

基辛格与乔冠华，谈判是对手，谈完是朋友。

没有必要把它当做一回事。但是，他在心里还是当做一回事的。

一年以后，也就是毛泽东去世后，他和芭芭拉应邀访华又来到北京，他就此事询问中国政府的一个高级官员。

这位官员说："你应该按自己的预感行事。我可以向你保证，毛主席如果不想这样做，他永远不会这样说的。"

毛泽东已经辞世了。他后悔了！

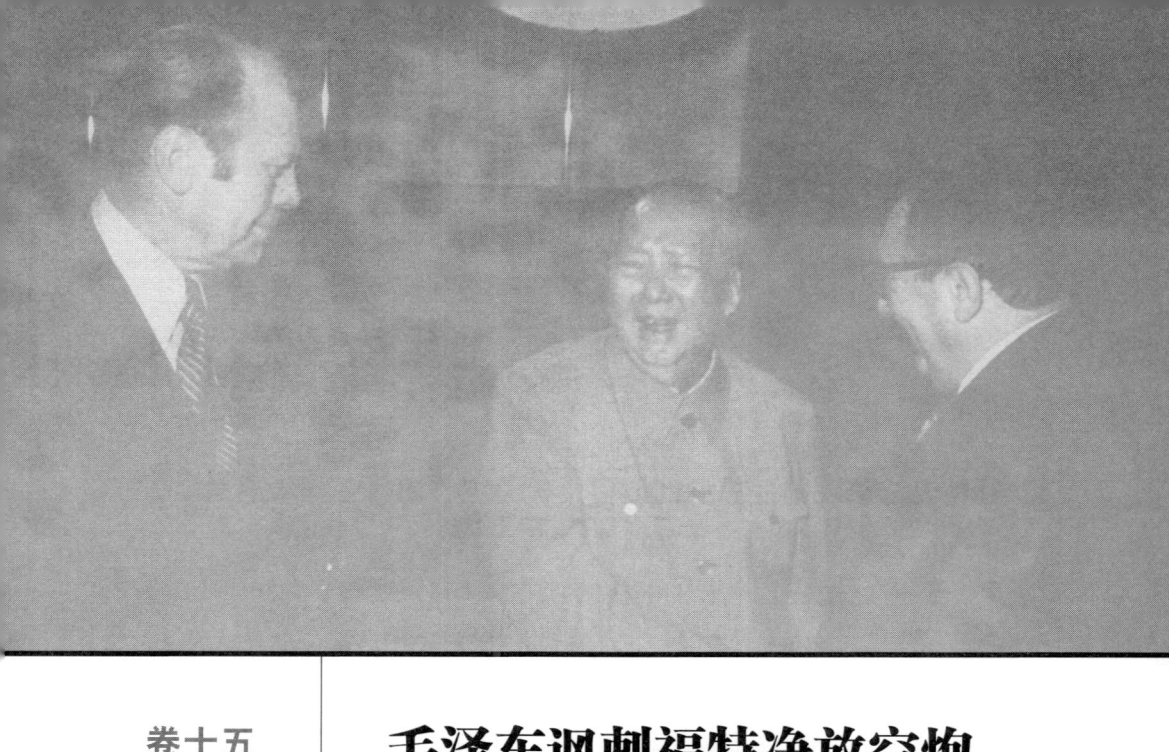

卷十五　毛泽东讽刺福特净放空炮

■ 福特无法兑现前任总统的诺言，极为担心访华受到冷遇

当"空军一号"总统专机从晴空万里的西太平洋飞进中国领空的时候，整个中国大陆上的天空是灰蒙蒙的，阴云低垂，显得十分阴暗。这样的天空，与1975年12月中国大地上的政治气候是一个色调的。乘坐这架世界上设备最完备最豪华的总统专机的杰拉尔德·福特，其心情也是同一个色调的。

飞机愈是接近北京，他的心绪就愈复杂，忧虑也就愈沉重。

他在尼克松首次访华的1972年作为普通的众议员访问过中国，这次作为现任美国总统来华访问，早在去年计划之中时，他曾经想象过会在北京受到破格的接待，特别是期望能会见那个具有神秘魅力的巨人毛泽东。但基辛格于1974年11月、1975年10月两次访华所作的谈判结果表明，中国的谈判立场和它对新闻传媒所作的关于对两国关系正常化进程不满的暗示引起了他的忧虑。尽管如此，他还是决定进行这次中国之行。他是想加强美中合作，以便抵消美国在越战危机和"水门事件"中的消极影响。但是一个不能取得全面成功的美中首脑会谈将揭示这一战略的破产，并在苏联人面前把美国的脆弱性暴露无遗。目前美苏缓和已经土崩瓦解，美国处于被动的守势之中，因而基辛格没有放弃在1975年间实现美中关系正常化以加强美中合作的希望。然而，总统的选举干扰了基辛格为美中关系正常化所作的努力。由于总统大选临近，在对手的竞争面前，福特的政治需求成为更加迫切的需要。当时，共和党右翼威胁着要让罗纳德·里根作为共和党提名的候选人。他们尤其反对福特的对华政策。里根在1975年6月的首次外交政策讲话中就批评与中国搞缓和，表示福特一旦访问北京，自己将出访台北。就在他出发访华的当天，他在电视新闻中还看到里根发表讲话，批评总统访问北京的决定，争辩说华盛顿不应以牺牲台湾作代价而与红色中国建立外交关系。

美国驻北京联络处发回白宫的报告表明，虽然中国人同意了福特总统的访问，但中方已经在怀疑中美首脑会谈的目的。他们认为，在整个1975年间，如果不签署两国建交协议，这个首脑会谈就没有什么意义。即使首脑会晤举行了，也很难说双方有什么内容值得祝贺。联络处的报告说，中国领导人暗示，如果美国准备与中国实现关系正常化，那么就可以考虑举行一个盛会，来庆祝已得到加强的中美外交关系和政治关系。零敲碎打的协议或者并无实质内容的公报是没有什么必要考虑的，中国寻求的是实实在在的好处，以作为与华盛顿合作反苏的回报。他读了联络处的报告认为，他此次访华可能的结果顶多是使已经十分僵持的美中两国关系的紧张程度有所减轻而已。

中国有句俗话说：盲人吃汤圆心中有数。他作为美国总统访问北京，心里就很有数：由于其政府在美中关系上采取拖的方针已经引起中国领导人的不满，美中关系陷入低潮，麻烦不少。例如，美方纵容和支持西藏叛乱人员在美国活动，前不久又坚持要求访美的中国艺术团取消《台湾同胞——我的骨肉兄弟》节目演出。中方强硬地声明说，美国政府在《上海公报》中同意只有一个中国，而台湾是中国的一部分，美国如果不是从《上海公报》原则上后退，就没有理由在节目单上取消这首歌曲。中方不拿原则作交易，只好宣布无限期推迟中国艺术团的访问。美方还刚刚宣布将驻华联络处主任布什调回另任中央情报局局长，却没有宣布让谁接任联络处主任的职位，等等。美方已经给中国泼了不少冷水。因而，他担心自身在北京会受到主人的冷遇，这将会使他丢面子。为此，他事前曾要求国务院研究当时中国外交礼仪的最高规格。国务院有关部门报告称：总统尼克松访华时享受过原来中国外交礼仪的最高规格，即周恩来总理到机场迎接，毛泽东主席接见；周恩来已长期病重住院，自1975年9月以后就不再有其在医院会见外宾的报道，其总理已是挂名，现时的最高规格是邓小平副总理到机场迎接，毛泽东主席接见。

■ 毛泽东用幽默讽刺福特说：我们净放空炮……

12月1日，"空军一号"穿过铅灰色的阴云降落在中国北京的首都机场，

1975年12月1日，福特总统访华乘空军一号抵达北京，邓小平到机前迎接。

刚刚步出机舱的福特的脸色是阴沉的。眼尖的基辛格已在总统夫妇身后兴奋地报告：好哇，邓小平已在舷梯前迎候总统了。他的脸上这才露出了笑容。

邓小平针对美方一系列违反中美《上海公报》的做法，在当晚以周恩来总理名义举行的欢迎宴会上特别强调说：三年多以前，尼克松总统访华，中美双方发表了著名的《上海公报》。这是一个独特的国际文件，它明确阐述了中美两国不同的社会制度所决定的政策上的根本分歧，同时也指出了两国在当今世界上具有许多共同点，其中突出的一点是两国都不应谋求霸权都反对任何其他国家或国家集团建立霸权的努力。公报为发展中美关系提供了基础，也指出了方向和目标。这一公报的发表，不仅符合两国人民的共同愿望，而且符合世界人民的利益，在国际上产生了深远的影响。

福特当然听得懂这个坚强的矮个子的言外之音。他这次来华，尽管不会给中美关系带来实质性的进展，却不准备在会谈中提出原来准备的"倒联络处"方案了。在会谈时，福特告诉邓小平说：由于美国国内形势的需要，解决中美关系正常化问题须推迟至1976年大选后再照日本方式采取行动。在此之前，准备把驻台美军削减一半,即从 2800 人减少至 1400 人。他还一再强调说,美国不能在预期和平解决问题以外前途的情况下抛弃"老朋友","期待中国政府和平解决台湾问题"。

邓小平也明确地指出:所谓"日本方式",也就是要接受(与台湾)断交、废约、撤军三个原则,美台间的民间贸易方式可继续保持;至于用什么方式解决台湾问题,属中国内政,应由中国自己来决定。邓小平还表示,在美国接受三原则之前,中国并不急于解决正常化问题。

福特总统一行抵达北京的次日(12 月 2 日)下午 4 时 15 分,毛泽东在中南海的书房里接见了福特总统与基辛格国务卿,黄镇与布什也参加了会见。

毛泽东和客人一一握手后,请大家入座。毛泽东先问福特:"你好吗?"

福特点头并致意:"我很好,希望你也很好。"

毛泽东指指胸口又拍拍双腿:"我不好,我有病。博士好吗?"

基辛格笑着说:"很好。我很高兴来到您这里。"

像过去毛泽东亲自掌握着周恩来与尼克松、基辛格的会谈详情一样,毛泽东虽然已经疾病缠身,仍然很详尽地了解邓小平与福特会谈的具体内容。寒暄

福特总统与邓小平副总理举行会谈。

福特总统与邓小平会谈。

邓小平以周恩来总理名义举行国宴欢迎福特总统访华。图为邓小平陪同福特夫妇步入宴会厅。

毛泽东主席会见福特总统、基辛格国务卿，毛主席谈笑风生。

过后，毛泽东环视了一下在座的各位，还是明知故问："你们谈了些什么？"

没待邓小平开口，福特抢先说："我们上午谈了国际形势。你的国家和我的国家有必要进行平行的努力，来取得对我们双方都有好处的结果。"

毛泽东亲自掌握着中美关系的进程，拿尼克松与福特相比，是对福特的对华政策甚为不满。毛眯缝着眼睛望着福特，以其特有的幽默对其讽刺说：

"我们没有本钱，净放空炮。"

福特没有领悟出毛泽东是含蓄地批评他放空炮，就说："我不相信这点。"

毛泽东继续用幽默表达自己的不满："就是骂娘，我们还有点本钱。"

在座的中国人都忍不住笑起来。翻译译成英语后，美国人才笑了。福特笑过后，领悟了其含义，这才露出了尴尬，说："（骂娘）我们也会。"

毛泽东机敏地说："你们也会？那就达成协议。"

福特说："我们可以以很有力量的语言来反对某一个捣乱的国家。"

毛泽东笑了："不错，又达成协议。"

屋里的气氛很轻松了。毛泽东举起手来指着基辛格说："总统阁下，你们国务卿干涉我的内政。"

福特总统向毛主席介绍其女儿苏姗·福特。

福特总统夫人参观北京毛毯厂。

福特与基辛格都紧张起来,望着毛泽东。

毛泽东却不紧不慢地说:"他不准我去见上帝。"

福特与基辛格这才松了一口气,基辛格不无得意地说:"我们坚持这一点。"

毛泽东又指着基辛格说:"上帝的命令他敢违抗啊!上帝请我,他不让去。"

基辛格佯作惊讶说:"要是你同上帝在一起,你们结合的力量就太大了!"

毛泽东已经十分习惯与基辛格进行幽默的对话,就很高兴地说:"博士阁下是无神论者,反对上帝,破坏我和上帝的关系,真是厉害啊!我拿他也没办法,只好听从他的命令。命令就是 ORDER。"

福特有些疑惑地问:"他是给上帝下命令吗?"

毛泽东反应敏锐地回答:"博士是向我下命令。"

■ 毛泽东说:我看黄镇还是到美国好

毛泽东说到此,又环视了一下在座的人。尽管身患疾病,行动也不方便,他的头脑却是很清楚的。他的目光停在黄镇那儿,问道:"怎么样啊?黄镇,你还去不去呢?"

黄镇回国已经一个多月了,在做迎接基辛格访华及福特访华的准备工作。关于上次辞职的事,外交部的领导们也没有怎么谈。黄镇心里明白,这事需要毛泽东表态。在上次陪同基辛格会见毛泽东时,毛只是在与基辛格谈话的间隙,对黄镇问了一句:"你回来了。"

这次,在美国客人的面前,毛泽东挑明说这事了。黄镇心里也早就准备,就说:"我听主席的指示。"

毛泽东将脸转向福特总统:"你们还要不要他啊?"

福特笑着点头,看了看黄镇说:"我们肯定要他回去。我们的关系是极好的。重要的是你们的大使要回去,而布什先生要留在北京。"

毛泽东又问布什:"你要留下?"

布什说:"就留几天。"

毛泽东说:"你升官了?"

福特总统参观故宫博物院。

福特说:"是的,他升官了。但我们将在一个月之内提出代替他的人选。"

毛泽东说:"我舍不得他。"

福特说:"他是个优秀的人,因此我们要他回美国。但我们会派一个和他一样好的人来接替他。"

毛泽东又转头回来看看黄镇,说:"那好。我看黄镇还是到美国好。"

黄镇点点头:"坚决执行主席的指示。我是想回来,我在国外太长了。主席要我去,我就去。"

毛泽东说:"再去一两年吧。"

黄镇说:"好。我坚决去。"

毛泽东对大家说:"年轻人对他有些意见。他们两个对'乔老爷'也有意见。这些人不好惹啊,受他们的气啊!"

本来黄镇心里有多少委屈、痛苦和烦恼,听了这句话,就立刻消融了。

在美国客人走后,中国这边的人都留下来了。

毛泽东又看了看黄镇与在座的同志说："在座的都是自己人啊，我想说不要轻视老同志，我就是最老的，老同志还有点用处。青年人对老同志要高抬贵手。"

在座有的年轻人有些不服，就追问："主席，老干部是不是要对年轻人高抬贵手呢？"

毛泽东沉默好一会儿，才说："要各自多作自我批评嘛！"

据朱霖回忆，这天晚上，黄镇从中南海回到家里，心里很高兴，哼了一两段黄梅戏，还要找酒喝。

毛泽东与福特的会谈中虽有轻松、幽默的玩笑，气氛是友好的，但却掩盖不了此次高级会谈没有什么实质性的内容。对于福特此次访华，中共党史专家胡绳在《中国共产党的七十年》一书中评述说：

> 与先前的尼克松政府所作的承诺相比，美国政府在台湾问题上的立场是一个退步。由于美国政府不能作出正确处理（台湾问题）的决定，中美关系正常化被推迟了。

美国的美中关系问题专家罗伯特·罗斯在其专著《风云变幻的美中关系》中也评述说：

邓小平教福特总统用筷子。

福特总统夫人参观中国歌舞团,与女演员一起练舞。

福特在北京的会谈气氛很友好,但却平淡无奇。一位与会者回忆道,这次首脑会议是他所参加过的最索然无味的会议。但表面看来似乎一切进展顺利。当福特和毛会谈时,竟有半个小时无话可说,他们只是在履行日程而已,并非在昭示世人他们之间有什么不和谐。

虽然福特访华在消除中美两国关系正常化的根本障碍——台湾问题上并没有取得实质性的进展,但仍然有助于保持和扩大中美两国在四年前开始的实现关系正常化方面进行对话与合作的势头。福特再一次告诉中国领导人,他们要等到美国总统选举之后才可以期待实现关系正常化。但是,不久,福特在总统大选中败于卡特之手,中美建交便与他无缘了。

《华尔街日报》有文章评论福特总统,称他是"忙忙碌碌的人,是共和党的老黄牛。他言谈中常用些陈词滥调,可见他的思想也不会有多新鲜"。这家报纸甚至毫不客气地挖苦说,这个"连嚼口香糖和放屁这两件事都不能同时进行"的人,"不可能指望在其任内有什么作为"。

卷十六　十里之外，都能呼吸到毛的个性

■ 这两个美国年轻人说：十里之外，都能呼吸到毛的个性

朱莉·尼克松·艾森豪威尔和她的丈夫戴维·艾森豪威尔，在与尼克松在加州海边的别墅里度过了圣诞节之后，于 1975 年 12 月 29 日抵京。

朱莉是尼克松的女儿，戴维是艾森豪威尔的孙子。都是总统的后代。

年轻的夫妇是为其父亲尼克松下个月再次访华打前站而来的，两人拿着尼克松写给毛泽东、周恩来的亲笔信。尼克松曾经说，我上次访华有黑格将军打前站，卸任后只好让女儿女婿打前站了。在黄镇陪同下，毛泽东于 1976 年元旦到来的时候接见了这两个年轻人。他们曾经记述，除夕的钟声敲响了

朱莉·尼克松与戴维·艾森豪威尔举行婚礼的盛况。

十二下,在紫禁城的深处,在毛泽东的书房里,他们看到的并不是一位与世隔绝、神明般的人物,而是一位态度安详、十分健谈的老人。后来,朱莉·尼克松将这次谈话称为寓意深刻的"跨年度"谈话。在寒暄的时候,毛泽东端详着他俩。他向朱莉问候尼克松的健康,说正在等候他再次到这里来见面。朱莉递上了父亲写给毛泽东的信,由担任译员的唐闻生翻译。毛泽东伸手从唐闻生手中拿了过来,他竟然能用英语清楚而准确地念出信中的日期:1976年12月23日。

在听完信后,毛泽东对朱莉说:"你坐的沙发就是四年前你父亲坐的那张。"

朱莉和父亲感情很深。

朱莉拍了拍扶手,环顾了一下这张沙发,就站了起来,对毛泽东说:"主席,我想同戴维换换座位,这样,他就可以说也坐过这个具有历史意义的座位了。"

毛泽东点了点头,看着这两个可爱的年轻人动作迅速地交换座位,就爽朗地哈哈大笑。

毛泽东与年轻人谈话的范围也很广。尽管中方的工作人员觉得已经超过了预定见面的时间,一再示意朱莉和戴维,时候不早了。但是,毛泽东却觉得意犹未尽,连连摆手,要这两位美国年轻人再坐一会儿。

当朱莉和戴维打算告辞时,毛泽东把双臂放在沙发的扶手上,对朱莉说:"你父亲来时,我会等着他的。"

当中方陪同领着这两个青年走向门口的时候,毛泽东同他俩一道走了几步。这是他在近来接见外宾时都没有做出过的行动。毛泽东在同朱莉和戴维握手告别时说:"你们是年轻的,再到中国来访问吧。十年以后它将是了不起的。"

这个 82 岁高龄的老人，给两个年轻人留下了很深刻的印象："他的面孔上半部是智慧的。前额宽阔而平坦，不仅能跑马，还能跑汽车呢。耳朵很大，紧贴在脑壳上，耳垂薄薄的，这种形态本身对那些想朝里灌谎话的人就是莫大的威胁。他眼睛里有火。"

他是一个巨人。美国人谈到他时，绝对把他看做一个巨人。砸碎一个世界的人就可以称为巨人。他砸碎了，而且相当彻底。可现在，巨人垂垂老矣，连头发都要别人替他抚平。（在谈话的间隙，两人看见护士帮他将乱发梳理平帖。）

他谈起尼克松的辞职，又对尼克松表示问候，话里含着温情。他并表示马上邀请尼克松再次到中国来访问。他说他并不在乎什么"水门丑闻"，他认为西方政治充满了虚假味。

他是朱莉和戴维在中国遇到的第一个不伪称人民共和国是一个乌托邦式的完美社会的人。尽管他经历了 82 年的艰苦生活已经衰老，但是他却比中国年轻一辈更充满活力、更渴望斗争。他的一生，也许超过所有其他人，已经

会见之后，毛泽东起身送朱莉·尼克松与戴维·艾森豪威尔。

使全世界的穷人产生了强烈的和日益增长的革命要求。他发动了全球性的斗争。这种斗争已经并且将继续带来巨大的动乱和变化、死亡和天翻地覆。但是，不论历史如何下结论，他的一生肯定会成为人类意志的力量的突出证明。

他俩还这样写道："十里之外，就可以呼吸到他的个性。"

在北京，他俩还说很希望见到周恩来。黄镇答复说，周恩来总理的健康状况已经使他从秋天起不能会见任何外宾了。

■ 失去周恩来总理的冬天，是最寒冷肃杀的冬天……

广州，是尼克松女儿朱莉·尼克松和女婿戴维·艾森豪威尔访华的最后一个城市。黄镇、朱霖夫妇全程陪同他们访问了北京、上海、杭州、桂林，最后来到这个南国的花城。尽管已经进入了数九寒天，珠江北岸的珠岛宾馆还是绿荫浓郁，花开依旧。

这天是1月8日。广东省革委会的负责人与黄镇夫妇陪同朱莉·尼克松夫妇吃了在华的最后一顿晚餐。次日清早，朱莉夫妇俩就要离开广州回美国。8日晚上，黄镇与朱霖回到房里，想起他俩出使印度尼西亚之前周恩来总理就在这个宾馆里召见他们的情景。朱霖还掐着指头算，已经有21个年头了。当年，周总理除了叮嘱去雅加达的工作，也问起不久前黄镇在匈牙利遇车祸被撞伤的恢复情况，问起朱霖刚分娩的身体，问起孩子，还拿起茶几上的一片沙田柚子，亲自剥了皮递给朱霖……

不一会儿，翻译来了，向黄镇汇报说，刚才在花园里散步，朱莉和戴维两人，谈到这次访华的体会，最遗憾的就是未能见到周恩来。还说：几年来，在家里，两人听父亲与母亲谈过多少次周恩来呀，说每次谈到中国几乎都会谈到周恩来。

朱莉告诉戴维："有一次吃饭的时候，父亲引用了一句英国成语来形容周恩来，这句话是：他是一座冰层覆盖着的火山。"

戴维也说："父亲跟我也说过，在他所结识的许多国家领导人中，周恩来是少数最令他尊敬的伟人。"

朱莉说："连很高傲的基辛格也不得不敬佩周恩来的学识和为人。"

戴维说："我真希望下个月父亲来中国的时候，他能恢复健康，父亲能和他分享久别重逢的愉快……"

就在这个夜晚，半夜来了电话，说：周恩来总理已于今天上午9时57分在北京305医院去世了。这真是一道惊心裂肺、使人五内俱焚的霹雳！尽管在他们从华盛顿回来时，已经知道周总理再也不能见外宾，尽管在他们陪同朱莉和戴维离开北京的时候，已经知道周总理病危了，他们都不敢想象这一天真的到来。这一天晚上，他俩再也不能入睡了。失去周恩来的冬天，是最为寒冷、肃杀的冬天！他俩还想到，那些邪恶卑鄙的势力，正蓄谋着全面控制最高权力，又将矛头对准了邓小平……

他俩好不容易才挨到天亮。早饭怎能吃得下？他俩只好让朱莉和戴维自用早餐。在机场送走朱莉和戴维后，黄镇与朱霖立即赶回北京，要向周总理的遗体告别。

在机场送行时，黄镇没有忘记给尼克松捎上生日蛋糕。这是在广州大三元酒楼特别订制的蛋糕，祝贺尼克松63岁生日。

朱莉接过蛋糕大为惊讶和感动："主任怎么记得我父亲是1月9日生日？"

黄镇说："中国人民是不会忘记自己的老朋友的。"

■ 适应了平民生活的尼克松接到了再次访问中国的邀请

到了1975年秋冬的时候，尼克松已经适应了平民生活了。

他已经开始在写回忆录，还精力充沛地不断会客，也恢复了过去那种对国内外大事的关注。他定期与许多国家的驻美大使互通消息，还与毛泽东、勃列日涅夫及伊朗领导人等通信往来。他甚至还给福特总统打电话，对其在处理外交事务中所取得的成绩表示赞赏。

圣克利门蒂别墅临海，他有时望着东太平洋的波涛，颇有感触。他经历了许多的波峰和浪底,觉得现在又处在浪谷的底部。刚回来的时候,他感到愤懑委屈,觉得身心疲惫、精神不振,更觉得有一种莫名的痛苦与颓丧占据了他的心灵。他在陷入深深的苦闷的时候,经常独自久久地在海滩上徘徊。没几天,原来属他专用的卡萨帕西菲卡崖下的海滩对外开放了,他没有清静的地方散步了,更多的时候就是将自己关在办公室里,独自沉思,甚至电话铃响了也不去接。不想看电视,也看不进书。

在福特宣布赦免他以前,有消息说他可能要去蹲监狱,他就曾经安慰自己说:"进监狱并不是世界上最可怕的事情。监狱里没有电话,但取而代之的是宁静,写字的桌子也不缺。本世纪最好的政治作品都是在监狱里写成的。列宁、甘地等人都是如此。"他终于熬过来了。他坚持住了。他战胜了自我,他要走出谷底。在开刀治愈腿部的静脉炎后,他开始面对现实。

首先是他的财政状况陷入困境。收入日益减少,开支却在增加,到处都在用钱。由于在白宫时的疏忽,他没有领取离任医疗保险金,他不得不自己支付住长滩医院的医疗费。还要付所欠的各种法律诉讼费。圣克利门蒂别墅的保养、维修、产权税等数目也不小,而且他所拖欠的税款就有10多万美元。面对经济困窘,他只好尽量节省开支。他过去有长时间打电话的习惯,每逢圣诞的前几天,他都要按名单打200多个长途电话,每个电话都要说不短的时间。他现在不得不省了这笔电话开支。他还裁减了身边的工作人员,连深得他信任的新闻秘书齐格勒也在裁员名单之内。那时候,他连信笺都没有了,因为办公室里所有的纸张都印着在职时的总统纹章。有助手要去印制只印有他名字的信笺,他都不主张乱花这笔钱,而是面对现实用剪刀剪去原有信笺纸中印有总统纹章的部分。

当时,他濒临破产的边缘。

在紧缩开支的同时,他要增加收入。像所有卸任总统一样,他也将写回忆录作为获取收入的主要渠道。尼克松是许多重要历史事件的经历者或者见证人,出版商闻讯而至。他最后挑选了大名鼎鼎的出版经纪人"快手拉扎尔"。此人秃顶、尖耳、小个,其貌虽不扬,但却是当时文学界、艺术界的大名人。有人曾经这样评价此人,称其"能在你后面进入转门,而在你的前面出来"。

之所以选定拉扎尔，因为其许诺的数目相当可观——200万美元。这个拉扎尔对尼克松说："你要认真地写，最好把每一天都回忆着写出来。"

他不无担心地问："我这本书会畅销吗？"

拉扎尔说："那就要看你了。只要你真实地写，肯定畅销。你知道吗，你毕竟是自林肯以来最有争议的总统啊。"

他哈哈笑了："是吗？"

拉扎尔又建议说："告诉你，有一种办法可以使你挣的钱比写回忆录还要多得多。"

"什么办法？"他着急地问。

"把你的身体捐给哈佛医学院。"

他笑得更大声了。

后来，拉扎尔对记者说："我没有想到尼克松没有被摧垮，而且还很有力量。他完全能控制自己，控制他的处境和他想做的事。我过去从来没有喜欢过作为总统的尼克松，可眼下你不能不承认这是一条硬汉子。"

他首先从拉扎尔那里获得了一笔预付的酬金，其余在写作进程中分阶段支付。这是一笔巨大的收入，缓解了他破产的危机。同时，他又同意电视台对他进行电视采访；过去的"水门事件"，现在成为收视的卖点，他又获得了一大笔节目播送的版权费。他渐渐地渡过了经济难关。

由于他在总统任内打开了通往中国的大门，而他辞职后美中尚未建交，因此他决定访问中国，为促进美中关系正常化继续努力。为此，他专门阅读了许多关于中国的书籍，关于中国的历史、政治、地理、文化和传统等各方面的书。他经过读书，才感觉到当总统时忙于各种事务，以前对中国的了解只是由各方面提供的经过选择的材料，这太不够和失于片面了。他知道从秦始皇至后来各个朝代有名的皇帝，懂得了孔夫子和儒家，懂得了黄河与长江，懂得了东部海边的上海与西部黄土高原上的山村对比的含义……

他了解了中国历史的长河，这才懂得了毛泽东诗句中"秦皇汉武，略输文采；唐宗宋祖，稍逊风骚；一代天骄，成吉思汗，只识弯弓射大雕"。

一次，他向一个挺有名气的加州大学教授请教中国"吝口待客"这句成语是什么意思。教授解释，这个成语是指中国人不让客人吃得太饱的意思。他觉得与他首次访华时获得的感受不相符。他问这位教授："你去过中国吗？"教授说没有。于是，他就另向一个华裔美国朋友请教，这才知道该成语是指礼仪之邦的中国，老百姓宁肯平时自己少吃一点，将好吃的东西节省下来，也要让客人来时吃饱吃好。他听了之后，两相对比，禁不住捧腹大笑。

在研究中国的基础上，他对毛泽东、周恩来有了更深切的了解。我们可以说，在后来问世的许多国家领导人对周恩来的回忆和记述中，尼克松在其《领导者》一书中专写周恩来的第七章（有近两万字），是最为生动、真切、感人而有历史感的。

他在等待着女儿朱莉和女婿戴维回到洛杉矶的时候，听到了周恩来辞别人世的消息。据他身边的人回忆，他在给北京发去唁电后，表现出很深的痛苦，有半天沉默着，没有说什么话。后来，他曾经十分遗憾地说："要是我能早一年作第二次访华，就能见周一面了！"

如果说，尼克松作为过去最有名的反共右派头子去北京访问是为了美国的国家利益的话，那么，他对周恩来的真切的感情该是受到周恩来人格魅力的影响。

朱莉和戴维从中国回到了圣克利门蒂。黄镇夫妇所送的生日蛋糕出现在圣克利门蒂的时候已经不新鲜了，但这个精美丝质盒子却没有影响受赠者的情绪，尼克松真是欣喜若狂！

在朱莉和戴维离开中国不到一个月，1976年2月6日，新华社播发了一则《公告》，内容是：

> 1972年美利坚合众国总统理查德·尼克松和夫人对中国的历史性访问和中美两国发表联合公报，对改善中美关系起了重大作用。中国方面和前尼克松总统都认为他再次访华是适宜的。中华人民共和国政府邀请尼克松先生和夫人于1976年2月21日，即在第一次访问四周年之后，再次访问中国。他们愉快地接受了这一邀请。

在此《公告》一宣布的前一天，2月5日，中国驻华盛顿联络处副主任韩叙约见白宫的国家安全事务助理斯考克罗夫特将军，交给他即将在北京发布的《公告》影印件。

卸任后的尼克松再次访华的《公告》一宣布，立即引起轰动，举世皆惊。观察家们指出，只有毛泽东才会作出这种"谁也想不到的"决定。中美关系再次引起国际社会的广泛关注。美国三大主流电视网，以及美联社、合众社、法新社等国际传媒纷纷要求前往中国进行专题采访。

卷十七 尼克松感到毛泽东已经在战斗至最后一息了

■ 迎接尼克松的中国波音专机专程飞抵洛杉矶

美国西海岸加利福尼亚州的空中走廊是世界上最繁忙的。在70年代初，每十个美国人中就有一个居住在这个州。洛杉矶的梦幻工厂好莱坞几乎吸引着全世界所有观众的视线，全世界所有发了大财的人都以在加州的金色海滩旁买了别墅为荣耀。这就使得它的空中交通特别发达。在洛杉矶的国际机场，你几乎可以找到世界上所有有名的国际航空公司的飞机。

但是，涂有五星红旗标志的中国民航飞机，你是难得看见的。据当时的加州地方报纸刊载，有一个专门在洛杉矶机场搜集拍摄世界各国飞抵这里的飞机标志的摄影爱好者，为了拍摄难得一见的中华人民共和国民航飞机标志，就触犯了机场的有关法规，被警方拘留扣押了一个月。这架飞机是搭载参加联大的中国代表团经停洛杉矶而飞往纽约的。

中国恢复了在联合国的合法席位后，毛泽东曾经作出指示，出席每年联大的中国代表团要乘坐自己的飞机。这样，中国民航的专机因路过，才偶尔在洛杉矶机场出现。

1976年2月20日这天，一架崭新的中国民航波音707型专机负着一个特殊使命，飞抵洛杉矶附近的拉克斯机场。乘着这架专机来的是中国外交部礼宾司司长朱传贤。朱司长接了

辞职后的尼克松对人生有了深层的思考。

尊敬的美国客人上机之后，就启程飞返中国。

中国专机所接的美国客人不是别人，正是前总统尼克松夫妇。同行的还有尼克松的总管约翰·布伦南先生、两名通讯联络专家、海军看护兵罗伯特·邓恩与十五名特工人员。登机时，在泛美航空公司服务大楼的外面，有一百多名记者和摄影师在等候尼克松。当尼克松的黑色轿车驶进停车场时，记者们便一哄而上，围着尼克松七嘴八舌地大声提问。尼克松没有理睬他们，与朱传贤等中国官员握手后，就挽起夫人帕特的胳膊，不慌不忙地登上了专机。

尼克松在加州住地写回忆录。

中国派一架专机迎接一个外国下台总统来华进行私人访问，这在国际关系史上，恐怕也是绝无仅有的。中国方面通过驻华盛顿联络处了解到卸任总统旅行搭乘交通工具的有关情况。尼克松在任时，为其前任约翰逊总统安排的待遇是出门旅行可以使用军用飞机，还配有通信设备和医护人员。尼克松说他为别人做了很多，他也指望福特给他同样的安排。但是，情况并不如他意。他辞职后最后一次乘坐"空军一号"飞返加利福尼亚，白宫方面就有人要向他索取费用，这曾很令他生气。

中国方面获悉后，毛泽东同意派中国的专机迎接尼克松。

这架中国刚买的波音707型新飞机，与尼克松就任总统时乘坐的波音707型"空军一号"是同一个机型。尼克松在为他设置的专用客舱中就座时，空中小姐给他和夫人递上了热毛巾，问他要茶还是要咖啡。

朱传贤司长对他说："总统先生，这架专机尽管在一些专用设备上比不上您在白宫乘坐的'空军一号'，但这是中国最新最好的飞机，机上配备了中国最优秀的两套机组人员。"

尼克松心情很佳，对中国用最好的专机来接他感到高兴，也幽默地笑着说：

"当然，在这里不能指挥美国三军，也不会设有核按钮装置。但是这使我想起当年从北京去杭州乘坐周总理专机，那是苏联的伊尔型螺旋桨老飞机。这些年来，你们的民航已经有了很大的进步。"

飞机飞越辽阔的太平洋上空，在漫长的夜航中，他心里不平静，怎么都难以入睡。

这次出访中国，是他辞职后第一次出国访问。在美国还引起了一场不大不小的波澜。当北京的《公告》传到白宫时，福特并不反对，但唯一担心的是他出访时间的选择。当时，下一届总统竞选的序幕已经拉开，他的对手是罗纳德·里根。在美国总统的竞选中，有一件被说得神乎其神的事情，就是每个竞选者在开始时都极为看重新罕布什尔州。新罕布什尔尽管只是美国东北海岸的一个不大的州，但每隔四年，新罕布什尔就会从阴影里钻出来，在总统竞选中成为全国瞩目的地方，成为全国脉搏的风向标。几乎成了一条规律，在新罕布什尔预选中失败的人，很少有当选总统的。总统候选人及其随从人马、民意测验人员、报纸和电视台纷纷来此准备进行"全国最早的"总统预选。

福特担心其在新罕布什尔的支持者落后于里根，在很大程度上是因为赦免了尼克松；如果再同意尼克松去中国访问，很可能引发出传媒界的不满而使自己竞选失败。连基辛格国务卿也持这种观点。但在韩叙给斯考克罗夫特将军的《公告》影印件的 24 小时内，白宫方面没有提出异议；这样，2 月 6 日北京发布《公告》后，就无法改变尼克松的访问计划了。

事实上，福特及其助手们对新罕布什尔的支持者人数估计不足，而且夸大了因赦免尼克松所带来的负面影响。2 月中旬，当福特与夫人贝蒂到风景美丽的新罕布什尔进行周末竞选活动时，一帆风顺，效果甚佳。回到华盛顿后，福特就说服助手们，不要再反对尼克松访问中国。福特还说："尼克松已经是一个普通公民，他是以私人身份出访，他的旅行计划是他本人的事情，并不代表美国政府。而且，我也不打算要尼克松回国后向我汇报。我们内阁不能干涉他的访问。"

白宫没有问题了，国会里又出了麻烦。

巴里·艾德华特议员在参议院提出，司法部应考虑依据"洛根法"的条款对尼克松进行起诉。"洛根法"规定，禁止任何美国公民以私人身份同任何外国会谈。新闻界的指责更为严厉，有的报纸甚至对尼克松进行很难听的人身攻击与肆意中伤，说他的访华是"一种卑劣的行为"。威廉·巴克利在《全国评论》杂志上写道："中国人显然不清楚现在的尼克松已经不是哪一方面的领袖了。他对共和党的影响已经微乎其微，甚至不如霍华德·科塞尔了。他唯一可用的伎俩就是谄媚阿谀。"

飞机遇到了气流，产生了颠簸起伏。空中小姐到尼克松的客舱来查看问候，尼克松说没事，请她放心。

过了一会儿，他又沉浸在自己的回忆之中。

为了自己的声誉，他给《时代》周刊专栏作家威廉·萨菲尔写了一封信。他在信中阐明：

> 1972 年我曾去中华人民共和国。因为我当时得出一个结论：我们要想在太平洋以至整个世界维持长久和平，一种新型的、富于建设性的美中关系便是必不可少的。我深信眼下这种关系甚至也许比四年前更为重要。我热切盼望着有机会再次见到中华人民共和国的领袖和人民。

他还在此信中明确表示，除了到中国访问之外，他决不再做任何影响大选之事。他还写道："从中国回来以后，我就待在圣克利门蒂写回忆录。"

■ 对周恩来的一生，未能看到的要比能看到的更有意义

尼克松乘坐的专机是 2 月 21 日晚间飞抵北京首都机场的。

他注意到了，与四年前不同的是，因为是私人性质的访问，机场上没有军乐队，没有红地毯，没有插彩旗，但是仍然有数百名群众代表挥舞着花束对他表示欢迎。

他不再能看到周恩来那张嘴角微带笑容的脸了。他记得杜勒斯不准与周恩来握手的失礼，因而那次他主动伸出手给周恩来。而现在当他伸出手时，迎面

尼克松抵达北京后,首先去看望周恩来夫人邓颖超。

过来握手的是一个脸色红润、模样朴实、年纪只有五十多岁的华国锋代总理,还有他熟悉的外交部长乔冠华、驻美联络处主任黄镇等高级官员前来迎接。乘坐的仍然是大红旗轿车,经过的仍然是天安门广场,下榻的仍然是上次住的钓鱼台国宾馆十八号楼。大厅里仍然贴着写有毛泽东的词《满江红》的中国画。

尼克松抵京的第二天清晨,就首先去中南海西花厅看望邓颖超,吊唁周恩来总理,在周恩来的遗像前献了花。当他知道按照周恩来生前的愿望,已经将其骨灰撒到祖国的江河湖海中时,他深为感动地对邓颖超说:"没有必要给他建立纪念碑,因为历史学家们会把他维持全球力量均衡的行动看做是他的伟大的明证。"

他又说了一遍他曾经就周恩来去世发表过的声明:"20世纪只有少数人比得

上周总理对世界历史的影响。在过去二十五年里我有幸会见过的一百多位政府首脑中，没有一个人在敏锐的才智、哲理的通达和阅历带来的智慧方面超过他，这些使他成为一个伟大的领导人。"

他说："周总理的遗产是他帮助结束了黑暗。"

然后，他用这样一句话来概括周恩来非凡的经历：

"你未能看到的常常比你能看到的要更有意义。"

■ 在与毛泽东的会面中，尼克松感到毛已在战斗至最后一息了

这几年来，他一直想与尼克松再见一次面。1972年那次他与尼克松的会面，是在他大病中稍有清醒时见的面，当时医疗组从他的身体状况考虑，规定了只见十五分钟。但他在精神亢奋的情况下，一谈就是一个钟头零五分钟。但他觉得谈得尚不够，有些问题还来不及交谈，因而他总是挂在心上。

他对尼克松在总统任上时在中美关系方面突破性的创见和胆识非常赞赏，对此作过很好的评价。1974年8月，尼克松因"水门事件"被迫辞职而回到加州的圣克利门蒂的时候，处境是极为尴尬的。他继续保持与尼克松的联系，让黄镇主任去加州登门看望，再次邀请其访华。他看准了这个机会，愿意多给尼克松一些荣誉，这些荣誉是其他人没有获得过的。在尼克松刚下台没几天，他在武汉会见来访的菲律宾总统马科斯及其夫人时，也曾请伊梅尔达·马科斯转告对尼克松再次访华的邀请。

他认为，"水门事件"是美国人的内政，中国无意干涉，但是对"水门事件"中所反映出来的反尼克松观点，他是颇有看法的。他曾不平地说："难道统治者就不应该有权统治吗？"

他还对来访的法国蓬皮杜总统说："我无法理解为什么要把这些事情搞得满城风雨？我不懂得为什么这么一点小小的差错，竟然会将尼克松拉下马来？"

有一次，他分析"水门事件"引发的尼克松下台的原因得出这样的一个结论："言论太自由了！"

他甚至当着基辛格的面说"水门事件"是"屁事"。

他也向来访的泰国总理克立埋怨说:"'水门事件'过分夸大其辞了。……我认为,尼克松垮台是美国战争分子搞的鬼。请写信给尼克松,告诉他,我想念他。"

这次张罗已久的会见是在1976年2月23日中午进行的。毛泽东在代总理华国锋的陪同下,在书房里与尼克松夫妇一一握手寒暄。然后,尼克松夫人就退了出来。会谈从上午11时50分开始,到下午1时35分结束,历时一百零五分钟。这是毛泽东辞世前最后一次长时间与一个外国客人谈话。中方在场的还有外交部部长乔冠华、驻美联络处主任黄镇等。

毛泽东与尼克松就像老朋友重逢,进行了长时间的交谈,就共同关心的问题交换了看法。这不仅满足了两人叙旧的愿望,而且彼此有了更多的了解。这时候,毛泽东重病缠身,身体状况已经严重恶化了。但他的头脑仍然是敏捷而清晰的。

会见结束时,尼克松送给毛泽东一只由已故美国烧瓷大师博姆烧制的瓷天鹅。毛泽东则以茶代酒为他干杯。

尼克松在第一本回忆录《领导者》里,作了这样的记述:

> 1976年我再次到中国访问时,毛泽东的健康状况已经严重恶化了。他的话听起来就像是一些单音字组成的嘟哝声。但是他的思想依然那样敏捷、深邃。我说的话他全能听懂,但是当他想回答时,就说不出来了。他以为翻译听不懂他的话,就不耐烦地抓起笔记本,写出他的论点。看到他的这种情况,我感到十分难受。无论别人怎样看待他,谁也不能否认他已战斗到最后一息了。……
>
> 震颤性麻痹症的袭击使毛的动作全部僵化了。他的体态从来不曾优雅过。不过在82岁时,农民的拖沓的大步已经变成了一个缓缓地拖着脚步走的老人了。毛像年迈的丘吉尔一样,仍然是自豪的。在我们会晤结束时,秘书们把他从椅子上扶起来,挽着他陪我走向门口。在电视灯光和摄像机要记录我们最后的握手时,他却推开了助手们,自己站在那里向我们告别。

尼克松又在另一本回忆录里记述道：

> 他的思维依然敏捷，但一次严重的中风使他失去将思想化作语言的能力。这位富有领导魅力的共产党领导人曾运用他的革命思想推动了一个国家并改变了这个世界，但他现在却连要一杯水都十分困难。……不过，我与之交谈的这个人，仍然是近十亿人所爱戴的领袖，他在起始于四年前的我们两国实现新关系方面起了无可比拟的作用。在会谈中，我说，我们必须继续合作，不仅在我们两国之间，而且要在全世界所有国家之间寻求和平……在他刚咕哝出半个字时，他的脸就憋得通红。他的译员——一个穿着单调的毛制服很有吸引力的女士——试图将他那含糊的话译成英语。毛泽东掌握的英语足以使他明白她没有理解他的意思。他生气地摇摇头，一把抓过她的笔记本，用中文写下他的话。她大声地用英语念道："和平是你们唯一的目标吗？"
>
> 我没有料到他会提出这样一个问题，稍稍停顿之后，我答道："我们应该寻求正义的和平。"

尼克松对毛泽东的最后印象是：他始终不渝地在为所认定的理想而战斗和牺牲。他身上有虎气，也有猴气。他的意志力产生了他超凡的魅力。他对斗争有一种特殊的爱好。他以他的品质鼓舞他的同志们去完成像长征这样史诗般的任务，这使他因而也使他们成了似乎不可战胜的人。他有一种轻松的不可抑制的幽默感，又有一种坚忍不拔的品质。中国共产主义运动如果没有毛，就会缺乏神秘性。中国革命没有毛，就决不会燃起火来。

尼克松深切地感到：毛泽东即使在这样的时候，仍然在奋进，在追求。

尼克松在北京还参观了清华大学。他在离京前的答谢宴会上说，美中关系的桥梁还没有架完，我们必须完成，不能半途而废。这是为了我今天在大学里见到的那些年轻人，为了美国的年轻人，也为了全世界所有的年轻人。

尼克松夫妇在黄镇夫妇的陪同下，2月26日离京之后来到山水如画的桂林，游览了漓江与阳朔。他感到疲倦了，年纪大了，动过手术的腿走那颇长的芦笛岩的石阶时，感到步履维艰了。中国方面派了一辆救护车紧跟着他。

毛泽东与尼克松再次见面，以茶代酒干杯。

28日来到最后一站广州，参观了毛泽东早年创办的广州农民运动讲习所旧址。在广州游览市容时，许多群众认出了尼克松，成千上万的市民拥上街头，大家齐声热烈地呼喊着："尼克松！尼克松！"

这使尼克松深受鼓舞，主动邀请记者与他照相留念。他笑得很开心、好舒展。布伦南总管后来曾对人说：他离开总统职位已经一年半了，还从来没有像今天这么开心地笑过。

尼克松这次访华，是他辞去总统职务后第一次公开露面。这次访问，令他振作起来了。

在华盛顿，福特总统和基辛格国务卿、总统国家安全顾问斯考克罗夫特将军等美国高级官员是高度关注着尼克松的访华之行的。尤其是在此时此刻，周恩来刚刚去世，原来有望接替周恩来总理职务的邓小平不再露面，代替他的是一个新人——代总理华国锋。华盛顿方面关注着中国高层的人事变动。再者，尼克松再次访华获得了成功，对于促进美中关系正常化作出了新的贡献，这也是符合美国的国家利益的。

本来在尼克松此次访华前，福特总统曾经对有意见的助手说，尼克松是去作私人访问，我们又不要求他回国后向国务院报告，我们没有理由不赞同他去中国。当看到了尼克松在广州的电视新闻镜头后，福特又改变了主意。

尼克松回到加州圣克利门蒂别墅后，很快就接到了基辛格打来的电话。

基辛格当时正在陪刚做过胃部手术的夫人在棕榈泉疗养。基辛格首先在电话中说："阁下，我刚从传媒报道中得知你从中国回来了，我首先得表示不能亲自前往圣克利门蒂拜访你的歉意，因为在竞选尚未结束时我这样做会使福特感到难堪的。"

尼克松静静地听着，没有说话。

基辛格扯来扯去，终于扯到了正题上："福特对我说，白宫还是想得到一份你在中国访问的详尽而全面的报告。福特已经决定派你熟悉的弗农·沃尔特斯将军前来圣克利门蒂做记录。"

尼克松一听要派担任中央情报局副局长的沃尔特斯中将来，觉得规格太低，有失尊严，当即反驳说："那不行，亨利。我不是不愿意向白宫作汇报，我非常乐意这么做。但是，汇报不能通过什么沃尔特斯将军，也不是你的国务院的办公厅派人来。我只能与福特的国家安全事务助理布伦特·斯考克罗夫特面谈。这才是适当的。"

基辛格向福特报告后，福特尽管心里嘀咕尼克松拿架子，但也只好同意。可见，福特是非常重视尼克松从中国获得的印象和情况的。

■ 尽管有毛泽东的限制，但江青天天都有事找尼克松

必须提到的是，这次尼克松在京访问期间，江青表现得格外活跃。

江青曾经提出尼克松夫妇是毛主席的客人，因而也是她的客人，她需要多参与一些接待工作，例如与尼克松的会谈、宴会等。但是，由毛泽东批准的接待方案中，涉及江青出面的，与上次尼克松访华一样，仅是陪同尼克松和夫人观看一次文艺演出。

江青很不满意毛泽东对她所作的限制。2月21日，在尼克松抵达之前，江青就派人送了一盆玉簪花到钓鱼台十八号楼尼克松夫妇的住房内。并特别指示

礼宾司长朱传贤向尼克松夫妇作介绍，说此花是送给尼克松夫人的，花是江青栽培的。2月22日晚上，江青又委托章含之送去一盆水仙花，还让章含之详尽地转述有关水仙花的民间传说。

2月23日中午，毛泽东会见尼克松后，在钓鱼台十七号楼的江青十分急于得知毛泽东讲话的内容。当日下午5时，尼克松与华国锋代总理正在会谈。江青让礼宾司的同志传话给正在参加谈判的黄镇："江青那里来电话要你去一下。"

黄镇皱了一下眉头，虽说对江青很反感，但不去也不好，就对邻座的王海容说了江青要他去一下。王海容说："你就去吧。"

黄镇来到十七号楼，见到江青。江青问："今晚我要陪同尼克松观看演出，请你讲一下主席同尼克松谈话的主要内容，怕晚上要谈这些问题我不知道。"

黄镇说："外交部都作了详细记录，你可以找来……"

江青打断他的话说："详细记录我以后再看，你先说说吧。"

黄镇只好简要地作了介绍。江青听了立即就关心地问："主席谈到国内问题没有？"

黄镇说："没有。"

"一点都没有谈吗？"

"没有。"

江青听了很懊丧，就让黄镇走了。

在这天晚上演出之前，江青委托乔冠华部长和章含之，向尼克松夫妇作了一些介绍。据当时供内部参阅所发的《尼克松夫妇访华简报》第七期称：

> 乔部长说，江青同志对艺术创作是非常认真严肃的，为了准备今晚这套节目，江青同志花了不少时间和精力。由于一部分古典节目涉及一些历史背景，为了使尼克松先生和夫人能更好地欣赏，江青同志委托我在演出前把这些历史背景告诉尼克松先生和夫人。

这天晚上的演出中，安排有一个敏感节目，就是歌曲《台湾人民——我的骨肉兄弟》。这个节目是去年中国艺术团访美的计划安排节目中的一个，后来美国国务院要求删除这个节目。中国方面坚持不能删除，因为中美《上海公报》

说得很清楚，台湾问题是中国内政，任何人不得干涉，这是一个原则问题。双方僵持，中方就没有安排中国艺术团访美。

在介绍这首歌时，江青说："这事发生时，尼克松先生已经不在白宫了。我想，如果尼克松先生当时还在白宫，可能不会发生这样的事情。"

尼克松仔细读了歌词后说："歌词内容与《上海公报》是一致的。但是，我无意责怪任何人，当时我确实已经不在白宫了。"

接着，尼克松又半开玩笑地说，"也许你们应该把歌词改为'按照《上海公报》解决台湾问题'，国务院就没有意见了。"

这首歌是由男高音演唱的。尼克松称赞这个男演员的音色好。

据《尼克松夫妇访华简报》第七期称：

> 歌曲唱完后，江青同志和其他中国同志起立鼓掌。尼克松夫人也起立并示意尼起立，尼环顾四周后作半起立状，并向江青同志说，他的腿不好，请江青同志原谅。

2月24日，有一个欢迎尼克松夫妇的宴会。参加宴会的名单也是经毛泽东

毛泽东与尼克松握别，互道保重。

审阅的，没有江青。江青就特意做了几个淮扬菜送给尼克松夫妇品尝。《简报》的第九期，作了一些记载：

> 2月24日晨，朱传贤按照江青同志嘱咐，向尼克松的总管布伦南表示：尼克松先生名义上是我国政府的客人，实际上是毛主席的客人，因此也是江青同志的客人。江青同志不参加宴会，本来是想参加欢迎尼克松和夫人的便宴的，由于她最近比较忙，睡眠不太好，因此就不去了，很抱歉。
>
> 由于不能陪他们吃饭，今天中午，江青同志准备向尼克松先生和夫人送几样南方口味的家庭菜，即：煎牛排、红烧鱼尾、豌豆、菠菜和清蒸鸡汤，请尼克松夫妇品尝。朱还向布表示，他不仅为尼克松做总管做得很好，而且对中国人民也很友好，因此江青同志也请他尝尝这些家庭菜。

2月24日上午，朱传贤还将江青挑选好的梅花盆景送给尼克松和夫人。晚上，还准备放两部江青推荐的纪录片《文冠果》和《西藏江南》。尼克松夫妇表示感谢，但说的确有些疲劳，想多休息一下。布伦南出于礼貌，看了这两部短片。

卷十八　邓小平说：我是桃源中人，不知有汉，无论魏晋

■ 对邓小平心灵最沉重的双重打击

他这颗坚强的心已经承受了太多的磨难和打击。

但是，1976年元旦一过，他突然变得闲下来，坐在宽街古老大院家里的厅堂中，他才感受到对他心灵的双重打击可以说是从未有过的沉重。

首先是他视作同志、战友和兄长的周恩来的病危。经过了最近的第六次手术，医疗组的大夫们尽了最后的努力，已经不存在别的希望了。元旦那天，医疗组已经作了周总理病危的通知，他悲痛的心已经做了准备，他不能过于沉浸在极度的

1976年1月，邓小平主持周恩来总理追悼会。

悲伤之中，周恩来未竟的许多事，需要他接下去完成。

再就是矛头对准他的所谓"反击右倾翻案风"。这股风越刮越急，首先是一个多月前，让他今后只是"专管外事"。但最后的两次外事活动，一次是元旦那天中午，会见与宴请了尼克松的女儿朱莉及其丈夫戴维·艾森豪

革命群众在纪念周总理的活动中，将矛头直指"四人帮"。

威尔，最后一次就是1月2日上午，会见了以共和党众议员玛格丽特·赫格勒夫人为团长、民主党众议员帕奇·明克夫人为副团长的美国国会女议员访华团全体成员。之后，他又"靠边站"了，他知道，接下来的是人家又一次打倒他。

就在现在，大墙外隐隐约约传来广播那篇针对他的社论的声音。那是从不远处一个学校操场上的高音喇叭里传过来的。那篇两报一刊元旦社论《世上无难事，只要肯登攀》，搞的是不点名的点名批判。"四人帮"炮制的社论编造说："最近教育战线那种刮'右倾翻案风'的奇谈怪论，就是代表资产阶级反对无产阶级的修正主义路线的突出表现。"社论里传达出了毛泽东对他所提出的"以三项指示为纲"的指责，毛泽东说"安定团结不是不要阶级斗争，阶级斗争是纲，其余都是目"。姚文元他们搞的社论顺杆上纲，把"怎样看待无产阶级'文化大革命'"抬到了吓人的高度，说是"当前两个阶级、两条道路、两条路线斗争的集中反映"。社论高喊着要继续保卫和发展"文化大革命"的"胜利成果"。

他就是在到处播发批判他的这篇社论声中，最后接见那两批美国外宾的。1月2日以后，他从报上看到又来了别的国家的客人，但没有安排他再接见外宾。他最后剩下的"专管外事工作"的权，也随着这篇社论发表而被夺去了。他没有消沉，既然闲了下来，他也像在江西那座陆军学校的院子里每天转圈散步沉思一样，如今又每天在宽街这座王爷旧院里转圈散步，默默沉思着国家、民族和党的命运，沉思着国际风云变幻与世界格局……

当然，他首先是冷静地梳理着有关最近这场风波的思路。

邓小平婉拒毛泽东的提议说：我是桃花源中人，不知有汉，无论魏晋

原来，在前年（1974年）底、去年初以来，毛泽东一直是支持邓小平出来全面抓整顿的。毛泽东将邓小平放在最重要的岗位上，还支持邓小平捅江青这个马蜂窝，称赞邓小平"以钢铁公司对钢铁公司"。去年4月间，他主持召开政治局会议对江青一伙的分裂活动进行了批评和斗争。江青迫不得已作了书面检查承认"'四人帮'是个客观存在……有发展成分裂党中央的宗派主义的可能"。他还记得，那是5月3日的夜里，毛泽东亲自召集在京的中央政治局委员开会，再一次亲自严厉地批评了江青等人。毛泽东明确地批评江青等人说："不要搞'四人帮'，你们不要搞了，为什么这样搞呀？"

没过几天，毛泽东还找他谈话，肯定了政治局会议对江青等人的批评。毛泽东说："他们过去有功劳，现在不行了，反总理、反邓小平、反叶帅……在政治局，风向快要转了。"毛泽东是说过去人们不敢惹江青，这种状况在政治局快要转了，毛为此而高兴。

他说："政治局的同志气很大，我说不要把话都说完，散了。"

毛泽东表示赞同说："这个办法好，留有余地。大家清楚就行了。"并鼓励他说，"你要把工作干起来。"

他也明确回答："这方面我还有决心就是了。"

毛泽东高兴地说："那好。"

他又对毛讲："反对的人总是有的，一定会有。"

毛泽东笑了笑说："木秀于林，风必摧之。"

他就说："主席是把我放在刀尖上了。"

毛泽东说："这是叶帅提议的，我赞成。"

后来，毛泽东也曾多次批评江青。但是，他心里也在思考，毛泽东在严厉批评江青，不让他们一伙夺取最高领导权的野心得逞，同时，毛又认为"江青过去有功劳，反刘少奇、反林彪"。对她和"四人帮"的错误认为"问题不大，不要小题大做"，"上半年解决不了，下半年解决；今年解决不了，明年解决；明年解决不了，后年解决"。

他主持中央工作、全面抓整顿以来，已经多次思考这个问题。这是一个复杂而微妙的问题。尽管出了林彪事件，毛泽东还是维护"文化大革命"的。这是他与毛泽东的分歧。到了一定的时候，这个关键性的分歧就会使他与毛产生矛盾。

果然，1975年9月，毛泽东将侄子毛远新从辽宁调到身边担任联络员后，事情发生了变化。毛远新很快就跟江青勾结在一起了。毛远新利用在毛泽东身边的机会，抓住"文化大革命"的问题，在毛的耳边说了一些挑唆性的话："今年以来，有一股针对'文化大革命'的风。我很注意小平同志的讲话。我感到有一个问题，他很少讲'文化大革命'的成绩，很少批刘少奇的修正主义路线。他说的'三项指示为纲'，其实只剩下一项指示，即生产上去了。我担心中央，怕出反复。"

毛远新的话触中了毛泽东内心的痛处，他立即警觉起来。毛泽东一反过去的做法，开始站在江青一边反对邓小平。毛泽东开始讲"文化大革命"是"三七开，七分成绩，三分错误"。"三分错误是两个：一是打倒一切；二是全面内战"。毛泽东开始认为邓小平等人"一是对'文化大革命'不满意，二是要算账，算'文化大革命'的账"。

毛泽东派毛远新找他谈过话。因为有过思考，有思想准备，他提出了异议，作了有力的抗争。毛泽东指示政治局开了几次会，讨论对"文化大革命"的评价，并对他进行了错误的批评。"四人帮"那伙人，真是亢奋、活跃极了，恨不得立即就将他打倒。

但是，毛泽东还有其自己的看法和打算。毛很希望邓小平能回心转意，在对"文化大革命"的评价问题上与自己保持一致。毛泽东真是用心良苦，提出了由邓小平主持政治局作一个关于"文化大革命"的决议，总的评价是"三七开：七分成绩，三分错误"。毛泽东很希望像邓小平这样有威信有影响的人物出面来肯定"文化大革命"的主流是好的，从而继续两人之间的合作，同时也可以堵江青等人的口。

邓小平早有思想准备，在这个原则问题上并不含糊，绝不让步。他婉言拒绝了毛泽东的提议。他说："由我主持这个决议不适宜，我是桃花源中人，不知有汉，无论魏晋。"

1975年，毛泽东与复出主持工作的邓小平。

邓小平后来把话说得更明白了："三分错误就是打倒一切、全面内战。这八个字和七分成绩怎么能联系起来呢？"

在这种情况下，政治局要停止邓小平的工作，但毛泽东还留有一点余地，让他"专管外事"。

不久，清华大学党委副书记刘冰写了一封告状信请邓小平转呈毛泽东。这封信是告军宣队迟群、谢静宜的。他已经不止一次帮人转呈信件给毛泽东了，有些还起了好的效果，比如他帮转的有关故事片《创业》受错批的事。因而，这次也觉得情况属实，就帮转了。可是，毛泽东认为刘冰"写信的动机不纯，矛头是对着我的"；毛泽东还批示说："我在北京，写信为什么不直接写给我，还要经小平转。小平偏袒刘冰。清华大学所涉及的问题不是孤立的，是当前两条路线斗争的反映。"

11月3日，毛泽东的批示传达下来，于是，从清华大学首先开始了所谓"批邓反击右倾翻案风"。11月下旬，政治局按毛泽东的指示，召开了有百多名老干部与党政军负责人参加的"打招呼"会议，正式部署了"反击右倾翻案风"。

■ 毛泽东很快就"换马"了

当时在北京的西方外交家与中国问题分析家们，根据这些年北京政治气候的规律，已经判断邓小平"大权旁落，又开始处于极为难受的状况"。

外电报道邓小平在 12 月初与到访的福特总统会谈时，"显得心事重重，大概是在考虑一旦周总理病逝，将会对自己产生多大的影响"。福特总统在回忆此次与邓小平的会谈时说，"发觉邓显得彬彬有礼却又坚定固执"，似乎"并不急于建立全面外交关系，也不急于要求美国解除长期以来对台湾承担的义务"。而美国的中国问题专家霍尔德里奇分析说，有鉴于当时中国正值"四人帮"横行，邓小平说话有保留之处是不足为怪的。

有人注意到，在 1975 年夏秋的时候，北京的报刊上几乎天天都报道邓小平的有关活动；但到了 12 月间，随着"反击右倾翻案风"的调子越喊越高，邓小平露面就越来越少了。在 1976 年 1 月 2 日邓最后一次会见外宾之后，就再也没有看见他在公开的场合露面。

在邓小平"消失"两星期之后，又突然露面了！

1 月 15 日下午 3 时，在人民大会堂北大厅隆重举行周恩来总理的追悼会的时候，电视镜头中出现了身穿黑色中山装的邓小平代表中共中央、国务院、中央军委和全国人大致悼词。西方分析家当时并不知道，这是与"四人帮"斗争的结果，也反映了毛泽东的复杂心理。

当时，"反击右倾翻案风"已经开始，但人民群众在怀念周恩来总理的活动中表现出强烈的感情。"四人帮"十分害怕邓小平亮相，极力反对邓小平出面致悼词。在政治局会议上，江青提出由王洪文或张春桥作，但王洪文、张春桥都自知不够格，于是就提出让叶剑英出面，说："现在全国都在'反击右倾翻案风'，邓小平作悼词不适合，还是请叶帅来吧！"

叶剑英明白"四人帮"的用意，但考虑到邓小平所处的困难处境，极力主张邓小平出来作悼词。

还在元旦刚过，邓小平已经无法工作时，叶剑英并不避讳来到邓小平家里来看望。两人交换意见，叶剑英气愤地说："这伙人欺人太甚，步步进逼，他们趁主席有病，越闹越厉害，下一步还不知搞出什么鬼名堂，我们要赶快采取对策。"

邓小平说："没有什么好怕的！我早就做了思想准备，无非是第二次被打倒，最坏是罗迈（李维汉）的下场！遗憾的是还有好多事没有做完，经济没有根本好转，许多老同志还没有解放。"

叶剑英担心的是邓小平下来后，"四人帮"趁机篡夺国务院的大权。

邓小平告诉叶说：政治局实际上已经停止了我的工作，我估计，主席决心已经下定，就要"换马"了。

叶剑英分析说："'换马'也不是简单的事，要换的话，无非两个前途：一个是下台，另一个是'一批二保'，至少还要继续留用一段，因为有些事情，主席不会全交给他们，他不会的！"

邓小平同意叶的分析，说："我做了最坏的准备，但我相信，我们的事业会后继有人。我们的党是有希望的。"他也不能不考虑到自己下台以后的事，未免心情有些沉重，但仍坚定地说，"我不在位了，不要紧，只要你在，还有其他老同志在，就不怕那几个跳梁小丑闹事！"

在讨论周总理追悼会的安排时，虽然邓小平已经无法工作了，但身上的几个职务尚在。考虑到这样的情况，叶剑英就据理力争地说："我看不出有什么不合适！他是堂堂正正的中央副主席，又是国务院第一副总理，代替总理主持工作，理应由他作悼词。"

"四人帮"无可奈何，只好同意上报给毛泽东。

毛泽东最后画圈批准了这个安排。毛泽东说："小平应当露露脸，主要是搞检查。"

在周恩来的追悼会过后不久，果然就像邓小平判断的，毛泽东"换马"了。虽说毛泽东要换掉邓小平，但他也看到"四人帮"的野心，没有让"四人帮"上台代替已故的周总理。经毛泽东提议，中央确定华国锋任国务院代总理，并主持党中央日常工作。毛泽东说："华国锋水平不高，但忠厚老实，不搞阴谋诡计，不搞宗派主义，让他当总理我放心。"

2月2日，中共中央发出一号文件，决定由华国锋出任国务院代总理并主持中共中央工作。

卷十九　　中情局局长布什预言，毛、周之后邓将执掌中国最高权位

■ 驻北京联络处主任成了美国头号间谍，中国将作何反应

他怎么都没有想到自己怎么能去当间谍，而且是美国最大的间谍头子？

他们夫妇俩已经适应了中国这种他们称为"拜占庭式"政治气氛中的生活，准备在北京居住比较长的一段时间了，他和芭芭拉还叫孩子们及一些亲友来中国度假游玩。他不愿意像前任布鲁斯一样，只在北京住了十来个月就离开了。芭芭拉学中国话进步很快，她已经能操着北京话上街问路、买东西了。她还正津津有味地开始学习中国的建筑、艺术和历史等。两人都对中国有了兴趣，有了感情，十分愿意为促进和发展美中两国人民的关系贡献多一点力量。

这期间，整个联络处还正在为福特总统访华加紧作准备。那一天是11月1日，布什骑着自行车去打网球回来，还约了几个中国朋友来家看彩色电视。大家一起骑着自行车穿街走巷，吆五喝六地大声说着话，布什感觉自己挺有中国味的。

他刚回到家，接到的却是基辛格发来的一纸调令：

致布什大使：

总统计划在11月3日（星期一）华盛顿晚上7点半宣布几项重大的人事变动。其中，比尔·科尔比将调离中央情报局。

总统要求您同意他提名您担任中央情报局新任局长这一决定。

总统认为对您的这一任命将对国家十分有利，所以他非常希望您能接受。您一直在为国家兢兢业业地工作，我同总统一样，希望您能接受新职，为国家作出新的贡献。

亨利·基辛格
1975年11月1日

他接到这封电报时,眼睛都瞪大了,简直不相信这一新任命是真的:怎么去当中央情报局局长?

芭芭拉看了电报也极为吃惊。

布什又看了一遍电报。任命宣布的时间是11月1日,现在已是11月3日了。时间太紧了,打电报询问细节已经不可能了。他从基辛格电报的字里行间体会到了,华盛顿需要一个迅速的答案,不允许提出任何问题。

他在心里考虑:去,还是不去?他还担心出任中央情报局局长会不会是他政治生涯的结局?他对政治抱着浓厚的兴趣,没能当上副总统,他是很不甘心的。而中央情报局局长这一职务在大多数情况下不能被看做是继续升官的跳板,因为局长不能带有任何党派色彩的政治观点。这年他刚满五十岁,自己的政治前途会不会终结在中央情报局局长的职务上?

另外他还有一个担心,就是这件事在外交上会不会有什么影响?这一年多来,为发展美中两国之间相互尊重和友谊的气氛,为排除思想上的偏见,进行有益的相互接触,他和芭芭拉付出了巨大的劳动。他曾说:"我们以低姿态和非正式的方式消除了两国之间的一些怀疑和不信任的因素。中国政府会想什么?外交家布什竟一直是间谍?"

当他将这个担心告诉一个西方国家的驻北京大使时,这个大使让他别担心。这个大使还告诉他一个关于"中央情报局局长大使"的故事。

那是霍梅尼上台之前,1973年间,担任过中央情报局第八任局长的理查德·赫尔姆斯被任命为美国驻伊朗大使。消息宣布的那天晚上,德黑兰举行了一个欢迎仪式。一个身为老克格勃间谍的苏联大使问一位伊朗政府官员:"部长先生,您对美国佬将他们的头号间谍派来你们这儿当大使有何想法?"

1976年–1977年的美国中情局局长老布什

这位亲西方的伊朗政府部长喝了一口香槟后，笑着回答说："阁下，我认为这比苏联人做得好。苏联人只派出了第十号间谍。"

他听了乐得哈哈大笑，但他对中国人将对他的任命有什么反应，心中仍然无数。

这项任命宣布后，首先是经常为他在北京带路的中国向导大为惊讶，说："布什先生在这里已经有一年多了。在此之前，他任职于联合国。可是，谁会想到他竟然是一个间谍呢？"

在12月2日，他陪同福特总统会见毛泽东时，毛泽东曾经在谈话之间对他说："你升官了？"然后，毛又对福特说："我们不想让他去。"毛还问布什："你为什么不看看我？"

他曾想，这或许是毛泽东的一种客气应酬的说法。

但在福特总统一行离京的第二天，12月6日，邓小平举行私人午宴款待即将离任的布什夫妇。黄镇夫妇作陪。

宴会的气氛是轻松愉快的。在美国出版的有关布什的传记说："邓非常乐意帮助并尊重在北京的美国人，这使他和布什在中国首都结下了超出工作关系之外的友谊。"布什来到北京时，正是邓小平复出上台，他对邓大力抓整顿有很深的印象。布什很尊重和敬佩邓小平，曾经对人说："他（小平）常常不能保护自己。"布什还对邓小平在与基辛格的谈判中思想敏锐、刚柔并济很佩服，认为邓是少有的能与基辛格在谈判中较量的高手。

两人寒暄起来，邓小平请他喝茅台酒，用筷子给他夹菜。

邓小平说："布什主任在北京做联络处主任只有一年余，还不满一个任期，时间太短了。我们的黄镇将军在华盛顿快满三个年头了。"

布什说："我和芭芭拉都愿住久一点。全中国的主要地方我都想去看一看，今年去了东北，原来我们还准备明年适当的时候去看看西南。中国的西南地区包括西藏，是很有神秘色彩的。"

邓小平笑着说："鄙人就是从西南的天府之国来的。"邓已经获知他担心中国方面对他出任中央情报局长有看法，就对他说："阁下在中国永远是受欢迎的，即使你作为中央情报局局长。"

■ 江青连夜召见，黄镇却不买江青的账，不写批邓的有关材料

黄镇离京的时候，气氛令人窒息，悲愤埋在心头！

黄镇与朱霖是 1976 年 4 月 27 日离京飞返华盛顿的。他们这次回国的时间最长了，整整有半年零十天。

在这半年时间里，黄镇除了完成接待基辛格国务卿访华、福特总统访华等任务之外，亲眼目睹了令人揪心的变化：敬爱的周恩来总理去世，毛泽东也病重，在"四人帮"迫害下邓小平再一次被打倒，刚刚有起色的整顿工作夭折了；4 月初，人民群众在天安门广场怀念周恩来总理、声讨"四人帮"的活动被打成"反革命事件"……

他被"四人帮"视作邓小平的人，人家是恨不得除之而后快的。但由于毛泽东表了态，还要他去美国再干一两年，"四人帮"没办法撤他，就换用手法拉拢他。

就在毛泽东会见福特说"要黄镇再干一两年"那天，黄镇回到家里，兴奋地将毛泽东的话转告朱霖，还高兴地说："你看，我们是不是要喝一点酒？"

正在此时，小儿子和平来通报："爸，有人送螃蟹来了。有二十多只大螃蟹。"

他更高兴了："这不正好就酒吗？谁送来的？"

"王洪文副主席派秘书送来的，还等在门口呢。"

那时候，王洪文可是紧排在毛泽东之后的大人物。他一听是王某人送的，就倒了胃口，对儿子说："你快去告诉他，我感冒了，不能见客。"

王洪文的秘书只好将螃蟹留下，悻悻地走了。

他想了想，这螃蟹不能吃得不明不白，就挂通了外交部办公厅的值班电话，要办公厅以组织方式打电话给王洪文，说送的螃蟹收到了。言外之意，我黄镇不和你拉私人感情。二十多只螃蟹也不少，他打完电话，又把螃蟹分给了熟悉的陈丕显、孔原等人。

3 月中下旬，黄镇正在做返回华盛顿的准备。当时，邓小平已经被停止了一切职务。黄镇也参加过了所谓"打招呼"会议。一天晚上，江青通知他和外交部两个副部长韩念龙、仲曦东一起去谈话。他们三人一起乘车来到江青所住

1976年间的江青

的钓鱼台十号楼。江青很是得意，一副胜利者的神态。她拿出一份材料，叫他们三人看了，就说："这份文件是主席圈阅同意的。文件上说到的两个人在外交部做了很多坏事，和邓小平搞到一起，他们的关系应该查清！你们要给主席写揭发材料，写好交给我转主席。"

黄镇首先表态："我长期在国外工作，对外交部的情况了解很少，没有办法写。"

江青就说："那你可以写写他们在联络处怎样整你呀！"

黄镇冷静地说："主席对联络处的问题已有指示，要我们开一个团结的会议，各自多作自我批评。关于联络处问题，部核心小组正在开会，开完会后，核心组会给主席写报告的。我在主席接见尼克松女儿之后已经向主席表态，主席很高兴。现在我不能再写材料去干扰主席。"

江青皱起了眉头，冷冷地问："你和邓小平的关系怎样？"

黄镇坦然地说："很早就在一起工作。抗日时在太行山又在一起。他担任八路军前方总政治部副主任，我先任宣传部副部长，后任民运部长。以后他调到一二九师任政委，我先任晋察冀军区政委，后又任一二九师政治部副主任。师长是刘伯承同志。解放战争时期，我调到总政治部，就离开了刘邓的部队了。我到外交部以后，同他见面的机会就更少了。"

江青的眼镜片在灯下闪了一闪，她拿出一份某人在政治局会议上批邓的发言，指给黄、韩、仲三人看，并特别对黄镇说："你看，人家把你和邓小平连在一起。我在那次会上还批评了他们，我说黄镇那样大年纪，在国外工作那样久，是很不容易的。你应该写揭发他们的材料。主席在上面画一个圈，对你就很有好处的。"

黄镇态度依旧："肯定他们不可能把我同邓小平连在一起。因为我根本没有做过某人讲的那样的事情。"

江青看黄镇不买账，很恼火了："你怎么这样自信？"

黄镇不卑不亢地说："我按主席的指示办，我不能写材料去干扰主席。"

接着，韩念龙、仲曦东也对她表示了没有什么可写的。

黄镇和朱霖就是在这样的情况下，返回驻华盛顿联络处的。等待他们的是国内发来的一连串要在联络处组织"批邓"的指示文件。联络处的正常工作受到了严重干扰，一些紧跟"四人帮"的人在联络处搞起极"左"的一套。同时，他的一举一动，也受到一些极"左"派的严密监视。

在联络处办公桌上的日常文件当中，黄镇看到有一份追查张建华的"反革命活动"的指示。他心里骤然一惊，几乎吓了一跳。

张建华是联络处的商务参赞，是最早跟他到联络处来的老同志，为向国内引进经济与技术合作做了许多贡献。在江青借美国厂家送玻璃礼品制造的"蜗牛事件"中，张建华实事求是地作了澄清，使好些同志免遭政治迫害。老张因为不满"四人帮"的丑恶行径，在美国暗中搜集维特克来华访问江青后回国写的有关剪报和书，不慎被人发现，写了材料上告，揭发老张"秘密搜集中央领导同志的黑材料"。部里就发来指示要严加追查。这在国内，是要被打成"现行反革命"的。他知道在国内好些知道江青底细的人，横遭迫害，被关进监狱。

他一了解，老张正在受到追查，日子很难过。黄镇就找韩叙副主任和朱霖商量，布置了保护老张的具体步骤。但是，与此同时，他也被人写材料上告，告他帮助张参赞"蒙混过关，整中央领导的黑材料"，并列举种种材料，要查清他与邓小平、胡耀邦的黑关系。

国内来电指示，要联络处组织"批邓"。开会的时候，许多人都不想发言。黄镇对邓小平当然十分了解，不愿意昧着良心"批邓"。在联络处发回国内向部党委和中央表态的电报稿中，他将所有"批邓"的字句都删掉了。他说："凡是经我批发的文电，决不允许出现'批邓'的字样！"

国内有人将黄镇在联络处的所作所为当做"右倾翻案"的典型，拿到政治局会议上去发言披露，以争取姚文元的同意，以便在外交部或更大的范围里进行批判。姚文元惧于毛泽东说过驻美联络处还要让黄镇负责，就推说材料尚不够典型，往后推一推再说。

■ 担任中情局局长的布什预言说，在毛、周之后邓将执掌中国最高权位

担任了美国中央情报局局长的布什听说黄镇返回华盛顿来了，就邀请黄镇夫妇到家中做客，以答谢其在中国所受到的接待。黄镇、朱霖应邀来到华盛顿西北布什的家里，布什和芭芭拉在门口迎接。

芭芭拉特地用中国话来表示欢迎。布什则笑着说："总统、国务卿都可以请你到白宫去做客，遗憾的是我没法邀请你去中情局的弗吉尼亚总部去做客，但是请你们夫妇到家里来会晤显得更亲切。"

黄镇一走进会客厅，就看见墙上挂着一张邓小平的大照片。他正在为"批邓"的事痛苦和烦恼，见了这照片，一下就动了感情，血都涌上了脑门。在国内打倒了邓小平、在华盛顿的联络处里无法挂邓小平照片的时候，想不到在这个美国要人的家里看到了它。

布什注意到了他脸上感情的变化，就有些得意地说："我离任离开北京之前，邓小平副总理宴请了我，谈得很愉快。"

黄镇高兴地说："你别忘了，当时我和朱霖都在场。"

布什又说："我们在北京的时候，邓副总理给我们解决了不少困难。"

黄镇问道："你在中国时，听说过'刘邓大军'吗？"

布什点点头，说："在人民解放战争中，横扫中原的一支有名的野战部队。"

黄镇介绍说："刘就是刘伯承元帅，邓就是邓小平。那个时候，他当野战军的政委，我在这支部队的一个军里当政委。"

工作中的黄镇

布什担任中央情报局局长后，少不了对中国现在出现的风云变幻给予特别的关注和分析。布什对目前邓又一次被打倒是不以为然的，因而很乐观地对黄镇说："主任阁下，凭我的了解和感觉，将来最有可能在毛与周之后继承最高权位的，不是别人，而是邓。"

黄镇听了甚为兴奋，但因为内外有别的纪律和对方的身份，他觉得不适于跟对方讨论这个敏感的政治问题，因而含蓄地用幽默的语言说："你年轻时候当过飞行员对你很有好处，使你习惯了在飞行以外的方面也能从视野开阔的高处观察与考虑问题。"

两人接着转换了话题。

布什知道，美国中央情报局对中国人来说是一个十分神秘的机构，于是就给黄镇说了一些中情局的逸闻趣事。布什说，在其上任前不久，有人在中情局已退休的同事中进行了一次民意测验，以考查大家对自艾伦·杜勒斯以来五任局长的评价情况。在所发的调查表中有两道有趣的填空题。

第一道题是关于"愉快岛"的："假如我在海上航行触礁落到一个荒岛上，这个岛上食品充足，气候宜人，有苏格兰威士忌酒供应，又有其他船只经过的一切希望，我将选择与……在一起。"

在被测人员中有 3/4 选择了艾伦·杜勒斯。

黄镇说："我知道他是杜勒斯国务卿的弟弟，一个名气很大的特务头子。大家为什么选了他？"

布什说："因为艾伦最善于讲故事，大家说跟这个局长在一起好相处。"

第二道填空题是关于"可怕岛"的："假如我触礁的是一个可怕的荒岛，那里食品奇缺，没有娱乐，生存希望极小，我急需逃跑，我将选择与……在一起。"

黄镇笑说："这个可怕的荒岛是测验看哪一个局长能跟下属共患难。"

布什说："其他的局长票数差不多，只是我的前任科尔比票最少，只得了三票。"

黄镇听了哈哈大笑，半开玩笑地说："你们评议局长也有点像共产党，要走群众路线哟。我关心的是阁下得了多少票？"

布什说："幸亏当时我还在北京担任联络处主任，还没有被投票的资格。"

1989年2月，老布什总统访华会见老朋友黄镇。

这次在布什家里做客，使黄镇感到很愉快。布什对中国政局发展所说的话，给黄镇心中留下了特别深的印象。按照有关规定，获得了如此重要的情况，当晚需立即向国内报告，但是，这次属于特殊的例外，不能报告，只能在内心里高兴而已。

果然，只经过一年左右，邓小平就复出了。布什在卡特政府内阁中已经不再担任中央情报局局长的职务，黄镇很快就应布什的要求，安排其访问中国并与邓小平会面。这是后话了。

卷二十　　出席最重要的毛泽东追悼会的唯一外国人：美国前任国防部长

■ 前国防部长施莱辛格出现在华国锋主持的毛泽东追悼会之中

前任国防部长詹姆斯·施莱辛格是在1975年11月间卸任，于1976年9月初应邀飞抵北京的。朋友们告诉他，北京的金秋是最好的季节，秋高气爽，气候宜人，最适合游览这个中国古都的紫禁城、长城、颐和园等这些明清的古迹。但他这次来到北京，却赶上了一个不很合适的氛围，一是北京附近刚刚发生了造成巨大损失的唐山大地震，二是中国的开国领袖毛泽东刚刚去世。

他早就想来北京访问，早就想到紫禁城里见一见善于与人谈哲学的毛泽东。施莱辛格本人就是哈佛大学有名的哲学博士，未能见到具有东方神秘色彩的毛泽东着实使他深感遗憾。后来他曾说过，使他未能及早访华的是他的另一个美国犹太同胞亨利·基辛格。

尼克松于1969年首次当选总统后，不拘一格网罗与使用人才，其重用的有两个犹太人出身的知识分子"辛格"：一个是亨利·基辛格，另一个就是詹姆斯·施莱辛格。两人都是教授。唯一不同的就是，基辛格是在德国巴伐利亚出生而在少年时代随家移民美国的，施莱辛格则是出生在纽约，父母都是早年移民美国的。用基辛格的说法，自己不在美国出生，是一个不能当美国总统的犹太人，而施莱辛格在美国出生，却是一个可以担任美国总统的犹太人。虽说这两个"辛格"都是哈佛大学出来的精英人物，施莱辛格要比基辛格年轻得多，尼克松总统聘请这两个"辛格"到白宫任职时，基辛格46岁，而施莱辛格刚刚满40岁。

初被尼克松起用时，基辛格的名气要比施莱辛格大得多。基辛格的主要著作《核武器和对外政策》及其地缘政治理论影响很大，而施莱辛格则因其在60年代中期在美国著名的兰德公司做高级职员，并担任该公司战略研究室主任。他头脑清晰、生气勃勃，名噪一时，引起了尼克松的重视。尼克松先在1969年任用他担任预算局助理局长，后又任代理副局长。在预算局期间，他将国防部的费用降低了 60 亿美元，人们称他为"裁减预算的能手"、"驯服官僚机构的能人"。他的才干为他赢得了好名声而更受尼克松青睐，1971 年即被尼克松破格提拔为十分重要的美国原子能委员会主席。他又把原子能委员会进行了彻底改组，并在推进核能工厂的同时，比历届前任主席更多考虑到环境保护的问题，这就引起了国会与社会的称道。尼克松对他就更为器重了。1973 年 2 月，又将他调任中央情报局局长。他一上任，就提出那种派出特工潜伏、刺杀、收买情报、颠覆美国不喜欢的政府等秘密行动的时代即将过去了，他决心把高科技的技术搜集方法放在中央情报局活动的首要地位，其表现形式是天空中的、航空线上的间谍分子，电子计算机和遥测技术。他提出的集中用技术收集情报的思路，符合尼克松独揽决策权的欲望。正当他按新计划要对中央情报局进行彻底大改组时，尼克松又觉得国防部更需要他这样的人物，就将他调到了国防部担任部长。

他一出任国防部长，就与基辛格在美苏缓和问题上产生了越来越深的分歧。他反对美国与苏联搞缓和，他清醒地看到了苏联强大的军事力量的威胁，要求美国建立强大的国防，并反对在美苏战略武器谈判中作过多的让步。因而，他就被视为持强硬立场的美国"鹰派"代表人物。苏联国防部长格列奇科就曾指责施莱辛格代表了"美国反动和侵略的势力"，"没有放弃他们用武力解决资本主义与社会主义之间冲突的计划"。

中国方面注意到了这位强硬派国防部长，他的关于加强美国防务力量的文章经常出现在中国的新闻报道之中。当时《人民日报》就发表了用毛泽东的观点写的评论说，美国领导人寻求和平，"但是却鼓励社会帝国主义向东方推进，然后又将这祸水引向中国"。中国方面曾在基辛格的频繁来访中，多次建议施莱辛格访华。将对华外交视作自己独自经管的领地的基辛格，既未接受这一建议，也不把这一邀请转告给施莱辛格。尼克松下台、福特接任总统后，福特留用基辛格做白宫的国家安全事务助理兼国务卿，施莱辛格也被留用继任国防部长。这两个"辛格"之间的分歧因而也沿袭下来了。

施莱辛格批评福特和基辛格追求一种忽视发展军事力量的"存有幻想的和平"。尽管福特总统主要依靠基辛格来推行其缓和政策，基辛格的作用则因政府内部的分歧而遭削弱。福特总统想打破美苏双方限制战略核武器谈判僵局，在1976年1月基辛格即将赴莫斯科谈判之前，福特宣布了一些职务上的调整：免去了施莱辛格的国防部长职务，免去了基辛格兼任的国家安全事务助理的职务，将布什调任中央情报局局长。

刚卸职的施莱辛格不久即接到了访问北京的邀请，中国方面以此行动表明支持那些打算对苏联采取强硬行动的美国政治家。他在访华期间正遇毛泽东去世。尽管北京的媒体没有怎么报道施莱辛格的活动。但在北京的西方观察家注意到，施莱辛格是在第一批由华国锋主持的最重要的吊唁活动中露面的唯一的外国人，这批吊唁者主要是中国政府要员及一批经过长征的老干部。9月11日至17日在人民大会堂举行了七天隆重的吊唁活动，美国驻华联络处的官员与其他驻京的外国使节被安排在后面的吊唁活动之中。

罗伯特·罗斯在《风云变幻中的美中关系》一书中，曾作记述：

> 当毛主席在施莱辛格访华期间去世时，施莱辛格成了中国及华国锋表示有意继续与美国合作的象征。华主持治丧事务，把施莱辛格显著地列入第一批吊唁人员之中，并且邀请他向毛献花圈。施莱辛格是唯一被准许这么做的外国人。

两年后，1978年间，施莱辛格作为卡特政府的能源部长率领代表团又再次来到中国访问。

■ 邓小平与叶剑英生前都没有透露他俩在叶的书房里谈了什么

他在院子里一边走一边思考着。在这年代久远的高墙的砖隙间，竟顽强生长着小草、苔藓和地衣。他想，风雪与严冬也不能使它们枯萎，一遇春风，就会绽出它们那一点点生命的绿色……

三年前，他在江西那个小院里兜圈徘徊；现在，他在这个京城的高墙大院里兜圈徘徊。

三年前，他在江西南昌郊区新建县所居的那个将军楼独院，只不过是原步校领导废弃不用的一座普通的两层小砖房；现在他所住的这个高墙深院，则是清代的一座王爷府，在地安门附近的宽街，是清代北京内城八旗中的黄旗地区，过去的顺天府大衙门也在这一地区。他住的这个大院，在解放后由人民政府分配给在湖南和平起义中有功的程潜老先生。毛泽东很看重这位在国民党军队中担任过参谋总长的湖南老乡，他在新中国担任过湖南省委第一书记、全国人大常委会副委员长。程潜于1968年间因

1976年，叶剑英在玉泉山。

病去世了，1973年初周恩来安排邓小平从江西回京城时，就让他居住在这座大院里。

上边增派了一个加强班负责警卫，他得到通知，不准外出。他只好在院子里一圈又一圈地散步。

在高墙外，"四人帮"活动猖獗一时，不可一世。他们将人民群众在天安门广场沉痛悼念周总理的活动打成"反革命事件"，到处追查与"天安门事件"有牵连的人和事，追查政治谣言，高喊着"狠狠批邓反击右倾翻案风"制造白色恐怖。他知道，这个时候的毛泽东病重已甚，已被"四人帮"架空，党、国家和民族深陷于灾难之中。

他在软禁中的一圈又一圈散步之中，国家的灾难更是越来越深重，高墙外的消息使他的步履格外沉重了——

7月6日传来噩耗：90岁高龄的政治局常委、人大委员长朱德去世。德高望重的朱老总去世之前就很难接受"批邓"，朱老总在不同的场合多次讲过，在

毛主席领导下，由邓小平主持中央的日常工作很好，这个班子不要动。现在，国家陷于危难之中，朱老总是抱着深深的遗憾辞别人世的。

7月28日，河北唐山地区发生强烈地震，造成20多万人伤亡，损失重大。全国军民奋起抗灾，但"四人帮"却认为"少了一个唐山不算什么，批邓才是头等大事"，大喊着不能以"救灾压批邓"。

接着，他健壮的身体也有了病，前列腺炎使他不能正常散步了。叶剑英闻讯后，极为关切，让他住进解放军三〇一医院做手术治疗，并指示医院领导："一定要治好，一定要保护好。"

他在医护人员精心治疗下很快就恢复了健康。但在这个时候，却有消息说，毛泽东的身体越来越不行了。毛泽东在病重弥留之际，说了一段肺腑之言：

> 中国有句古话叫盖棺论定，我虽未盖棺也快了，总可以论定了吧！我一生干了两件事。一件是与蒋介石斗了那么几十年，把他赶到那么几个海岛上去了。抗战八年，把日本请回老家去了。打进北京，总算进了紫禁城。对这些事持异议的人不多，只有那么几个人，在我耳边叽叽喳喳，无非是让我及早收回那几个海岛罢了。另一件事你们都知道，就是发动"文化大革命"。这事拥护的人不多，反对的人不少。这两件事没有完，这笔遗产得交给下一代。怎么交？和平交不成就动荡中交……

毛泽东在病危去世之前也是清醒的。老人家知道在对待"文化大革命"的问题上，包括对邓小平的问题上，"拥护的人不多，反对的人不少"，即使弥留之际还为此忐忑不安。老人家对邓是处在一种极为矛盾的心情中的。老人家说"人才难得"让他再出山，而不容邓小平否定"文化大革命"又再次将他打倒。当"四人帮"借此要置他于死地，要"开除"、"惩处"这个"中国的纳吉"时，毛泽东则主张对邓"保留党籍，以观后效"。毛泽东没有让"四人帮"篡权的阴谋得逞，没有将最高权力交给他们。这应该说真是不幸中的万幸！

他尽管受到不公正的对待，蒙受冤屈，但他对毛泽东还是全面看待，始终以诚心敬重。他始终认为毛泽东是好心犯错误。当他在三〇一医院得知毛去世的消息时，心中万分悲痛。

他已经好几个晚上都失眠了。他好几次给中央办公厅打电话，请求中央允许他向毛主席的遗体告别，还请求能参加追悼大会。接电话的人不置可否，只是回答说将他的要求向中央报告。最后的一次，他将电话打到了汪东兴那里。他说："作为一个老党员，我要求向毛主席告别，并参加追悼大会。"

在电话里，汪东兴明确地回答说：

"不行。你没有资格，你只有彻底检查自己的错误，以求得人民的谅解，才是对毛主席最好的悼念。"

他感到，由于自己受到软禁，失去了向毛作最后告别和志哀守灵的机会，真是又痛苦又悲哀！

叶剑英与邓小平。

他出院回到家里，让家人采来松枝，做成花圈，在家中设立了灵堂。他带领全家，在毛泽东的遗像前深深地默哀。

痛定思痛，他感到党和国家在毛泽东去世后处于极度的危险之中。一直在密谋篡夺党和国家最高权力的"四人帮"更加加紧了活动，他敏锐地从报纸和电视中觉察到了他们种种阴谋的迹象。在中央的《告全党全军全国各族人民书》中，已经将他和刘少奇、林彪并列，对自己的批判的调子已经到了不能再高的地步了。他时刻关注着政局的发展，在当时，什么意外情况都可能随时发生……

中国已经到了命运的十字路口！

他为此坐卧不安。

在天安门广场举行的追悼会过后，他坐不住了。这天早上，他穿戴整齐，从屋里走出院子，对秘书说："给我调一辆车。"

秘书有点诧异："到哪里去？"

他说："去街上转转。"

秘书想起了有关规定，问："要不要向中办请示一下？"

他毫不犹豫地说："不要了。"

秘书与司机一声不响，照他的意见将小车开了出来。车子刚刚驶上街，他就觉察后面盯上了一辆上海牌小车，而且紧跟不舍。司机机敏地连续拐了几个圈，也没能将"尾巴"甩掉。

司机问他："怎么办？"

他想了想，说："哪里也不去了，就到天安门广场转一圈就回去吧。"

天安门广场的旗杆上降着半旗。城楼上那幅毛主席画像上披挂着黑纱。墙上的大标语中也有这样一条："化悲痛为力量狠批邓小平，坚决将'反击右倾翻案风'进行到底！"……

数天之后的中午，他吃过午饭，到院子里来散步。在散步中，他注意到监控的人不在岗位上了，自己的小车司机正在擦车。他立即机敏地上了小车，给了司机一个手势。小车这就驶出了院子。车子在街上转了两圈之后，没有发现盯梢的"尾巴"，他就让司机开到小翔凤大院叶剑英的家里去。

午休后刚起床的叶剑英一见是他来了，大吃一惊，问："还有谁？"

1976年10月6日，举行粉碎"四人帮"的政治局会议的玉泉山九号楼。

他说："就我一个。"

叶帅将他领进书房去。这个书房是叶帅平时批阅文件、读书的地方，一般客人或者下属也都不能进去。只有政治局常委或军委要员来谈机密大事，才能进入这个军机要地。

叶帅和他两人在里屋里说了将近两个钟头的要紧话。两人在这历史的关键时刻，肯定是讨论了党、国家与民族的命运。具体讨论了些什么，事后谁也没有透露过。

但是，人们不难判断，两人肯定商量了粉碎"四人帮"这一重大决策。

谈完话，邓小平上车回到自己家的院子。

一举粉碎"四人帮"之后，叶剑英没有忘记把这一特大的喜讯透露给几个重要的同志，叶让秘书打电话告诉聂荣臻元帅和徐向前元帅，但却亲自打电话给在"软禁"中的邓小平。英国前驻华大使理查德·伊文思所著的《邓小平传》说，"逮捕'四人帮'后召开的政治局会议一结束，叶剑英就立即打电话给邓小平，因此，他很快就知道了这一消息。"

这本英国人写的传记还写道："邓小平究竟对叶剑英的计划了解多少，从未有人知道。他本人和其他的人也没有透露过。不过，邓小平确切地知道叶剑英是要采取行动的，他也知道，不让'四人帮'追查到行踪及逮捕自己，就是对叶剑英计划获得成功的最大支持。"

邓小平接到叶剑英的电话后，好一会儿才长长地舒了一口气说："看来，我可以安度晚年了！"

■ 因"病"挂职的中国国防部长为什么会见卸任美国国防部长

红五星军帽下那敏锐深沉的眼睛、鬓角边的银发与皱纹,都凝聚着他一生征战的智慧,这一天,他穿上了一身军装,更显出了元帅的英姿和风范。

以往接见外宾的时候,他并不穿军装,而是穿中山服。1971年夏天他作为中央对美工作小组的负责人接待秘密来访的基辛格,1972年初尼克松总统首次来访,他都是穿着中山装。基辛格于1971年10月间第二次访华,电视新闻中出现了叶剑英与走下美国专机的基辛格博士握手的镜头,有一则法新社记者写的报道就评述说,由叶剑英出面接待美国总统的特使,使人一点都不觉得意外,因为叶剑英是中共老资格领导人之中,除了周恩来之外最善于与美国人打交道的。抗战胜利后,叶剑英在北平主持军调部,在与美蒋的较量中,就使著名的马歇尔将军深为折服。

这是1976年以来叶剑英第三次出面会见外宾。

前两次是在毛泽东去世之前。1976年5月27日,他以军委常务副主席兼国防部长的身份会见了巴基斯坦参谋长联席委员会主席穆罕默德等一行。6月6日,他又会见了法国三军参谋长居伊·梅里上将一行。

这天是1976年9月27日下午,他会见了来华访问的美国前国防部长詹姆斯·施莱辛格。他身穿军装,就表示着自己的中央军委常务副主席及国防部长的身份。会见是在人民大会堂新疆厅进行的,参加会见的美方人员有:理查德·伯尔、威廉·惠彻恩、弗朗西斯·韦特斯、查尔斯·贝诺瓦等。美方还有三名随行记者。

这次会见,是在"四人帮"加紧篡军乱党夺权步骤的时候,是10月6日粉碎"四人帮"之前的一次重要会见。外国记者对这次会见有不同的评述。日本共同社的记者评述说,这是一次异乎寻常的会见,它的含义不在于这两位国防部长见面时说了一些什么。有位西欧记者曾不以为然地在报道中说,这是一个"生病挂职"的国防部长会见一个"失宠卸职"的国防部长。但在"四人帮"被逮捕的消息披露于世后,这位西欧记者才恍然大悟地说,叶剑英的这次公开露面"是一个绝对重要的信号",它说明在"反击右倾翻案风"中被连带靠边站的叶帅又回到了这个最重要的岗位。

因为，在这年的 2 月 2 日，中央政治局所发的一号文件中，宣布了华国锋为代总理并主持中共中央工作；同时，在这个一号文件里，另有一项重要通知：

> 在叶剑英同志生病期间，由陈锡联同志负责主持中央军委工作。

当时，这个与叶剑英有关的通知来得非常突然，并没有与叶帅作任何商量与打招呼。决定一号文件内容的政治局会议也没有通知他和邓小平参加。会后就以中央文件形式向全党通报主持军委日常工作的共和国元帅"生病"挂职，这是破天荒头一次。

这是"四人帮"耍阴谋迫使叶剑英靠边站的。这实际上等于剥夺了叶剑英指挥解放军三军的权力。这使他立即感到了形势的紧张。但他早就有思想准备，拒绝了医生要他去外地的建议，继续留在北京，那股"反击右倾翻案风"刮得

叶剑英戴黑纱会见美国前国防部长施莱辛格。

太凶的时候，他就闭门谢客，但是绝没有闭塞耳目，他密切关注着国家和军队的命运。

在邓小平被再次打倒及毛泽东辞世之后，谁来执掌中国的领导权，就成了全世界都极为关注的热点。

在两种命运面临决战的时候，掌握军权就显得特别重要。江青、王洪文等频频到军队活动，一会儿去这个部队视察接见照相，一会儿给那个部队送东西拉感情。"四人帮"还在上海给称为"第二武装"的民兵增发了原定入库的枪支。种种情况都反映到他这儿来了。

在9月19日下午，为了保存毛泽东留下的文件手稿问题，开了一个争争吵吵的所谓"政治局紧急常委会议"，结果不欢而散。在这次会上，华国锋明确表示毛泽东留下的文件手稿要暂时由中央办公厅封存，不能由江青或者毛远新来接管。江青的阴谋未遂，就在会上疯闹了起来。华国锋见此情况，就宣布说：

"今天的会议，连作为党中央副主席的叶剑英都没有参加，不算常委会。等下次他来了，人到齐了，再讨论。"

会后，叶剑英才知道，这次所谓"紧急常委会"是江青要求召开的。江青半夜三更打电话给华国锋硬是要求召开这次"紧急常委会"。

在华国锋同意后，要通知有关常委到会时，江青竟然提出要让不是政治局常委的姚文元和毛远新参加，并说什么"一号文件早就说叶帅病了，不要参加了"。

华国锋就说："叶帅是党中央副主席，哪能不参加？"

这些情况引起了他的高度警觉：江青要排除他而召开有"四人帮"主要骨干参加的所谓"紧急常委会"，这就是一个很强烈的夺权信号，斗争更加尖锐复杂了。

他曾对王震说："我们绝不能掉以轻心！"

老干部、老帅、老将军们都很忧虑与焦急，觉得这已经是一场你死我活的斗争。为了相互间沟通情况方便，王震和担任代总参谋长的杨成武就成了老同志间的"联络参谋"。杨成武为叶帅联络聂帅、徐帅等，王震为叶帅联络陈云、李先念、邓颖超等。据王震回忆当时的情况，忧心如焚的陈云在家里待不住了。陈云同志在党的"八大"担任了中央副主席，分工主管财经工作并出任国务院副总理，为克服国民经济遭到的严重困难，对调整和发展国民经济作了重要工作。陈云在"文化大革命"中，虽被选为中共第九届、第十届中央委员，这实际上被解除了一切领导职务，又靠边站了。王震好几次在叶家与陈家之间来往跑动，传递情况。

陈云就对王震说："主席刚刚去世，全党的弯子一下子难转啊！要尽量想法合法解决。这样引起的震动，就会小一些。"

王震就问："怎样做才能使斗争合法化呢？"

陈云笑着对王震说："叶帅当了那么多年参谋长，主席早就称赞他大事不糊涂。现在只有他的身份是'半合法'。怎么讲他还是党中央副主席、政治局常委、军委常务副主席。人家年初发一号文件时，并没有撤掉他的职务，只是说'生病'挂职而已。我说你要提醒他，为什么不搞个说法，把事管起来。"

王震笑着说："你看得很准。近来，听说江青就不止一次对华国锋说，主席早就批准他休病假了，开会他不参加都可以的呀。"

陈云接着说："究竟怎么办，大小主意他都会拿得出来的。你赶快去告诉他。"

叶剑英这边早就想着要解决这个因"病"而变得"半合法"的身份。

数天后，就产生了叶剑英的这个接见外宾的活动。新华社向海内外发出了这样一则电讯：

[新华社1976年9月27日讯] 中共中央军委副主席、国防部长叶剑英，今天下午会见了美国前国防部长詹姆斯·施莱辛格一行。会见时，叶剑英副主席同施莱辛格先生就其关心的问题进行了交谈。

会见时在座的有中国人民解放军代总参谋长杨成武。

这是一则十分敏感而奥妙的消息，它无疑是宣布叶剑英元帅公开亮相。它出现在华国锋继任中共中央主席、"四人帮"加紧进行"篡军、乱党、乱国、夺权"的关键时刻，就特别引人注目。

新华社当时是由"四人帮"的主要成员姚文元控制的。姚文元看这篇稿子时，心里陡然一愣。据说，他曾经查问这篇稿子的发稿情况。按当时发稿的审批程序，此类稿子须有军方主管负责人签字，有人查了答复说，有杨成武代总参谋长签字。

由于这次会见是由军委掌握的，"四人帮"当中无一人参加。姚文元很焦急，想方设法将会见的记录找来细看了解，看了之后又让张春桥看。张姚两人交换了看法，对叶帅在接见中谈了中美两国海军合作的有关问题，两人甚感不安，认为还是"过去右倾的老一套"。他们所指的"老一套"，是指1973年叶剑英与基辛格谈话时，曾表示愿意与美国海军进行合作的有关问题。此事受到"四人帮"的攻击和诬告，叶被迫在军委会上作了检讨。如今，时过三年，叶帅对施莱辛格旧话重提，不改初衷，这当然是对"四人帮"的一个有力反击。

这则消息的发表，显然是对2月2日一号文件关于叶剑英因病由陈锡联顶职通知的澄清。在毛泽东辞世后，许多正在为国家命运忧心的老干部老将军看了这则消息都私下奔走相告。有的人还回忆起毛泽东当年在延安赠给叶剑英的两句诗："诸葛一生唯谨慎，吕端大事不糊涂！"

王震将军对人说，这就说明党和国家"还有希望"。

当时，海内外有心人对这则消息进行分析，综合归纳起来，认为至少说明下面几个问题：

一、不管叶帅是"生病"还是已经"病愈"，目前还在管事，还在中国政坛上起作用。

二、叶帅仍然是中国军队的统帅，是军委的主要负责人之一，仍然牢牢掌握着人民解放军陆海空三军的领导权和指挥权。

三、叶帅执掌着军权，已经下台的邓小平将受到他的保护与关照。

四、对于急于争夺最高权力的"文革激进派"（西方对"四人帮"的称呼）构成最大威胁，将使原来"周恩来、邓小平所代表的稳健派"受到鼓舞。

当时社会上流传"叶帅将邓小平送到广州派部队保护起来"云云，据说就是从新华社的这类消息派生出来的。

卷二十一　　黄镇一见万斯就提出卡特所说"台湾是中国"的错话

■ 同月同日出生的两个国务卿会见黄镇主任

中国驻华盛顿联络处密切注视着1976年秋冬正在美国各州进行的总统大选。当时联络处的专家们在私下议论，有人说如果福特能够当选继任总统，基辛格博士肯定就会继续担任国务卿，对华政策就会延续下去。黄镇则说，从《上海公报》开始的对华政策是大势所趋，是符合历史发展潮流的，无论谁任总统最后都会这么做。

这年11月间，总统大选揭晓，民主党候选人吉米·卡特击败了共和党候选人福特，即将出任美国第39任总统。喜气洋洋、极度兴奋的卡特在一次涉及对外政策的演讲中，竟然把台湾称为中国，与中华人民共和国相提并论。这个讲话也整理成文章，发表在《时代》周刊杂志上。

黄镇注意到了这篇文章，总统尚未宣誓就任，就做出了"两个中国"的错误讲话，这不能不引起中方的密切关注。经请示国内以后，黄镇准备向美国国务院提出交涉。

正在这个时候，黄镇接到基辛格国务卿约见的邀请，要把即将上任的国务卿赛勒斯·万斯先生特别介绍给黄大使。黄镇是很高兴老朋友基辛格的这个安排的，觉得这是向美方提出交涉的一个机会。

此前，黄镇已经作过调研，对万斯的大致情况有了一点了解。

在竞选的辩论中，卡特曾批评说基辛格主宰了福特政府的外交政策，有时使人觉得是基辛格在当总统。现在要接基辛格位置的万斯，比基辛格年长六岁，已六十岁了。此人"二战"期间曾在海军服役，战后在华尔街当律师，担任过肯尼迪政府的国防部首席法律顾问，后又任约翰逊政府的国防部副部长，一度辞职回纽约重操律师旧业；1968年间曾作为美国代表团的首席副代表，参与越南问题的巴黎会议，曾与基辛格一起共事；近两年加盟卡特的竞选阵营，参加

卡特宣誓就任美国总统。

了卡特的外交政策顾问小组。万斯也曾经访问过中国。《华盛顿邮报》曾介绍说，数月之前，万斯曾应卡特的要求，为卡特准备了一份备忘录，阐述了卡特一旦当选总统后美国外交政策应有的具体目标及优先顺序。华盛顿已经有报刊介绍说万斯是将美苏缓和放在其对外政策的首要地位的"温和派"。11月大选揭晓后，有报道说万斯怀着感激和乐观的心情接受了卡特的邀请，准备出任新政府的国务卿。

1976年12月21日下午4时30分，黄镇的小车驶至华盛顿雾谷的国务院办公大楼前的时候，基辛格的助手洛德已经迎候上来了。他被引至国务院八楼基辛格办公室的时候，与大块头基辛格同坐在一张长沙发上的一个头发花白的老者就先站了起来，基辛格也站了起来。

握手寒暄之中，基辛格将新上任的国务卿万斯介绍给黄镇：

"我就要离任了，现在正忙于交代。幸好我和万斯先生共事已久，很熟，办交代就很容易。"

万斯的脸因兴奋而通红，笑着对黄镇说："我与他相互间很了解，一致的地方很多。两人连出生的月日都是同一天，5月27日。只是……"

基辛格很忌讳人家说自己比接班的万斯要年轻好多，就很快地插话说："我和万斯的哲学思想是一致的，特别是对美国外交政策的了解也是一致的。"

在大家坐下后，黄镇就说："博士，自从9月间主席辞世时你来联络处吊唁，又很久未见了。细算起来，近几年博士访华九次，与毛主席见面谈话有五次之多。"

基辛格说："与毛主席的谈话很重要，很难得。"

黄镇说："主席阐明了我们对国际形势、中美关系和各个重大国际问题的立场和观点。"

基辛格说："毛主席是阐明得很详尽、广泛和深远的。"

黄镇弦外有音地说："今后我们将据此行事。自从1969年两国领导人互通秘密口信以来，博士经历了中美关系的整个演变过程，对中美关系的发展背景和美方的承诺应该是很清楚的。"

基辛格说："是的。我在离职前想同黄大使见面，是因为我在任职期间所进行的外交事务中，打开对华关系是最有意义的一件事。作为《上海公报》的作者之一，今后作为个人，仍将为实现《上海公报》原则、促进美中两国关系正常化而努力。我个人一贯深信，一个强大的中国是世界稳定的重要因素。"说到《上海公报》，他就更加高兴起来，"大使阁下，我还清楚地记得每一次口信，记得在巴黎黄大使请我吃饭，总使我胃口大开，体重增加了几磅。"

黄镇看了看坐在一旁的万斯，就将话题引了过去："从巴黎开始，我同博士打了好几年交道，增进了了解，建立了友谊，成了老朋友。希望今后同万斯先生也能建立这种友谊。"

基辛格即刻接过话头说："这就是我今天约你来的原因，我急于将万斯先生介绍给你。万斯思想解放，他对改善美中关系也是承担了义务的。万斯深得卡特总统的信任。我前两年见过卡特。最近一次同卡特长谈了七个钟头，其中也回顾了对华关系。卡特也谈到了他对中国的理解，特别是毛泽东主席对世界形势的分析。"

这时，黄镇脸上的微笑消失了，变得严肃起来，相当克制地提出了卡特的错误讲话，说："鉴于博士是老朋友，万斯先生也访问过中国，我因而坦率地指出,最近《时代》周刊刊载了卡特的讲话,把台湾称为中国,与中华人民共和国相提并论,这是违背《上海公报》原则的。"

万斯立即表示说:"我完全接受一个中国的原则。"

基辛格从他那宽边眼镜里望了一下黄镇说:"此问题就算解决了。大使阁下很善于把握战机。"

黄镇笑说:"别忘了我是一个军人,习惯于各种各样的战斗。"

基辛格也哈哈大笑。万斯也只好跟着笑了。

黄镇又抓住机会继续说:"我还注意到不久前有报纸报道博士曾经告诉卡特,中国人说一不二。现在有人提出说什么已经有两位美国总统访问了中国,该轮到中国最高领导人来美国回访了。我们的答复,博士可以想象得到。我们反对'两个中国',在华盛顿还有台湾当局大使馆,我领导人当然不能来。美国总统可以去北京,那里除了联络处没有另一个什么美国大使馆。反对'两个中国'是原则,中国人绝不会拿原则做交易的。"

基辛格指指万斯说:"我想,我的继承人也会尊重贵国的意见的。大使阁下,元旦过后,我将在公开场合举行一个正式的午餐会,介绍你们俩见面。"

正式的见面午餐会是两个星期以后的1月8日中午在国务院大楼里举行的。在午餐会上,黄镇在有记者在场的公开场合重提《时代》杂志那篇文章把台湾称为中国的错误提法。

万斯马上解释说:"我保证,当选总统卡特总的来说,是主张坚定执行《上海公报》的。"

基辛格这才接过话来说:"美方过去曾多次明确表示,不支持'两个中国'或'一中一台'或其他类似的方式。虽然我们还没有找到解决正常化的确切方式,但是我们是在向着完成正常化的方向前进。"

黄镇立即明确地说:"中方的立场很清楚,三条:断交、撤军、废约!"

基辛格补充说:"我要告诉中国朋友,虽然美中双方的主要路线并不一定经常一致,但是为了相互了解,坦率的对话是有意义的。"

万斯说:"希望今后继续这种坦率的对话,我将郑重向卡特转达对华关系问题。"

好几家电视台报道了这次工作午餐会。次日美联社的报道说:这次会晤是很独特的，黄大使公开地来到国务院同即将离任与即将接任的美国国务卿进行一次事先宣布的会晤，这还是第一次。

■ 刚就任总统的卡特深夜潜心研读有关美中关系的重要文件

他从小就对中国抱有兴趣。在孩提时代就爱读有关浸礼传教士在中国传教的描写，爱读舅父汤姆·戈迪的中国来信及寄来的中国照片。汤姆是海军报务员，常去中国沿海的港口。后来，他长大后也成了海军军官，到了这些小时候听说过的港口。

饥饿的眼睛，褴褛的衣衫，连大姑娘也衣不蔽体，码头上挤满了向外国海员或水兵乞食的灾民，你要是给了一两片面包，就会引起他们的躁动和争夺。他在回忆录里说："他们迫切需要医院、食品和学校，还迫切需要有人去向他们传播耶稣基督是救世主的道理。"这就是吉米·卡特记忆中的中国。

1977年2月初的一天夜里，他刚刚出席了在布莱尔饭店为英格兰一个代表团举行的活动回到白宫。夜已深了，他没有去休息，而是埋头在椭圆形办公室的案上仔细研读基辛格、尼克松和中国领导人会谈的备忘录，也详读了福特总统私下对中国人所讲的话。在研读这些关于中国的文件时，他会不由自主地回忆起他年轻时对这块东方大陆的印象。

前不久，他在与万斯国务卿讨论对外政策的时候，万斯确实郑重地向他转达了黄镇对他在《时代》杂志上刊载的有关"两个中国"谈话的意见，并说中国人是很认真严肃地看待这个问题的，中国方面一向将这个问题视为原则

二战后期，卡特作为年轻的海军军官到过中国沿海港口。

问题。卡特这才意识到中国问题的复杂,他需要对此有一个全面的了解。他这才决定,让万斯将前两届政府有关中国问题的重要文件都找来让他细看一遍。

夜深人静,细读这些前任领导人的冗长谈话,却并不感到疲倦,反而觉得相当引人入胜。他从中了解到自从尼克松首次访华至今五年来,已经做了什么事,还有哪些问题悬而未决,现在他作为总统又能做多少事。

客观地说,他宣誓就任美国第三十九任总统入主白宫后,在外交上首先致力关注的并不是美中关系,而是觉得缓和美苏关系的事更为迫切。他并不把中国放在重要的战略地位上,支配卡特政府对华政策的是维持美苏关系稳定的需要,而不是努力弥补美国对付苏联机会主义时所表现的脆弱性。因而,1977年1月间,当总统的国家安全顾问们开会讨论那些需要作出分析的最重要议题时,他们就忽略了美中关系。解密的美国档案表明,顾问们按重要性依次在《总统备忘录》里共记录了十五个问题,包括各个地区的事务和巴拿马运河、南北关系以及美国在菲律宾的军事基地问题等。有关中国问题的分析列在《第24号总统备忘录》里,这个编号顺序足以说明卡特政府开始的时候并不重视对华政策。

在2月初他已经会见过苏联驻华盛顿大使多勃雷宁了,中国到底也是一个大国,在礼仪上刚就任总统的卡特不能不见一见中国驻在华盛顿的代表。这才使卡特在预定接见中国驻华盛顿联络处主任黄镇的前两天,才匆匆忙忙地做准备。

■ 卡特说:我们不应该像尼克松和基辛格那样对中国投其所好

在对华政策问题上,卡特的思路应该说还是清楚的。

尽管美国社会舆论界的政治风向已经比较倾向于美中关系正常化,但是由于历史上形成的亲台势力的影响,美国的政治气候并不完全赞成与台湾方面断绝关系。在去年总统大选的时候,两党都觉得台湾问题是一个敏感和没有突破性进展的"难题"。

福特的共和党的竞选纲领就宣称:"美国政府在与中华人民共和国关系正常化之际,应该继续支持我们的友邦中华民国及其1600万人民的自由和独立。美

卡特总统核心班子三要员，从左到右：副总统蒙代尔、总统安全事务顾问布热津斯基和国务卿万斯。

国将履行对其的各项承诺，例如与中华民国的《共同防御条约》。"

卡特的民主党的竞选政治纲领则主张："在台湾前途和平解决的范围内，尽早走向与中华人民共和国的关系正常化。"

因此，在竞选期间，卡特的有关中国问题的讲话就相当谨慎。7月间，他回答《时代》周刊记者的提问，表示说：虽然承认中国是他最终的目标，但时间表还没有确定。卡特声称：我要得到保证的是"台湾人民——中华民国或无论其怎么称呼自己——不受大陆中国的军事压制和统治"。10月间，他在接受《美国新闻与世界报道》记者采访时说：美国"势必承认中华人民共和国的客观存在"，但他"并不急于谋求与北京关系的正常化"，虽然"那是对我们有利的最后目标"。他说："我需要某种使我满意的保证，台湾不受到武力攻击，台湾人民保持相当的独立，而且我们对他们的承诺须受到尊重。"

在他认真阅读了前两届政府有关美中关系重要文件的两天后，即 2 月 8 日，黄镇应邀来到了白宫与卡特总统见面。卡特在副总统蒙代尔、国务卿万斯陪同下，与黄镇就中美关系问题交换意见。

由于卡特对美中关系正常化并不重视，这次见面的谈话就没有什么新内容。黄镇希望美国新政府继续以《上海公报》为指导，使两国关系继续得到改善。卡特也只是一般性地承诺：《上海公报》的原则过去是、现在仍然是两国关系的基石。卡特没有说在他任内要做什么，只是策略性地泛泛说：据我了解，美国已经有了两位总统及那么多高级官员访问过中国，我也希望我能作为白宫的主人，在华盛顿接待你们国家的领导人。

黄镇立即表态说：如果美国领导人访问中国，我们是欢迎的。美国人民当然是友好的，但是，只要华盛顿还有台湾的"大使"，中国领导人访美的事就没有可能。因为中国在实现中美关系正常化方面的原则立场是明确的，美国必须做到断交、撤军和废约。

这时，万斯国务卿就对黄镇说：美中关系正常化是卡特政府的最终目标，双方最终是要达到这一目标的。

黄镇当然懂得万斯使用两个"最终"的外交辞令的弦外之音，也就是说现在谈美中关系正常化还不是时候；于是，黄镇也就用外交辞令来回敬说：在实现关系正常化上，中国人是有耐心的。不过，只要你们愿意履行几年前签订的协议，我们也愿意实现关系正常化。

黄镇说到"几年前签订的协议"时，特别加强了语气，暗示了对美方没有兑现承诺的不满。

卡特政府对美中关系正常化漫不经心，本应该在 1977 年 4 月份发表的对华政策研究报告一直拖到夏季才完成。

白宫的国家安全委员会的要员们提供给卡特的《第二十四号总统备忘录》得出这样一个结论：政府应当按照前任的承诺寻求同中国的关系正常化。它承认政府将废除美台间的《共同防御条约》，撤回所有的驻台美军部队，中止与台北的外交关系。但是这一份"备忘录"没有向总统建议确定一个关系正常化的时间表，美国什么时候才需要对关系正常化作出让步都没有提及。这一份"备忘录"还这样写着：美国政府须寻求来自中国方面的一个明确的承诺，要使美国依从中国的要求全面废除美台《共同防御条约》，就必须以中国不对台湾使用武力为交换条件。

这一份关键性的档案表明，卡特没有将美中关系正常化提到议事日程上来。卡特甚至认为前任政府一向对中国人太迁就，据总统国家安全顾问布热津斯基回忆说，卡特曾经指示说，对大陆的中国人，现任政府"不应该像尼克松和基辛格那样投其所好"。

卷二十二　卡特曾经想把万斯的访问升级为建交访问

■ 鉴于毛、周已去世，卡特派万斯去北京作"试探性"访问

尽管如此，卡特的对华态度也是在逐渐发生变化的。

卡特政府制定对外政策的政治背景与他的前任福特政府大不相同。福特就需面对即将举行的大选的苛刻限制，而卡特则在其执政第一年里不受竞选政治的约束。不谙国际事务的福特制定对外政策要倚重基辛格国务卿，而卡特政府的对外政策则由其两个主要助手国务卿万斯和国家安全事务顾问布热津斯基在相互冲突与较量中决定的。万斯是力主对苏联采取缓和政策的，万斯认为，不考虑中苏关系，单就经济发展和军事力量而言，中国并不是一支"重要的战略力量"。万斯因而主张没有必要匆忙去实现美中两国关系正常化。布热津斯基则不同，这个被称为"鹰派"的国家安全顾问强烈主张对苏联采取更加强硬的政策，其对苏联武器的现代化和苏联对第三世界的介入活动深感不安，因而其与基辛格一样，十分看重中国，认为中国是一支重要的战略力量，需及时推进美中关系正常化的进程。他们两人经常在卡特的面前爆发冲突，各持自己的观点。

但是，在1977年3月间万斯的莫斯科之行碰了钉子之后，美中关系开始有了转变。3月间，万斯

1977年3月，卡特总统准备访问中国。

抱着很高的期望，飞去苏联，向苏方提出了"人权政策、裁减战略核武器的会谈"的建议，遭到了苏联领导人干脆而严厉的拒绝，而且由于其提出要求不合比例地限制苏联洲际弹道导弹数量，苏联甚至拒绝提出任何对应的建议。这真是一厢情愿，大丢面子！

于是，卡特总统开始考虑改善美中关系，以用于对苏联施加压力。万斯从莫斯科"空手"而归之后，在4月间，卡特就着手采取一系列措施，向北京方面发出了积极信号。

4月5日，国会一个高级代表团访问中国，卡特总统派儿子奇普随团去北京，并带去一封他写给华国锋主席的亲笔信，表达自己对"美中关系的高度重视"，在信中传达了一个机密的信息，美国希望与中国高级领导人扩大接触。当时邓小平尚未复出，这个国会代表团在北京得到了副总理李先念的接见。卡特在听了儿子回国后对他所作的访华报告后，就说："增进两国的交往、贸易，最后通过履行《上海公报》实现与中国关系正常化，是符合全世界和美国的利益的。"

4月6日，卡特总统告诉日本商界领导人说，他希望能在一定的时候访问中国。

4月11日，万斯国务卿与黄镇会见，将其3月访苏的情况向黄镇作了通报，同时还宣布将在今年晚些时候访问中华人民共和国。

4月15日，卡特总统在一个新闻发布会上透露，美国将定期向中国通告美苏两国战略核武器谈判的有关进展。

4月20日，卡特总统选择了前全美联合汽车工会主席雷纳德·伍德科克出任美国驻中国联络处主任。

卡特总统在4月间还命令国家安全委员会负责起草一份对华政策的详细分析和政策建议。这就是所谓[PRM24]即《第二十四号总统备忘录》。

应该指出的是，卡特政府将对华政策列为PRM-24，而且在4月份才开始进行，这本身就反映出政府当局在一开始的时候对中国政策的忽视。

鉴于当时，周恩来、毛泽东已经先后去世，中国在名义上已是华国锋执政。于是，卡特准备于8月间派万斯国务卿去北京作一次探索性的访问，摸一下中国人关于两国关系正常化的底。在万斯访华前，卡特政府内部就关于美中关系正常化的条件和时间展开了一场大辩论，专题讨论刚刚制定出的《第二十四号总统备忘录》。布热津斯基就提出寻求与中国建立一种"阻止苏联扩张"的安全关系，极力主张万斯在访华期间对实现美中关系正常化作出承诺，政府也应当采取措施反对加强美台联系。但当时，政府内大部分高级政策顾问们认为布热津斯基的这个建议步子迈得太快了。尽管布热津斯基十分孤立，他还是不断向卡特总统提出这个问题。

在讨论到实现美中关系正常化之后，如何维持美国与台湾关系问题时，美国国务院政策规划署的负责官员主张，仓促地决定美国与台湾的关系会使政府很尴尬，万斯值得去北京试一试，以求得中国对美国的最佳方案的认同。这个最佳方案就是美国在台湾仍然保持官方的存在，诸如联络处、领事馆或者类似的机构。而霍尔布鲁克、奥克森伯格等中国问题专家们则告诫说，过去的多次会谈已经表明，这种做法是中国人所不能接受的，它将阻碍两国关系发展，并主张应撤出在台湾的美国官方代表，以加速实现两国关系正常化。双方意见尖锐对立，但万斯国务卿最后赞同了政策规划署官员们的意见，准备向北京方面提出关系正常化后美国在台湾保留官方代表问题。

显然这是一个倒退，说明美方从过去政府对中国许诺了的立场退步了。熟悉情况的霍尔布鲁克、奥克森伯格只得警告说万斯这样对中国领导人说话，肯定要在北京碰钉子。

万斯在决定了去北京的既定方针后，于 6 月 29 日在亚洲协会的演讲中，明确表述了卡特政府对美中建交问题的新态度。万斯在阐述美国的整体亚洲政策时，对美中关系谈得相当多。万斯说，中国在维持世界和平方面起着非常重要的作用，因此美国不会缔结任何针对中国的条约，美国将尊重中华人民共和国的独立和统一，并将遵照《上海公报》的原则，设法走向两国关系完全正常化。万斯向中国放风说："七个星期后，我将前往北京同中国政府领导人会谈，我们要探讨双边关系正常化的途径，在这一方面，共同和互惠的努力是实现关系正常化所必需的。"其意图就是向中国暗示，中国要实现两国关系正常化就须在一些关键问题上作出让步。

6 月 30 日，卡特总统举行新闻发布会，公开表示美方要进一步改善与中国的关系。当时，美中关系问题引起了诸多记者的提问。

有记者问:"你是否能告诉我们关于处理台湾问题的事情?我们是否可能在明年承认中华人民共和国?"

卡特问答说:"我们有可能承认中华人民共和国,我本人乐意见到我们与中国关系正常化。"紧接着,他又补充说,"虽然这是我的目标之一,我们并不急于与中国关系正常化,而且在进行过程中,我们当然关心台湾人民的生活与安全。我们希望,这两个目标并不矛盾,我们不希望处于背弃台湾人民和平生存的位置。"他强调说,华盛顿要保证美中关系正常化以后,"台湾人和平的生活可以继续得以保持"。

中国领导人当然注意到了即将访华的这位国务卿关于中美关系的讲话,也注意到卡特总统这次谈到台湾时,只是说"台湾人民"而不再像去年那样使用"中华民国"的名称。卡特在上一年当选总统后,曾在对《时代》周刊记者的谈话中使用了"中华民国",后来引起中国驻美联络处黄镇主任的交涉,再加上研读了上两任总统与中国领导人的谈话记录后,在谈起台湾事务时就不再使用"中华民国"的名称。为此,有的右派议员对总统谈到台湾时不再使用"中华民国"而只说"台湾人"或"台湾地区"的提法很有意见。

中国方面也对万斯国务卿及卡特总统的讲话作了回应,国务院副总理李先念7月初在一次公开讲话中强调:台湾问题是中国的内政,中国有权决定使用什么方式包括军事手段解放台湾。李先念这一讲话也暗示,中国领导人正期待着万斯来京会谈,按照美国过去的承诺准备实现两国关系正常化,并暗示了中国人的忍耐是有限度的。

就在万斯国务卿接近预定飞赴北京的日子时,情况又有了变化。卡特总统打算扩大万斯访华的任务,不仅是作试探性的访问,而是直接与中国方面进行实质性的建交谈判,尽可能地将这一问题推向前进。

■ 卡特突然决定,将万斯的"试探性"访问改为"实质性"访问

卡特总统的这一最新决定,是在7月30日作出的。

在7月间,卡特总统在接见即将担任美国驻中国联络处主任的伍德科克时,

在布热津斯基的敦促下，他对伍德科克交底说："我认为关系正常化是应该的，而且美国公众也是接受的，为此我愿意承担政治上的责任。"他还说："我们将采取具体措施，稍微收缩我们与台湾的关系，从而表明我们对关系正常化是认真的。"他嘱咐伍德科克以这样的政策观念去与中国人打交道，并准备8月间万斯对北京的访问。

7月30日这天，为准备万斯访华，卡特召集了一个长达三个钟头的高层决策会议，为了保密，参加的人仅限于国务卿、国家安全事务助理和国防部长及个别助手。由于在这一个时期，美苏关系变幻莫测，布热津斯基就不停地敦促卡特推进美中关系。在这个时候，卡特突然表示，他想完成美中关系正常化。这就产生了7月30日这天的决策会议。

卡特总统在这个会上作出了与中国实现关系正常化的内部决定。他告诉万斯说：你到了北京可以直接谈判建交问题，而且尽可能地将这一问题推向前进。他说："赛（万斯的简称），将我们所有的观点放到台面上，充分讲清我们的全部立场。"他又说："我的全部政治经验告诉我，把困难的决策拖延下去不予解决是绝对没有好处的。"

在这次会议上，卡特总统倾向采用"最低限度"立场的三条来与中国提出的三条"断交、废约、撤军"相对应。美方这三条是：

（1）建交不能阻止美方继续向台湾出售武器；

（2）美国人民可以继续、不被影响地与台湾保持非官方的文化、经济和其他方面的联系；

（3）建交时，北京将不反驳美国的单方面声明，期待台湾问题和平的解决。

卡特说，如果中国人接受这三条，他准备完成美中关系正常化；如果中国人不愿意，那只好算了，他决不让步，我们不要激怒国内的选民和各派利益集团。他甚至授权万斯起草一份建交公报草稿，一旦中国方面对美国的立场作出积极的反应，就在北京发表建交公报。

会后，万斯立即进行起草这份公报。8月初，卡特批准了这份建交公报草案。应该说，万斯在8月下旬飞赴北京的时候，口袋里是揣着一份拟好的建交公报草稿的。

但是，卡特心中还有一层顾虑，这就是担心国会内亲台势力的反应。因为在 6、7 月间，美国政坛已经传言四起，传说美中关系正常化可能在万斯的北京之行内完成。卡特甚至估计台湾方面渗透进政府要害部门获得了绝密情报。此时，台北当局和美国亲台势力极为紧张。台湾国民党决定，不惜花一笔钱财，在美国发起一次强大的呼吁活动，要求阻止或者延缓卡特政府可能与中国建交的决定。短短一段时间内，电报、信件和电话潮水似的涌向白宫、国务院和国会山，抗议万斯国务卿的北京之行。许多文章和社论纷纷出现在各大报刊的版面上，反对美国进一步削弱与台湾的军事和外交关系的任何行动。在亲台势力的策动下，有三千五百名美国社会各界人士联名给卡特总统写信，督促总统"继续保持与中华民国的外交关系"。连卡特的佐治亚州老家也有十二位居民受台北当局邀请，免费到台湾旅游，回来后告诉卡特说台湾如何如何，遗弃台湾是何等的错误和不应该。

上述种种，虽说使卡特有所顾虑，却不能阻止他顺应国际潮流而考虑美中关系正常化的问题。在批准了万斯拟的建交公报草稿后，卡特想起了一个民主党的老朋友，这位朋友在参议院里有很大的影响。

他要请这个人帮一下忙。

■ 爱德华·肯尼迪最早提出承认中国，曾想抢在尼克松之前访问北京

8 月 15 日，也即是万斯赴北京访问的一个星期之前，一个在美国很有影响的人物突然发表了一个有关美中关系的激进演讲，主张美国应该原则性地接受北京关于美国必须与台湾"断交、废约、撤军"的三个条件，让美中关系正常化尽快地实现。

这个很有影响的人物就是爱德华·肯尼迪。

> 我们必须结束在台湾的外交承认和《安全防御条约》，必须结束与台湾正式的外交关系。在与中国实现从 1972 年开始的关系正常化的问题上，美国原则上可以接受北京的三个条件。实际上，我们与台湾的

肯尼迪总统在任后期，考虑过打开对华关系。

《共同防御条约》随着条约的到期而将自动废除。美中两国关系正常化应当尽可能早地实现，时间不应晚于1978年……

在此同时，我们十分关注台湾的安全，我们要清楚地表明，我们反对用武力解决台湾问题。我们需要通过创造性的外交活动，鼓励中国人也单方面表明他们的忍耐性和他们愿意选择和平方式解决台湾问题的意图。除非或者直到台湾和中华人民共和国的问题可以得到和平的解决之前，我们将继续向台湾提供防御性武器。

另一方面，我们也认为，如果延缓美中关系的正常化，那将要危及美国在中美苏大三角关系中十分有利的位置，而且可能很快导致中苏之间有限的和解。

这是爱德华·肯尼迪参议员8月15日在波士顿世界事务委员会的演讲，他在演讲中专门谈到了美中关系。由具有显赫身份和地位的肯尼迪，提出美中关系正常化要在原则上接受北京的三个条件，还主张时间不晚于1978年，应该说是一个不寻常的举动。

当这位有运动员身材、相貌英俊漂亮而极具领袖魅力的参议员演讲完毕，走出会议厅的时候，有个亲台记者问肯尼迪说："不知道你为什么对大陆中共竟然具有如此的好感？为什么抱有如此的深情？"

肯尼迪回答说："我本人对台湾及大陆都不含有任何个人的偏见，我只是觉得我们生活在这个国际社会，当然要顺应发展中的国际潮流而已。台湾与大陆都是中国人，我主张中国人自己处理好自己的事情，这完全是符合美利坚合众国的利益的。"

爱德华·穆尔·肯尼迪是著名的肯尼迪家族剩下的主要人物。

肯尼迪家族是美国鼎鼎有名的家族，这个家族的辉煌与不幸都一样出名。

与美国其他显赫家族相比，肯尼迪家族崛起得晚，但在权势上的显赫与命运的多舛也是其他家族所不及的。老肯尼迪叫约瑟夫·肯尼迪，出生于波士顿的一个有钱的爱尔兰裔的客栈经营人的家庭。第一次世界大战开始时，在洛克菲勒、福特等家族在美国甚至世界上很有影响时，刚从哈佛大学毕业不久的约瑟夫刚在银行里开始他的事业。他后来转到股票交易所谋生，也曾在造船厂工作，还成立了一个后来改名叫"派拉蒙"的有名的电影公司，成为波士顿的头号名人并和市长的女儿结了婚。约瑟夫在操纵股票市场时赚了钱，20世纪30年代初，肯尼迪为富兰克林·罗斯福竞选总统提供主要资金。后来罗斯福总统先后任命肯尼迪担任证券交易委员会、海事委员会的领导人。1937年罗斯福又任命他为驻英大使。老肯尼迪后来在援助盟国的问题上与罗斯福总统有分歧而引退。肯尼迪家族在20世纪60年代为美国提供了一个年轻有为的总统约翰·肯尼迪。约翰·肯尼迪被称誉为"为美国人重新燃起理想的火花"的总统。

老肯尼迪笃信天主教，生了九个儿女。小约瑟夫·肯尼迪是海军飞行员，在第二次世界大战中阵亡；担任总统的约翰·肯尼迪在达拉斯市被刺去世；另一个哥哥罗伯特·肯尼迪担任司法部长，也被暗杀而去世；一个姐姐凯瑟琳也在一次飞行失事中死亡。爱德华·肯尼迪是肯尼迪九兄妹中年纪最小的一个，在一个深夜也曾驾车失事坠入桥下，其同车的女友玛丽伤重死去，他却活了下来。他1962年开始任美国参议员，还担任过参议院民主党领袖。他在公开场合的讲话，当然是有相当分量的。他保持了肯尼迪家族的魅力。

我们必须提到的是，爱德华·肯尼迪是美国第一批主张承认中华人民共和国的民主党参议员之一，早在20世纪60年代后期，在约翰·肯尼迪总统尚未遇刺之前，他就向总统建议过，美国最终将不能不面对现实，承认共产党中国。他所在的马萨诸塞州是当年反越战情绪最强烈的州，他早就想去访问北京，后来却让尼克松在1972年抢了先。中国在华盛顿设立驻美联络处之后，他曾主动在国会提出：要让中国驻美联络处的官员享有外交官的地位和豁免权，要将中国驻美联络处变为大使馆，将台湾驻美大使馆变为联络处。因为中国方面不赞成他的"位置互换"说，国会就采纳了他的建议的前半部分。

正因为爱德华有这些表现，卡特才想起找他帮忙。

早在1976年总统大选时，爱德华·肯尼迪就曾给卡特帮过大忙。在卡特当选总统的前一年，全美国有3／4的人从未听说过他的名字，全国有影响力的传媒界很少注意到卡特在1974年12月12日宣布竞选美国总统。当时，各地新闻界的人士与政界观察家大都认为，公认的领袖人物爱德华·肯尼迪或者休伯特·汉弗莱将在1976年总统竞选中获胜。如果是肯尼迪与汉弗莱两者中的任何一个要参加竞选的话，将会击败卡特赢得胜利。但是，首先是爱德华。肯尼迪审慎地拒绝了民主党候选人的提名。汉弗莱接着也宣布不参加竞选，这才保证了卡特竞选成功。即使是现在，大多数观察家都认为在卡特离职后，肯尼迪很有可能获得民主党的提名。

多年以后，经档案解密，才知道爱德华·肯尼迪在8月15日的这次演讲，是卡特总统为尽早实现美中关系正常化放出的一个"试探性的气球"。

爱德华·肯尼迪愿意为卡特帮这个忙。这次肯尼迪的讲稿事先经过国务院官员过目。卡特借助肯尼迪在国会的影响力，想了解一下国内反对派人士对这一重大政策转变的态度和承受能力。同时，也是向中国领导人暗示，卡特政府正在认真地考虑北京提出的建交三原则。

卷二十三　美国"头号处理麻烦问题专家"碰了邓小平的钉子

■ 再好的猫也没办法一口吃掉两条鱼

在爱德华·肯尼迪为卡特放出试探性"气球"的时候,卡特又面临着新的情况,不得不推迟了美中建交的重大外交行动。

这个新的情况是,在接近8月中旬的时候,经过了长达六个多月的紧张谈判,卡特政府与巴拿马政府就两个巴拿马运河的条约终于达成协议。按美国的有关法律,协议需国会批准才生效,卡特不能不集中精力以寻求国会对新条约的支持。

美国有一条谚语说,"再好的猫也没办法一口吃掉两条鱼"。在副总统蒙代尔的提醒下,卡特认识到,在国会批准巴拿马运河协议之前,不能将与中华人民共和国建交这样的敏感问题来同时面对国会的一些批评者,总统应该暂缓美中建交行动。

卡特后来在回忆录中写道:

> 巴拿马问题解决之前,我不想在中国问题上有任何举动。这时参议员和一些"亲台集团"的成员对巴拿马运河条约正犹豫不决,任何对台湾的行动都可能使他们反对我们签署新的巴拿马运河协议。

于是,万斯的北京之行,又从"实质性"的访问,恢复成原来定的"试探性"访问。临行前,卡特总统同意了万斯的提议,在台湾问

美国工会领袖伍德科克。

题上向中国人提出一个"最大限度"立场，即要求北京放弃使用武力，并同意美国在台湾任命一些政府官员，在非官方的机构里代表美国在台湾的利益。万斯并不期望中国会接受这些条件，这些条件美国最终要放弃的，但是将美国"最大限度"立场提出来，可以试探中国方面可能的灵活程度。

8月初，为万斯打前站的最后一批美国官员抵达北京，他们告诉美国驻华联络处主任伍德科克，万斯此次访华所带的提案中可能包括在实现关系正常化后美国将继续维持其在台北有官方存在的要求。伍德科克听了后就断言，万斯的访华将不可能推进实现美中关系正常化的进程。

这样，在准备就绪以后，万斯一行于8月22日下午飞往北京。

万斯看到满街的欢呼人群，自以为受到热烈欢迎

赛勒斯·万斯被卡特所看中，接替大名鼎鼎的基辛格出任新政府的国务卿，除了在竞选期间，他曾经担任卡特竞选班子里的外交政策顾问小组主要成员之外，还因为他在美国政坛享有"美国头号处理麻烦问题专家"的美誉。出任美国第五十七任国务卿这一年，他刚满六十岁。

他这个"美国头号麻烦处理专家"的雅号，确实得之不易！

他早年在纽约担任律师。20世纪50年代后期开始到国会担任一些委员会的法律顾问。60年代初，他进入了肯尼迪内阁，先后担任国防部首席法律顾问、陆军部长和国防部副部长，在任期间推动了美国陆军的现代化，为提高陆军打击力量的灵活性作出了贡献。60年代后期曾代表约翰逊总统赴巴拿马、多米尼加和越南处理一些十分棘手的事务。1968年5月，关于越南战争的第一次正式谈判在巴黎召开时，约翰逊又挑选他作为美国代表团首席副代表。由于他的谈判经验丰富、表现出色，才被誉为"头号麻烦处理专家"。他自己也十分自信，认为能调处那些国务院一般专家难以解决的矛盾。

他曾经在朋友聚会中私下说过，他之所以能够处理一些麻烦，完全是得益于他的母亲。

他幼年丧父,日子很苦,全靠母亲将其抚养成人。母亲经常耳提面命地教育他,凡事要么不做,要做就必须做得出色。这对万斯影响很大,使他从小就养成了做事执著和强烈的进取精神。在青少年时代,他以这种不懈的进取精神,先后在著名的耶鲁大学经济系、法学系成为优材生。后来在政府中任职,也因在处理困难问题时的毅力与能力成为佼佼者而获得了国家首脑人物的青睐。

但是,他出任卡特政府的国务卿后,其处理麻烦的能力就在挑战中受挫。当时,卡特政府将处理对苏关系视为"头号麻烦",面临的主要任务就是遏制苏联的扩张,同时又要努力缓和美苏之间的紧张关系。1977年初,如何继续进行第二阶段限制战略核武器谈判就成了美苏关系中最迫切的问题。因此,他就任国务卿后的第一次出访,就是前往莫斯科,与苏联政府就谈判问题进行商讨。他提出了卡特的全面削减洲际弹道导弹方案,但遭到了勃列日涅夫的断然拒绝。他的莫斯科之行碰了钉子,空手而返。

从莫斯科回来不久,经过一段时间的准备,他开始了访问北京之行。他率

1977年3月,卡特(左二)宣布伍德科克(左一)出使中国。

领的一行人是于 1977 年 8 月 22 日下午飞抵北京的，中国外交部部长黄华等官员到首都机场迎接。

车队进城，在前往钓鱼台国宾馆的路上，只见到处红旗飘扬，还有挥舞小旗的队伍，有的地方还像唐人街过节似的燃放起鞭炮，情绪很热烈。车队经过天安门广场时，更是人山人海，鲜花如浪红旗如潮。望着车窗外的这些情景，他想起在准备此次访问时研读尼克松、福特访华的记录，都有记载称：他们抵达北京只有有关领导人与少数群众在机场欢迎，场面冷清，尼克松更记载说根本看不到类似访问布加勒斯特时的夹道欢迎、万人空巷的热烈场面。

万斯想着想着，未免有些喜出望外。他有点自我发挥似的联想着：中国人如此热烈地欢迎自己，超过了过去对两届美国总统的欢迎，这说明在毛泽东、周恩来之后，新的中国领导层有求于美国，此次美方准备在台湾问题上采取强硬立场，坚持下去必有所获。

他脸上的表情是洋洋得意的。

当他不无欣喜地向黄华问起这些欢迎群众时，黄华这才淡然地告诉他："这是北京城里的市民欢庆中国共产党第十一届代表大会闭幕，群众高呼的口号是欢呼华国锋当选中共中央主席、邓小平当选中共中央副主席。群众尤其是在欢呼邓小平再次回到领导岗位上来。"

■ 美国"头号麻烦处理专家"碰了邓小平的钉子

他这才知道群众是在欢呼那个有名的矮个子邓小平的复出，他 1975 年访华时就曾经与邓小平见过面，而且对邓有很深的印象。后来听说他被激进派打倒了。看来这个矮个子在中国是很得人心的。群众的欢呼与他的来访风马牛不相及。他的心骤然冷了下来，又望了望黄华那张没有表情的脸，这才意识到即将开始的谈判将是极为艰巨的。

8 月 23 日上午，黄华与万斯举行了第一轮会谈。

寒暄过后，万斯将精心准备的一沓材料拿到桌面上，直奔主题地说：外长先生，只要我们双方能够寻求一个基础，不致危害中国人民自己和平解放台湾问题的前景，并使美国方面同台湾的非正式接触得以继续，那么，卡特总统就准备实现美中关系正常化。《上海公报》承认只有一个中国，因此，我们准备承认中华人民共和国是中国唯一合法政府。美国同台湾的《防御条约》即将终止，美国将从台湾全部撤退武装力量和军事设施。但是，必须通过一项非正式协定，让美国政府的人员继续留在台湾。

黄华用冷峻的目光盯望着万斯。

万斯按照所准备的方案，继续解释说：是为了确保美国与台湾在诸如贸易、投资、旅游及科学文化等领域正在开展的交流活动，美国政府官员以非官方的形式留驻台湾是必要的。这种驻台人员不具有外交官性质，没有国旗、政府印鉴等大使馆的特征或权力。美国政府准备在适当的时候公开声明希望和平解决台湾问题，表达它对中国人民自己和平解决台湾问题的关心和兴趣。希望中国方面不发表反对美国政府声明的声明，也不要重申使用武力解放台湾。

万斯刚刚说完，黄华即板着面孔明确地拒绝说："倒退是没有出路的！"

黄华重申了中国关于中美实现关系正常化三个原则性的条件：废约、撤军、断交。

会谈立即陷入了僵局。

8月24日下午，刚刚正式复出的邓小平在人民大会堂接见了万斯。

七十多岁的邓小平身体健壮，脸色红润。为了活跃气氛，邓小平拿起"熊猫"牌香烟，递给万斯一支香烟，随和而幽默地对在场的美方人员说："吸烟的请自便，按照毛主席的指示：自力更生，丰衣足食。"

气氛活跃了，紧张感消除了。邓小平还以其特有的政治家风度对万斯说："阁下，我们上次见面，恰在我第二次被撤职以前。你是唯一知道我是两次复活过来的人哟。"

万斯也笑着说："按西方的说法，复活过来的人，是得到上帝特别的关照的。"

玩笑说过，言归正题。

万斯简短重申了美国的立场后，邓小平就摇摇头说："国务卿阁下讲的美国立场，从《上海公报》后退了。"

邓小平随手从桌面的资料中拿出一份文件，念了一段中美会谈关于台湾问题的备忘录之后，强调说：

"你的前任基辛格博士曾经承认贵国欠了中国的债，并说中美关系正常化将按照中国的条件实现。福特总统1975年12月访华时曾说，在1976年美国大选后，他将处在较好的地位，可以按照日本的方式来实现两国关系正常化。多数中国人能够接受的是'日本模式'。阁下提出的所谓的美国政府人员在非正式安排下留在台湾，是一个没有标志或大门上没有国旗的大使馆。"

外交部档案馆编辑、世界知识出版社出版的《邓小平外交活动大事记》中，记述了邓小平对万斯谈话的最重要的部分：

> 我们多次说过，要实现中美关系正常化有三个条件：废约、撤军、断交，按"日本方式"。老实说，按"日本方式"本身就是一个让步。我们也多次说过，中国人是有耐心的，如果你们美国人还需要台湾的话，我们也可以等一等。现在是要美国下决心。前年国务卿访华时，我曾讲过，事情要干干脆脆解决，何必拖泥带水。至于解放台湾，那是中国的内政。我们准备在按"三个条件"实现中美建交以后，在没有美国参与的条件下，力求通过和平方式解决，但不排除通过军事、武力解决。对台湾问题，不要只看到你们在那里有多少资产、多少投资、什么"老朋友"，要看到民族感情。

接见过后，邓小平设宴招待万斯国务卿和夫人一行。在杯盏交错之间，在陈年茅台酒的芳香中，邓小平对万斯说："关于台湾同大陆统一的问题，还是让中国人自己来解决，我们中国人是有能力解决这个问题的，奉劝美国朋友不必为此替我们担忧。"十天后，9月6日下午，邓小平在接见美联社社长兼总经理基恩·富勒为团长的美联社董事会代表团时指出：万斯之行是中美关系的一个倒退，他从其前任的立场上倒退了。当时，随团的一个美联社记者评述万斯访华之行说：万斯没有审时度势，过于自信，使这位号称"解决头号麻烦"的专家在北京遇到了麻烦，碰了邓小平先生的硬钉子。事后，万斯先生曾经对人说过：我这一生曾经奉命碰过许多硬钉子，最难碰的是"邓小平的钉子"。但是，万斯去北京之前，因为不急于实现美中关系正常化，早就打算在台湾问题上对中国"持尽可能强硬的立场"；这样，他碰上邓小平的硬钉子，是在所难免的。他的北京之行虽然没有就美中关系正常化达成协议，但有助于卡特政府更好地理解中国政府在这一问题上的坚定立场。万斯这次访华之后，仍然热衷于搞其美苏缓和，美中关系正常化在其心目中仍然处于"次要地位"。

卷二十四　卡特说：希望你在同中国人打交道方面也同恋爱一样成功

■ 卡特说：希望你在同中国人打交道方面也同恋爱一样成功

其他的工作人员被总统示意退出去之后，白宫的椭圆形办公室里只剩下他们两人了。他结巴了好一会儿，眼睛里透出幸福的亮光，对卡特说："吉米，我在北京恋爱了……"

卡特先是吃惊，都已经快七十岁的人，怎么又浪漫起来啦！然后，就问："跟什么人？中国女人？"

他说："不，不是中国女人，是我们驻北京外交使团里的一个美国护士。她的名字叫姗伦·图依。我们俩打算结婚。"

卡特忍不住哈哈大笑。笑罢，也觉得这位老朋友如此高龄孤身生活在遥远的北京，也该有一个好伴侣，就说："伦纳德，我该给她写几句贺词。"

在旁边插着星条旗的办公桌上，卡特立即拿起笔，在总统专用信笺上，一口气写了几句祝贺幸福美满的话。他甜蜜蜜地看着总统写着贺词。

卡特将这张写着祝愿的字条递给他的时候，幽默地表示说：

"伦纳德，我希望你在北京同中国人打交道方面也那么成功！"

伦纳德·伍德科克满头银发，神采奕奕。他在北京担任美国驻华联络处主任半年多以后，于1978年2月间按常规回国述职，并办理与前妻的离婚手续。

他来到总统椭圆形办公室，在国务院有关官员在场时，情绪平和地进行了关于中国问题的例行讨论。谈至最后，伍德科克突然变得有些激动了，连说话都有些结结巴巴，说想要求同总统单独谈一谈。

在卡特示意其他人离开后，两人间就发生了刚才记述的关于恋爱与美中关系正常化的谈话。在关于恋爱的话题结束后，伍德科克再次谈起，希望总统去中国访问。卡特回答说："我是很想去中国的，但是关于我作为美国总统访华之事,原则已经决定了;这就是,在中国高级领导人对尼克松总统和福特总统的正式访问作回访之前,我不去访问。"

伍德科克当然不会辜负卡特的期望。

■ 美国驻华联络处主任在北京举行"老少配"婚礼

新郎六十七岁,新娘三十九岁,相差二十八岁,典型的一对老少配。新郎伍德科克是美国驻华联络处主任,新娘姗伦是联络处里训练有素的职业护士。两人在美国时并不认识,先后漂洋过海来到中国首都北京后,在联络处里朝夕与共,相识相知,情投意合,产生了爱意,不到一年就互定终身。两人虽是一对美国公民,却是在美国驻华联络处附近的北京朝阳区婚姻登记机关领取了中国的结婚证。

这样的婚事挺新鲜。

卡特总统给新娘写来了贺信,万斯国务卿发来了贺电,各国驻北京的外交

在驻华联络处结婚的伍德科克夫妇。

卡特在白宫会见伍德科克夫妇。

官们纷纷登门祝贺，好不热闹。像这样的婚事在整个北京外交界尚属首次，至今还传为佳话。

老头出任驻华联络处主任之前，在美国已与前妻分居达15年之久，尚未办理离婚手续。于是，1978年初，老头便借回国述职的机会，同时办理与前妻的离婚手续。在美国期间，伍德科克会见了中国驻美国联络处代主任韩叙，讨论了美中关系的进展，还挑选了精通华语的芮效俭做他的副手（此人后来当了驻华大使）；同时，他也坦率地告诉韩叙，回北京他就要办喜事了。

伍德科克于2月中旬返回北京，与姗伦办妥结婚手续，4月12日通知中国外交部，将于4月22日举行结婚庆宴，邀请外交部及有关部门领导出席。外交无小事，外交部的主管领导接到请柬后，曾开会研究参加婚宴之事。

卡特总统于1977年4月间宣布对这个伦纳德·伍德科克的任命时，从华盛顿通过驻华联络处转给中国政府的该人履历表，给中国方面的印象并不好。当时，外交部有个负责同志认为：尼克松总统任命的首任驻华联络处主任布鲁斯虽说年纪也很大，但他是一个鼎鼎有名的职业外交家，在美国外交界享有很高的威信；福特总统任命的驻华联络处主任布什，是共和党的领袖级人物，按资格当时就可以当副总统。布鲁斯与布什都是中方十分首肯的人物。现在，卡特总统任命的这个伍德科克，年纪太大了，是个会计出身的工会领袖，卡特选他来北京真是有"裙带"之嫌。

据当时在外交部参与处理美国事务的王立回忆，开始时，中国方面对伍德科克印象不佳，主要原因有三：

其一，他并不是职业外交官，而是一个快七十岁的老头了，刚从美国联合汽车工人工会主席的职务上卸任退休下来，从未涉足过中美关系，也不了解中国。据了解，其之所以被卡特总统派驻中国，皆因与卡特私交很好，竞选时动用了大批工会力量支持卡特。卡特安排他出任大使，纯属政治报答性质。就连他本人也毫不掩饰地说，他曾组织工会人马在好几个州协助卡特击败对手，尤其在关键的新罕布什尔州取得了重要的胜利。

其二，此人是职业工会领袖，其一生事业集中在组织工会和协调劳资纠纷，长期担任保守的联合汽车工人工会的领导人；由于当时受"左"的阶级分析方法的影响，中方认为这种工会是资本家统治、欺骗和剥削工人的工具，是为阶级调和服务的。

其三，此人是"美苏关系委员会"等组织的成员，在政界与外交界也十分活跃，而"美苏关系委员会"主张稳定美苏关系与缓和东西方紧张局势，这与当时中方奉行的联美抗苏的"一条线"战略背道而驰。

尽管中方对其初步印象不佳，评价不高，考虑到卡特总统已经提名，当然不便拒绝。但是，等伍德科克到达北京就任后，通过具体接触，中方对伍德科克老先生的印象就渐渐转变了。

■ 中国方面很快就改变了对伍德科克主任的印象

通过实际接触，中方才对这个白发苍苍的美国老头有了更好的了解，发现他对中国人民怀有友好的感情，为人也正直、热情、坦率，是一位致力于促进中美关系正常化的大使，是中国人民和美国人民交往与合作的推动者。

6月28日，在美国参议院外委会讨论总统这项任命的听证会上，各方对伍德科克的答辩是称赞有加的。美国对派驻国外的大使都要通过国会听证这个关口，在一般情况下，参议员们对批准大使任命是很刁难的。过去也曾有过总统的驻外大使提名遭国会否决。

伍德科克首先在听证会上表示说：中国是个战略地位十分重要的国家，希望美中能保持良好的关系。鉴于中国有十一亿人口，又拥有核力量，经济上组织能力强，美国与中国搞好关系只会对世界和平与稳定有好处。他也承认自己不是中国问题专家，甚至一次都没有去过中国，但他将尽快熟悉情况，完成自己的使命。

共和党参议员佩尔等人追问伍德科克在台湾问题上的立场，包括对维持美台《共同防御条约》的看法。

伍德科克答道："我赞成美国政府的对华政策，美国会致力维护台湾人民的安全。至于《共同防御条约》是否会废除，那要看情况发展。如果在美国满意的条件下与中国达成关系正常化协议，那将产生不可避免的后果，那时律师们会对废约问题作出判断。"

显然，这个回答是模棱两可的。佩尔等亲台议员当然并不满足，就紧紧向其追问："现在我们不是向律师请教，而是问你作为驻华联络处主任自己的观点如何？"

伍德科克机智地应答说："你们也知道，驻外大使是政策的执行者，而不是政策的制定者，我习惯于我这个角色。"

资深参议员贾维茨、格里芬等问到美中两国经济贸易的前景时，伍德科克回答说："美中双边贸易暂时不会很大，它有一个逐渐发展的过程。因为中国强调自力更生为主，但中国在石油开发、农业发展等领域有很大的潜力，有些欧洲国家和日本等在对华贸易上已经走在前面，美国不应落在后面。"

伍德科克的回答获得了几位老资格参议员的称赞，因而极力推荐。参院外委会就顺利地通过了对他的任命。

伍德科克于7月26日抵达北京就任。在他的几次谈话中，都强调了要在《上海公报》所确定的原则下，推动与中国关系的正常化。他表示，美中建立正常关系是世界和平的需要。他在一次谈话中，还进一步谈到，美国国内有些人不愿意在美中关系正常化上迈出步子，一是说关系正常化了，中美贸易也大不了；二是说互设联络处和大使馆没有多大区别。但是，伍德科克不同意这些观点，他认为美中建立良好关系是事关世界和平与稳定的大事，不能局限于从贸易和交流上看问题。他认为中国的变化很大，特别是"人们能更自由地表达自己的思想了"。

在他协助万斯国务卿访华后，中国方面对他的印象就更好了。

万斯访华碰钉子后，美国政府内部在对华政策的问题上争论日趋激烈。以万斯国务卿为代表的一方主张同苏联缓和关系，加紧同苏联谈判裁减军备，不应因同中国关系正常化而刺激苏联。另一方以总统国家安全事务助理布热津斯基为代表，主张加速与中国关系正常化，共同对付苏联的对外扩张势头。伍德科克既赞成与苏联谈判，也赞成与中国改善关系，主张不应因与苏联谈判和辩论巴拿马运河问题而推迟对华关系正常化。他实际上是站在布热津斯基这边，还支持卡特总统派布热津斯基访问北京。

婚礼嘛，本来这是可参加也可以不参加的事情，但伍德科克来华就职后，时间虽不长，却给中国方面很好的印象，因此，外交部有好几位领导人都出席了伍德科克的这次独具特色的婚宴。外交部部长黄华赠送伍德科克夫妇咖啡具一套。主管美国事务的副部长章文晋、外交学会会长郝德青、国际贸易促进会会长王耀庭、外交部副部长王海容等都赠送了礼品，祝贺新婚。去贺婚的人回来都交口称赞新娘子是一个很贤淑的妻子，其亲手做的美式巧克力蛋糕特别好吃。

■ 伍德科克对万斯说：你不给对华政策新指示我就不回北京

他去年夏天刚上任的时候，国务院及国会都有人认为这个会计出身的老工会领袖并不熟悉中国，不一定适合担负那么艰巨而复杂的差使。但过了不久，人们很快就对他刮目相看了。他虽年事已高，但到了北京后，却对美中关系深入地进行了调查研究，他很快就得出了自己的结论：美国的对华政策是自相矛盾的。

他身为美国派驻北京的代表，当然希望看到两国关系的改善；所以，他对1977年8月万斯访华缺乏进展而感到失望。1977年9月间，他回国参加了联大期间万斯与黄华在纽约的会谈后，接到国务院的通知说，三四天后他将得到关系正常化的书面新指示。他就耐心等了一个礼拜，新指示仍然没有准备好。结果一拖就是数周。他向国务院表示了不满，甚至扬言说，要是不给他一个新的谈判的立场，他不愿回北京去见他的中国对手，就准备在华盛顿待着。他坚持要从国务院获得一个明确的指示，允许他告诉中国人，美国政府将准备撤销上次万斯所说要在台湾设立半官方联络处的立场。他愤愤地说，他不惜亲自去白宫面见总统，陈述自己的意见。

于是，万斯于10月14日会见了他，再次肯定地告诉他：你再等几天吧，新指示没有问题。其实，拖延的原因是国务院内部在是否指示伍德科克开始建交谈判的问题上存在分歧。

在等待期间，伍德科克还建议说，在这一过渡时期，美国应当坚持向台湾出售武器，来保证美国在台湾的安全利益。他说，根据他在北京几个月的亲身观察和阅读的大量文献，得出的结论是，北京武装进攻台湾的可能性很小，但要北京作出一种公开的承诺也较为困难。伍德科克曾说："当你要问一个主权政府，他们是否放弃对一个属于他们的省份使用武力，你又能期待他们说些什么呢？甚至他们根本没想使用武力，他们也不会这么说，无论有记录，还是无记录。"因为美国一方面表示要尊重中国方面的立场即中国只有一个，台湾是中国的一部分，另一方面又要求中国对自己的一个省保证不使用武力，这当然要遭到北京指责美国"干涉主权"的指控。他主张，对美国领导人来说，承认中国，并保留自己采取任何行动来保护台湾的权力,包括军售,这才是一种可行的理性选择。

考虑到他能够直接越过万斯找总统,万斯不得不在11月初再次会见了伍德科克。这次,他终于从国务卿那里得到了一个明确的答复,即美国愿意撤销万斯国务卿两个月前向中国人提出的在台设立半官方组织的条件。

他这才于11月间回到北京。

次年即1978年2月他回国述职时,就进一步对万斯国务卿建议说:"让我们和中国人建交吧,我们保留我们的权利,做一些我们必须对台湾做的事情,包括卖给台湾一些防御性的武器。"

紧接着,他应邀在全美汽车劳动工会的大会上发表评述对华政策的讲话时认为,美国不承认中国是错误的,他强调说:

美国过去的对华政策,是建立在"台北政府"代表全中国的虚幻的基础上的,这显然是错误的,美国应当纠正这个错误。……

他的这个讲话传播开来,立刻在美国引起了轩然大波。

国务院的有关主管官员立即表示了强烈的反对,认为这是有悖于国务院的现行对华政策的,并要求伍德科克公开收回这个讲话。他承受了相当大的压力,正为此感到尴尬为难时,卡特总统传话来召他到白宫去面谈。他内心未免有点紧张,猜想这次可能免不了要遭到总统的一阵当面训斥。

等他忐忑不安地如约走进椭圆形办公室,只见卡特满脸笑容,很和气地请他就座,高兴地说:

"伦纳德,我已经阅读了你有关台湾问题谈话的全部内容,我是赞同你的意见的。"

伍德科克闻之大喜,忧虑顿消。

卡特为了表示亲近,走过来与他一起并排坐在同一张长沙发上,拍着他的肩膀告诉他,布热津斯基也有与他类似的观点。

此后,他就经常应召与布热津斯基、卡特一起研究美中关系问题。可以说,伍德科克的意见促进了卡特的决策，促进了卡特批准布热津斯基于 1978 年 5 月访问北京。伍德科克的观点使他后来成了代表美国方面参加美中关系正常化谈判的正式全权代表。

有人说，在卡特政府的内部决策机制中，有两个关键人物对帮助美中关系正常化重新回到轨道上来起了重要作用。一位是布热津斯基，另一位就是伍德科克。

卷二十五　**布热津斯基克服了种种障碍终于飞往北京**

■ 白宫为黄镇饯行，黄镇在宴会中完成使美的最后一项重要使命

1977年11月3日中午，白宫一楼西端的宴会厅里热闹非常。正中云石大壁炉上方的林肯总统坐像，标志着这是美国的国宴厅。金色的灯饰、四壁的英国橡木镶板、精美典雅的餐具使宴会厅很显豪华，遗憾的是它只能容纳一百四十名宾客进餐，使得好些很有身份的人都没能出席欢送黄镇的宴会。

黄镇在奉调离开华盛顿前参加这个难得的宴会时，还接受了离任前最后一个重要使命。

这是美国副总统沃尔特·蒙代尔设宴为即将回国的中国驻华盛顿联络处主任黄镇饯行。在宴会即将结束的时候，卡特总统也赶来了。卡特向黄镇同时也是向在场的记者们说："中国派了这样一位杰出的人物作为联络处第一任主任，使美国深感荣幸！由白宫出面为一位即将离任的外交使节饯行，在美国外交史上是没有先例的。"

宴会刚开始，黄镇就在纷至沓来的赴宴者中寻找一个人。

黄镇要找的这个人就是兹比格纽·布热津斯基。

担任总统国家安全事务助理的布热津斯基是美国政府中的"鹰派"领袖，力主对苏持强硬政策，因而还获得了一个"北极熊克星"的绰号。他在卡特政府中是力主联华反苏的一个，在万斯对美中关系正常化采取拖延战略的时候，他却在积极推动美中关系正常化的尽快发展。他也是一位学者型的人物，他认为"美中关系本身就具有长远的战略意义"，因此他极力主张在批准美苏第二阶段限制战略核武器条约之前实现美中关系正常化。近年来他所采取的一种措施就是建立同中国领导人的一种对话关系，并认为或许这种对话关系就是某种战略关系的基础。他常与中国驻美联络处副主任韩叙定期会晤，在一起喝咖啡或是饮茅台，进行外交政策的探讨。这些讨论及时地被传送至北京的最高层，引

起了邓小平的关注。布热津斯基还游说美国国务院支持美中关系正常化。他同中国问题专家奥克森伯格及霍尔布鲁克多次举行了对华政策评估会。

在万斯访华碰钉子回来不久,面对停滞不前甚至有所倒退的美中关系,布热津斯基想:时机来了,该轮到我了!

他觉得自己需要对北京进行一次私人访问,觉得访华将使他在制定对华政策中获得更大的发言权,并在实现关系正常化进程中发挥作用。布热津斯基授意奥克森伯格向韩叙提出:他希望中国领导人邀请他去北京访问。与卡特关系密切的美国驻华联络处主任伍德科克也主张让布热津斯基访问北京。与中国关系亲近的民主党参议员杰克逊也曾向北京方面建议邀请布热津斯基访华。北京了解了布热津斯基的情况和想法,意识到奥克森伯格等人转达这一信息或建议的重要,立即作了回应。

黄镇就是接到北京的指示,要在这次饯别的宴会上当面向布热津斯基发出访华的口头邀请。当时还有新闻记者在场,宴会后有关的新闻很快就传播出去了。

黄镇后来回忆说,邀请布热津斯基访华是自己在担任驻华盛顿联络处主任五年半期间完成的最后一个重要使命。布热津斯基在与黄镇碰杯时,高兴地说:"祝你卓越地完成了在美国的任务,祝你回程一路平安,很高兴将在北京与你再

卡特总统夫妇为黄镇归国饯行。

次见面。"

布热津斯基愉快地接受了访问中国的邀请,却受到了国务卿万斯的强烈反对。万斯一直在美苏缓和的复杂背景下制定对华政策,如今对苏强硬的布热津斯基访华将会干扰其对华政策。万斯最担心布热津斯基可能利用这次访问,为国家安全委员会夺取美国对华政策的制定权,削弱国务院对美中两国关系正常化进程的影响,并有可能不顾损害美苏缓和的危险,加速推动美中关系正常化。

于是,万斯就极力阻止布热津斯基访华。

■ 欢送黄镇的宴会刚结束,万斯和布热津斯基就爆发了激烈争吵

欢送黄镇的午宴刚结束,万斯就打电话给布热津斯基,明确反对其访华。两人在电话里就展开了一番舌战,为此引发了激烈的争吵。万斯提出的是:是否任何一个政府官员都可以到中国去,如果可以去,应该由谁去。万斯偏爱的去中国的人选是副总统蒙代尔。与布热津斯基不同,蒙代尔没有对外政策制定权,不会对万斯控制的对华政策构成挑战。

两人只好吵到了卡特总统面前。当时,卡特对应当派谁去中国以及对华关系正常化的问题一时还不能作出决定,就将这个问题搁置起来。

其实,万斯与布热津斯基之间的这种矛盾,追溯原因,应该说是卡特自己定的决策结构造成的。卡特以万斯为外交家,以布热津斯基为智囊,以自己为最终的决策者,但卡特却从没有明确过这两位顾问各自的职责。因此,双方都想争夺外交政策的控制权,使自己手下的组织成为引导和管理决策程序的中心。一方面,国务卿万斯认为"外交不能只取决于某一个人的才能,要想站得住脚,我们的政策应由执行机关加以制定",也就是说由国务院的专家们来考虑。在他看来,国家安全委员会只要做好决策系统的管理工作就行了。另一方面,作为国家安全事务助理的布热津斯基并不认为自己的任务仅仅是在决策机制中充当一名中立的管理者。布热津斯基说:"总统和我一致认为,国务卿并不负责制定白宫的外交政策,他只应当负责国务院的政策制定工作。"与尼克松和福特相反,

卡特从不明确到底是万斯还是布热津斯基实际负责处理对外事务。总统不愿意在其班子内部进行明确的分工，这就使万斯和布热津斯基之间的矛盾竞争也愈演愈烈。美中关系正常化问题，只是他们竞争的最重要的问题之一。

1978年2月初，卡特在同驻北京联络处主任伍德科克的一次谈话中，重申他有兴趣建立与中国的关系，但他表示合适的时机是在1978年11月国会选举或是1979年底总统竞选时期开始的某个阶段。至于美苏限制战略武器谈判和实现美中关系正常化，卡特认为可以并行不悖地前进。由此看来，在万斯与布热津斯基的争论中，在1978年初的时候，卡特事实上是支持了万斯。卡特既不对关系正常化进程采取行动，也不派使者前往中国。可以说，在卡特执政的第一年，布热津斯基在与万斯的争论中败下阵来了。

尽管如此，布热津斯基仍然不懈地作出努力，来谋求卡特总统允许他去中国。因为他相信，如果他到北京，不仅可以帮助重新恢复两国关系正常化的势头，更可以在制定对华政策上享有更大的权力。1978年2月间的一天，布热津斯基利用他为总统简报国家安全问题的机会，建议说："为了弥补我们在外交政策上对远东重视不够，不如选一个时间，让我去亚洲走一趟，把日本、韩国和中国列入行程。目的不是去谈判，而是进行协商。我一直在考虑，当前在战略方面同中国保持较好关系乃是上策。"

卡特毫不犹豫地回答说："是的，你应该去的。"

万斯获悉后，赞同布热津斯基访问日本、韩国等国家，但仍然极力反对布热津斯基去中国，其内心的小算盘是担心总统国家安全事务助理通过访华把国务院对华政策的制定权夺走。这是有前车之鉴的。在尼克松总统时期，国家安全事务助理基辛格就通过秘密访华，将罗杰斯国务卿的这个权力给夺走了。万斯在给卡特总统的一份备忘录里写道："任何与中国人的谈判

被誉为卡特的"基辛格"的布热津斯基

都必须经过我。"

万斯还担心正在进行的美苏战略武器会谈会因此受到冲击。万斯明确地告诉布热津斯基说:"像你这样接近总统的人,现在不宜到中国去,以免给人以美中关系即将正常化的错觉。会使美苏正在进行的第二阶段'限武'谈判变得更加复杂。如果真需要人去中国,依我看,蒙代尔副总统去北京更为适合。"

布热津斯基明白万斯赞同让蒙代尔访华,是因为副总统并不制定外交政策,而且对万斯的对华政策并不构成威胁。为了克服国务院的阻力,布热津斯基就在政府里寻找同盟者,幸好他得到了蒙代尔副总统和布朗国防部长这两个关键人物的支持。

到了1978年春天,由于国际形势的发展变化,苏联在世界各地进行咄咄逼人的扩张攻势,并不断部署战略性核导弹,促使卡特总统重新评估他原来青睐的美苏缓和,重新认识苏联的威胁,相应地也降低了对作为其首席外交顾问的国务卿万斯的信赖。这个转变的标志是1978年3月17日卡特在威克·弗里斯特大学发表的演讲,强调美国现在是对苏联采取强硬路线的时候了!

这时,中国在1978年间解决了坚强睿智的邓小平作为毛泽东的继承人的问题,并决定加速发展中国经济,对外开放,西欧、日本等国家在进入中国这个广阔市场的方面已经抢在美国的前面。卡特这才逐渐感到早日实现美中关系正常化不仅是美国安全的需要,也符合美国的经济利益。这样,布热津斯基所主张的政策就逐渐获得了白宫的重视。卡特经过反复考虑,权衡再三,最后,于

邓小平复出,中国开始改革开放!

1978年3月间拍板支持布热津斯基，批准了他在适当的时机应邀访问北京。访问的时间，将上报总统最后确定。为此，布热津斯基为访华召开了专门会议做准备，与会的有国务院、国防部和国家安全委员会等部门主管中国事务的高级官员。

万斯眼见无法限制布热津斯基访华，就转而给卡特提出了一个备忘录，其内容是对美中关系正常化在程序上加以限定的框架。万斯想使布热津斯基在北京与中国官员的会谈只局限于战略对话的范畴内，而不讨论美中关系正常化的实质问题。万斯希望布热津斯基同其一起签字后，呈递给总统，用作布热津斯基访华的指导原则。布热津斯基婉言拒绝了。

■ 卡特精心挑选了实现中美关系正常化的一个难得的"机会窗口"

1978年4月的这天，他来到办公室的时间比往日要早，布热津斯基尚未送当日的国家安全简报来。他觉得早上头脑清醒，就再将案头的那份美中关系正常化的实施战略报告又翻了一遍。

他的思绪在报告建议的建交时间"1979年1月1日"上停留了好一会儿。

他知道，中国人会很喜欢这个日子的，中国人将每年的1月1日叫做"元旦"，是吉祥的开始的含意。离这个日期还有不到八个月了，美中双方能在这不长的时间里消除障碍和分歧吗？美方的"最低限度"方案已经调整为：要中方接受美国对台湾军售的安排。这是建交谈判的核心基本点。

中国能接受吗？

没有人能知道，结果会怎样？

分析中国政府历来对主权问题的态度，觉得中方对此问题有高度的敏感，这就更增加了谈判前途的不确定性。

他曾授意伍德科克带着这个"最低限度"建交条件回北京去作一些试探，设法将美国的这一想法准确地传递给中国人，并从中国人那里得到一些美国人可以接受的回应。1978年2月伍德科克回到北京以后，就在各种不同的场合间接地试探中国人在多大程度上可以接受美国的最低条件。从驻华联络处发回来的报告来看，伍德科克为此花了很大的力气。伍德科克利用在联络处里中国工作人员在场的公开场合宣布美国的建交设想：卡特总统已经决心与中国关系正常化，但美国要在建交后继续卖武器给台湾。这些中国工作人员都是外交部系统的，他们应该会将这些信息传递给中国的有关部门。伍德科克还游说到北京来访问的美国参议员、商人、记者等，向他们吹风，宣传美国建交立场的意义，并寻求他们对这一立场的支持。为了确保中国方面清楚地了解美国的立场，伍德科克又想出一招：逐一拜访与中国关系很好的巴基斯坦、南斯拉夫、罗马尼亚的驻华大使，据说这些大使在北京能"通天"。总之，伍德科克使尽浑身解数，能做的都做了。唯一遗憾的是，伍德科克在北京尚未能直接"通天"。这就需要总统派出特别使节飞赴北京，直接与中国最高领导人沟通了。

4月初，卡特总统和他的主要助手终于下定决心，要在1978年内完成美中关系正常化。经万斯国务卿的提议，国务院和国家安全委员会共同起草了现在摆在桌面上的这份美中关系正常化的战略实施报告。此报告详细分析了国际国内局势以及建交的利弊得失，并强烈地建议：将1979年1月1日作为美中两国建立外交关系的目标日期。

为什么确定这个日期，而不是别的日期？

当然，这主要是由国内因素所决定的。所谓国内因素，也就是要考虑到国会里有一部分很强的亲台势力。1978年的秋冬，国会选举之后，正好是一个极为难得的"时机窗口"，是一个有利于关系正常化的时机。在这个时候，国会正在休会，由于刚刚经历人事调整，反对派力量相对薄弱，很难立即组织起强有力的反击。这个"时机窗口"从秋天一直开到1979年1月中旬新一届国会开会之前。

国会开会之后，这个"窗口"就会因为两个因素的限制而关闭：一个是与苏联削减战略核武器协议一旦达成后，争取参议院的批准势必是一场战斗；二是1979年将是总统大选年，卡特的一班人要集中精力，应付总统大选，而这时必须考虑党派斗争和国会可能对某些外交政策的指责。

正在他审看这份报告时，助手进来说：爱德华·肯尼迪参议员从波士顿来了电话。他一听觉得真巧，肯尼迪是极力主张尽快实现美中关系正常化的有影响的人物，他正想就这份报告的内容听取其意见。

电话接通了，两人在说了一些别的事情后，卡特就问："你年初刚刚访问过中国，我想听听你对美中关系正常化的意见。"

电话里，肯尼迪回答说："吉米，我在访问回来后，立即在全美有线电视网上发表过讲话，呼吁尽快实现美中关系正常化。我认为，在历史上这个独一无二的期间里，中国是亚洲太平洋地区和平的关键。你想想，如果连日本都可以与中国达成妥协，美国为什么不能够呢？"

卡特问："你在北京对中国现在的领导人有什么感受？"

肯尼迪说："我感受到中国领导人对改善美中关系有着强烈的兴趣。在毛泽东、周恩来之后，接任的领导人已经稳定下来了。而且我在北京感受到，这个文明古国对西方的开放是前所未有的。中国人已经很务实了。我在北京就知道来了为数不少的德国、法国、比利时、日本等国的商家，就是没听说有几个美国商家。……"

"你认为我们什么时候与中国建交为好？"

"我作为国会参议员提醒你，从国内因素来考虑，今年真是一个十分难得的时机。"

卡特明白肯尼迪这句话的含义，正与他想的一样，真是英雄所见略同。

这天上午，在与肯尼迪通话后，他签署批准了这个与中国建交政策报告为美中关系正常化的工作纲领。

■ 卡特单独会见布热津斯基，秘密授权给他访华作实质性建交会谈

1978 年 3 月 16 日，第一个《巴拿马条约》在参议院通过的第二天，华盛顿便通知北京，布热津斯基接受了北京的邀请，具体日期待定。4 月 26 日，第二个《巴拿马条约》在参议院通过后，白宫宣布布热津斯基访华的日期定为 5 月 20 日。卡特总统准备去迎接他另一个外交决策的挑战。

布热津斯基的访华准备工作于 5 月上旬完成。

5 月 12 日上午，布热津斯基到椭圆形办公室向总统呈递最新简报，在介绍

完最近二十四小时内世界各地的情况后正要离开，卡特让他留下来，说："兹比格，你别走。我想找你专门谈一下你访华的事情。"

卡特同布热津斯基作了有关美中关系正常化问题的专门谈话。卡特表示说："我已经想好了，希望能加快关系正常化的步伐。你此次到了北京，如果看准了情况，你就可以见机行事，抓住机会，把关系正常化推进一步。"

布热津斯基兴奋起来，连眼睛都发亮了。

卡特继续说："你见到中国领导人，就说美国接受中国提出的关于关系正常化的三个基本条件，但是中方也须同意美方的两项基本条件：一、美方公开声明相信台湾问题将得到和平解决，请中方不要加以驳斥；二、美方应能继续向台湾出售武器。"

谈话后，布热津斯基在中国问题专家奥克森伯格的协助下，将总统的这次谈话整理成有五页纸的书面指示，呈交卡特审阅，请卡特签字，以作总统授权依据。

卡特并没有马上在此份书面指示上签字。他准备开一个会，给几个要员通气。

5月16日上午，卡特总统亲自在椭圆形办公室里主持召开专门会议，讨论布热津斯基即将进行的访华事宜。往常总统召开这类涉及外交事务的政策会议，通常都是万斯先作发言。这次，大家也像往常一样，先看看万斯。万斯则坐在沙发上，一反常态，闷头默不出声。

卡特知道万斯由于自己的意见未得到采纳不高兴，就示意国防部长布朗先说。布朗此次态度鲜明，极力主张总统授权布热津斯基同中国进行更为广泛、更加实质性的会谈。布朗说："我们应当借助这次访问，将美中关系正常化大大向前推进一步。"

布热津斯基也说："我觉得，我们不仅要大幅度地推进关系正常化，而且还要进一步发展美中军事战略关系。我想请总统考虑，能否在我的已经确定的访华代表团名单中，再增加助理国防部长阿布拉莫维兹，责成他在北京专门向中国方面通报全球战略形势。"

卡特基于急剧变化的美苏关系和国际形势，接受了布热津斯基和布朗的观点，因而在会上表态说："布热津斯基此次访华的主要目的，应该是建立外交关系。"

总统在这样的会议上作了决定，万斯尽管不悦，也不再持反对意见。

5月17日，卡特在此份关于美中关系正常化的书面指示上略作修改，然后签字。在这份文件中，卡特总统就中国问题作了一些重要而高度机密的决定。其中提到两个关键问题，即美国与中国的战略关系问题和美中建立外交关系问题。

关于第一个问题，卡特指示布热津斯基告诉中国人：

卡特每天早上听取布热津斯基（右）汇报安全形势。

> 我们把美中关系看做是美国全球政策的一个中心方面。美国和中国有着某些共同利益，双方有着彼此一致的长远的战略利害关系。其中最重要的是双方都反对任何国家谋求全球或者地区性霸权。所以你的访问不是战术性的，而是要表明我们对与中国建立战略合作关系的兴趣，而且这种兴趣具有根本和持久的性质。访问一开始，你就要强调这一点。

关于美中建交问题，卡特作了具有历史意义的指示：

> 你应该说明，在这个问题上，美国已经下定决心，准备向前迈进，积极谈判，搬开关系正常化道路上的各种障碍。

布热津斯基的访华之行，也就被赋予了洽谈美中关系正常化的非同一般的重要使命。

与上次万斯所做的试探性访问相比，布热津斯基的访问是真正的实质性的访问。

布热津斯基格外重视这次访问，为了表示友好，他特地准备了美国宇航员从月球取回的岩石标本和一面带到月球上又带回来的五星红旗作为礼物，并成功地说服了卡特总统给华国锋主席写了一封亲笔信。

卡特在信中写道：

> 致华主席：
> 特备月岩标本一份赠送给您和中国人民，作为我们共同追求更美好的未来的象征。
>
> 吉米·卡特

万斯对布热津斯基的行动有些耿耿于怀，在布热津斯基访华的计划确定后，他们原来商定不提前向苏联打招呼。但后来，布热津斯基得知，国务院有人未经白宫准许就擅自向苏联驻美大使馆打了招呼，以致苏联在布热津斯基抵达北京之前，就匆匆忙忙将离任已久的苏联驻华大使伊利切夫派回北京来。

在布热津斯基即将成行之际，万斯又去向卡特建议，在布热津斯基访华之前应该邀请苏联外长葛罗米柯访问美国，想以此来削弱布热津斯基访华的战略意义。布热津斯基对此表示了强烈的反对。据布热津斯基在其所著的《实力与原则》一书中记述，为了不让苏联因素干扰其访华之行，他劝说卡特拒绝了万斯的建议。这样，邀请葛罗米柯访问美国的计划就经卡特同意被推迟至布热津斯基访问中国之后。

布热津斯基临行前，台湾驻美"大使"沈剑虹求见国务院官员和布热津斯基的助手奥克森伯格，希望美国考虑改变这个访华日期，因为那一天正好是台湾新"总统"蒋经国就职典礼的日子。国务院中华民国科的官员只好说对这种巧合表示遗憾。奥克森伯格连一句道歉的话都没有，只是冷冷地说了一句："这事无法改变了。"

沈剑虹还不甘心，就要求约见布热津斯基本人。但是，布热津斯基传出来的答复是太忙了，只能在访问北京回来以后再考虑见他。沈剑虹敏锐地感觉到形势有些不妙了。

5月19日，布热津斯基一行乘专机飞离华盛顿，开始了他的中国之行，并按计划于5月20日抵达北京。

卷二十六 | 邓小平为什么答应去美国赴家宴

■ 北海公园仿膳饭庄宴席上的重要决策

1978年5月21日入夜，北海公园的白塔在夜幕中依稀可见。在公园西边的仿膳饭庄里，可见屋馆外夏夜太液池水面的波光粼粼，垂柳依依，和风拂面而来，那些中国古典特色宫廷菜与点心都做得很精致。身材矮壮的主人穿着黑色的中山装，亚麻色头发的客人结着一条黑红色的领带，两人都因交谈而有些兴奋，边谈边吃边祝酒，脸色都有点微红。

主人就是邓小平，客人就是布热津斯基。过去给毛泽东、周恩来做翻译的冀朝铸担任翻译。

这是对中美关系起了很大作用的一次谈话。布热津斯基以后多次说起这一次谈话。他多次谈起，终身都很难忘记那个夜晚……

他是在抵达北京第三天，和邓小平先是在人民大会堂谈了一个下午，接着又转换地点，在黄昏时分来到北海仿膳边吃边谈的。

他俩在交换意见过程中，谈得很充分、坦率、真诚，确有因意见不同的争吵，但整个趋势是积极的。他和在场的驻华联络处主任伍德科克都觉得，邓小平很坚定，没有作实质性的让步，但使他感到可能有某些灵活性。那天的讨论延续得很晚，气氛很好，后来的谈话越谈越多，更多带有个人的性质。邓小平不断往他的盘子里夹放令人开胃的美味佳肴，相互频频祝酒。两人都谈到了各自的家庭、生活。他在回忆中说，邓小平还对有兴趣访问美国作了一些含蓄的暗示，也作了一些神秘莫测的评论，大意说自己作为高级领导人只有三年的时间了。邓这样说时，似乎在强调美中关系的进展有某种迫切性。

他告诉邓，我忘不了这个公园的夜晚，我希望能在华盛顿我的家中回请你一次，以答谢这次宴请。邓微笑着接受了。

1978年5月，邓小平在仿膳宴请布热津斯基。

数年后，布热津斯基才知道，邓小平这次在北海公园的仿膳饭庄宴请他，是邓小平知道他这次访华的不易而给他的特殊礼遇。

当布热津斯基飞越太平洋上空的时候，真是心潮起伏不已。据他在回忆录里记述，他不由自主地将自己的这次北京之行，与1971年夏天基辛格那次秘密飞越喜马拉雅山的"波罗行动"联系起来，甚至还联想起自己与基辛格都是非美国出生的移民，却都在为美中关系正常化作出贡献。

> 这场经历深刻动人。我情不自禁联想到这种奇怪的巧合——在十年里美中关系是由两名非美国出生、接受这件任务时对中国所知不多或没有很多特殊感情，却有较多战略考虑的美国官员促成的。1972年中国的开放是一种大胆的举动，具有最大的地缘政治意义，我决心要成功地把仍将脆弱的关系变成某种更加持久、远为广泛的关系。

他提起他与基辛格有类似的出身，基辛格是在德国出生的，他是在波兰出生的。

还在飞机上的时候，他就与助手们猜测很讲究礼仪的中国会给予什么样的礼遇。他再次问起，基辛格第一次飞抵北京时有什么人去机场迎接，去年万斯抵达时又有什么人迎接。研究中国问题的专家奥克森伯格告诉他说，基辛格第一次飞抵时，迎接他的是过去与马歇尔将军在军调部共过事的叶剑英元帅，还有就是当时刚宣布出任驻加拿大大使的黄华；而去年迎接万斯国务卿的是已经担任外交部部长的黄华。他之所以问这个问题，是担心他飞抵北京时受到怠慢。他所担任的总统国家安全事务助理，在职务上与国务卿相当，会受到相同的欢迎礼仪吗？

布热津斯基一行于 5 月 20 日下午飞抵北京。

当美国专机在首都机场降落，外交部部长黄华夫妇出现在舷梯下的时候，他很高兴。他曾说："这是一个信号，说明中国人决定对这次访问给予与国务卿来访同样的规格。"

这是布热津斯基第一次访问北京，印象很新鲜。他对人民大会堂的印象是，"建筑吸收了斯大林和墨索里尼所建的纪念性建筑物的某些糟粕"。对参观毛主席纪念堂的评议是："看到有教养的中国人也学俄国人的做法，将他们的革命领导人作了防腐处理并予展出，我未能苟同，对于所谓的科学唯物主义者来说，这是一种相互矛盾的风俗。"他参观了故宫后说："这种宫殿和手工艺品卓越非凡的组合，使人们理解到中国本身一直是一种文明，其程度之高非世界上任何其他国家可比。"

■ 精于谈判谋略的布热津斯基，在见到邓小平之前不谈实质问题

布热津斯基对这次访华，可谓做了精心的准备。

他深谙谈判艺术，事前对美中两国近十年的谈判记录作了潜心研究分析，为这次谈判精心设置了一套计划。在第一天与黄华外长会谈时，"有意识地将概述美国对外政策的开场白讲得很长，很全面"。他在黄华之前先发言，连翻译在

内,用了三个半小时。他知道,在同邓小平或华国锋会面以前,发言将得到全面的研究,这就给他一个机会,清楚而充分地说明美国赞成什么,卡特政府想做的又是什么。他知道中国人认为美国政府对苏联软弱,因此他强调双方共同的战略目标及卡特振兴美国防务的努力。与此同时,他知道黄华外长授权有限,因而在对关系正常化问题上不说任何太具体的东西。他目的是想在战略问题上一旦达成若干一致意见后,再和最高领导人私下讨论此事。

在抵京的第二天下午,即5月21日下午4时零5分至6时30分,邓小平就在人民大会堂会见了布热津斯基。邓小平是在他刚刚参观了故宫博物院后就进行这次会见的。

两人一见面,邓小平就很关切地问:"你是头次来,又参观又会谈,一定很累了吧?"

布热津斯基说:"我感到很振奋!"

略作寒暄,邓小平就单刀直入,爽快地说:"我们已经直截了当地说出我们的观点和见解。中国人怎么想就怎么说,喜欢痛快。毛泽东主席是个军人,周恩来也是个军人,我也一样。"

邓小平与布热津斯基会谈。

布热津斯基就接过话题说:"军人说话直率,但美国人也有说话直率的名声。我希望你没有发现美国人或美国有什么不好理解。"

紧接着,他就直奔在与黄华会谈时回避了的话题,即关系正常化的问题。他对邓小平说:"总统要我转告你,我们准备认真地谈,不仅谈国际形势,不仅谈如何采取并行不悖的行动,来促进共同的目标和排除共同的危险,而且准备开始就两国更直接的关系问题进行更加积极的会谈。"

因为在布热津斯基与黄华的谈判中,对方丝毫没有涉及此实质问题,到现在才提出来,邓小平难免心存怀疑,锐利的眼光看了他一眼,说:"阁下,现在的问题仍旧是下决心。如果卡特总统在这个问题上下了决心,我想解决这个问题就比较容易了。……为了实现正常化,你认为应该做些什么呢?"

布热津斯基脸色显得更为严肃:"在私下谈论以及在这个小范围内保密的情况下,我可以说,总统本人准备在实际可行的情况下尽快解决这个问题。总统准备在国内承担解决两国之间突出问题的政治责任。他承认这是我们的责任,而不是你们的责任。在两国关系中,我们将继续遵循《上海公报》,遵循只有一个中国、解决台湾问题是你们自己的事情这条原则。"另一方面,他也千方百计希望中国体谅美国政府在国内,特别是在台湾问题上所遇到的困难,在美方作出期待台湾问题得到和平解决的时候,不会受到中国的强烈反驳。"这些问题是我们国内的问题也是历史遗留下来的,我们必须加以克服,但这些问题复杂、困难,在某些方面相当带有感情的色彩。这就是我们为什么必须在和平解决台湾问题上找到能够让我们表达我们的希望和期待的某种程式的原因。"

邓小平回答说:"双方都可以表达自己的意见,中国人可以说,我们何时、如何解放台湾是应由中国人自己来解决的内部问题。我们可以表达我们的看法。"

布热津斯基也曾指出说:"关系正常化以后,感到不安全的台湾可能会转向苏联。"

邓小平回答说:"我们曾经考虑过这个可能性,但既然美国要维持与台湾的经济关系,这个问题就不成其问题。"

双方的立场就接近了。

布热津斯基提议下个月开始双方就关系正常化问题进行高度机密性磋商。

邓小平立即代表中国接受这个建议，然后，又望着布热津斯基另有意味地说："我想，关于这个问题，就谈这么多了。我盼着卡特总统下决心的那一天。让我们换个话题吧。"

他立即回答说："我早就告诉过你了，卡特总统的决心已下。"

■ 布热津斯基反复强调：卡特下了决心，美国下了决心

次日下午，华国锋总理也接见了布热津斯基。他递交了从月球采回的岩石标本和带上月球又带回来的五星红旗。华国锋高兴地接过礼物后，在谈到两国关系正常化时，也使用了"如果卡特总统下了决心……"

他已经对这句话很敏感了，即回答："'如果'一词是不适合的，因为在过去两三天中，我已经说过了三至四次：卡特总统已经下了决心了。"

针对这点，他在告别宴会上，在原来准备的祝酒词中，特意加上了关于卡特总统对美中关系正常化下了决心的段落。他在祝酒词中首先表达了美国对中国的三个根本信念：第一，美国和中华人民共和国之间的友谊和关系正常化对世界和平极为重要和有益；第二，一个安全和强大的中国对美国有利；第三，一个强大、自信和参与全球事务的美国对中国有利。

然后，他加了如下一段话：

布热津斯基回忆录中文版。

美利坚合众国总统希望与强大的中国有友好联系。他决心和你们一起，在《上海公报》的范围内，克服两国关系正常化道路上尚存的障碍。在这个问题上，美国已经下了决心。

布热津斯基后来谈到了他在人民大会

堂同一个地点先后在两天内会见邓小平和华国锋的印象。他感到华与邓的迫切感相反，似乎不那么想暗示关系正常化有迅速行动的必要。邓率直、干脆利落，华似乎较为温和、不直截了当。他在回忆录《实力与原则》中记述了对邓小平的印象：

> 邓个子小，气魄却大，立即使我心折。他富有才智，机警，精明，理解很快，相当幽默，强硬而直率。和他谈话以后，我更加理解他何以能经受住政治生涯中的所有挫折，但更重要的是，他的目的感和干劲使我印象深刻。他是一位知道自己需要什么、能和谁打交道的政治领袖。

他一回到美国就立即向卡特总统提交了一份书面报告。在汇报北京之行的会谈主要内容以后，报告最后说，我们的情报估计是，中国人认为这次访问"很成功"。显然，中国人起初的计划是让我与外长全面对话，仅出于礼仪考虑而让我会见邓副总理。当中国人发现，我所处的地位既能从事广泛的战略会谈，以增进两国之间的合作，又能认真讨论正常化问题，这个计划就改变了。

卡特认为，尽管布热津斯基去中国的使命不是去谈判任何有关美中关系最后协议的，但是他干得很好，为后来取得进展奠定了基础。5月26日，外出刚刚回到华盛顿的卡特就听取了布热津斯基的当面汇报。这天，卡特在日记中这样写道：

> 我（从伊利诺伊州和西弗吉尼亚州）回到华盛顿时，兹比格已经从中国回来了。他对中国人大为倾倒。我说他着了迷了。

西方的传媒对布热津斯基的北京之行反映是积极的。法国《世界报》称这是"中美关系决定性的里程碑"。德国《法兰克福报》说"中国领导人隆重地接待布热津斯基，其规格可与接待基辛格相比"。

卷二十七 | **作为总统的卡特渴望成就，追求卓越**

■ 卡特从戴维营和平谈判联想到在北京进行的美中建交谈判

在华盛顿的气温高达 30 多摄氏度的时候，在马里兰州西北部的阿巴拉契亚山地浓郁的绿树丛中，戴维营的气温只有十多摄氏度。逶迤起伏的群山错落有致，清澈的蓝天，清澈的湖水，苍郁的森林。

戴维营，是著名的美国总统山间别墅。从山顶到山麓的树丛间，掩映着一栋栋用树名起名的别墅，错错落落，曲径通幽，房屋周围或是披覆着高大的橡树，或是耸立着挺拔的白杨，或是环绕着丛丛槐树、枫树。它始建于战前美国经济大萧条时期，就地取材，石木构建，因这一带属卡托克廷山区，最早这儿就叫"卡托克廷山庄"，只是一般的有钱人来这儿避暑。1942 年罗斯福总统觉

卡特主持埃及、以色列的戴维营和谈。（之一）

得这儿不错，就选择了这儿做总统在白宫以外的休养地，改名"香格里拉"，意即"世外桃源"。从那时起，经过相当现代化的修整，由海军管理，为历届总统所使用，作为休假、娱乐和会晤各国领导人的非正式场所。艾森豪威尔任总统时，觉得这个"香格里拉"名称有点过于虚无缥缈，就用自己五岁的长孙戴维之名重新

卡特主持埃及、以色列的戴维营和谈。（之二）

将它命名。从此，这个地方就叫做戴维营。在这儿，罗斯福会晤过丘吉尔，艾森豪威尔会晤过赫鲁晓夫，尼克松会晤过勃列日涅夫。

他特别喜欢戴维营。他喜欢在这儿的斯内克河钓鳟鱼，在河边的白杨树林里采野生越橘，自己动手烤制越橘烤饼，当夜色降临的时候，一边喝鱼汤，一边品尝烤饼，享受在壁炉旁静坐的乐趣。那是在白宫椭圆形办公室里的紧张繁忙过后难得的休闲。

但是，更使他兴奋的并不是这里有美丽幽雅的景色和舒适宜人的气候，而是从 9 月 4 日起，关于中东和平的戴维营首脑会议开始举行。在两个星期内，在他不知疲倦的斡旋下，经过了四次中东战争浩劫的两个敌对国家的首脑——埃及总统萨达特和以色列总理贝京——都来到这里。三个国家的领导人与外界隔绝，全力以赴，关起门来谈话，终于在 9 月 17 日达成了双方可以共处的和平协议。

9 月 17 日，星期天，他和萨达特、贝京从戴维营赶回华盛顿。飞机是在黄昏时分从山顶的直升机机场起飞的。

他们回到白宫已是晚上 10 点 15 分。他们直接进东厅举行了文件签字仪式并发表了讲话。这是最好的电视广播时间，挤掉了原来的电视节目。然后，萨达特和贝京就离开白宫去睡觉。他也感到疲倦极了，很需要美美地睡上一觉。

他来到卧室，躺下了，却没能立刻入睡。

他躺在床上，听到广播传来的种种反响：

——他们在引述他所说过的话："我们希望促成仍在正式交战的埃及和以色列代表之间形成对共同目标和相互理解的认识。……"

——一位共和党参议员评说，我想我们的参议员应该提名吉米为诺贝尔和平奖的候选人……

——美联社记者沃尔森的评述：这是吉米·卡特通过锲而不舍的毅力及对和解的力量深信不疑，实现了这具有基石意义的和平协议。谈判屡次处于破裂的边缘，领导人屡次要退出谈判。但是，最终协议还是达成了！

在世界舆论的一片叫好声中，他忽然间想起了在遥远的北京进行着的另一个谈判。从7月初开始至今已有两个多月了，伍德科克这个老头怎么样啦？为什么老是不能传来谈判有所突破、有所进展的消息？

如果美中建交谈判仍在原地踏步，应该采取一些什么措施呢？

■ 卡特亮出"底牌"后，决定直接起草一份建交公报让伍德科克带回北京

到了这年的9月份，卡特有些着急了。卡特有获得成就、追求卓越的强烈欲望。除了刚刚解决了巴拿马运河问题，卡特还成功地使埃及和以色列这两个有宿仇的国家首脑达成了和平协议。此时，卡特更觉得美中关系正常化停滞不前令他有点难以忍受。他决定要发起达成一项中东和平协议时，他的建议很简单：让正在交战的双方领导人来戴维营，他将劝说他们就一项和平计划达成协议。有人称他是癫子，基辛格博士飞了多少趟中东，在中东形成了"基辛格旋风"，都没能办到，这位不善于跟国会打交道的总统就在戴维营坐等，能行吗？

当初的怀疑和反对者，现在却不能不说：我们的总统在安排两个有宿仇的国家首脑的交往行动上表现了非凡的能力。

也有人说他像佐治亚州的甲鱼一样固执，他说，我有自信才会固执。

卡特因主持埃及、以色列的戴维营和谈成功，获得了诺贝尔和平奖。

他是自信而不盲目，固执而不死板。他有决心使美中关系正常化在他的任期内实现。

他在回忆着自己对美中建交谈判的安排：在北京的谈判开始进行的时候，为了促进谈判成功，他还特地下令采取了另外几个步骤来改善美中双边关系。7月间，总统的科学顾问富兰克·布莱斯率领了一个有史以来的最大也是最高级的代表团访问北京，将早就准备的一批与中国进行科学和学术交流的官方项目带到中国去，国家航天局、国家科学基金会、国家卫生总署和美国地质勘探局等十五个重要部门的高级官员都是代表团成员。他还又派了另外两个内阁成员率领代表团访问北京，一个是能源部长詹姆斯·施莱辛格率领的美国能源代表团，一个是农业部长罗伯特·波格兰率领的美国农业代表团。这些代表团的访问都十分成功。

伍德科克在北京进行谈判的同时，8月份以后，布热津斯基与中国驻美联络处主任柴泽民也在华盛顿进行了数次接触。

卡特试图加快美中关系正常化的进程。从戴维营回来的第二天，即9月19日，他就会见了中国驻美联络处主任柴泽民，想给正在进行的美中建交谈判以进一步的推动。他说美国已经接受了中国关于实现关系正常化的全部三个条件，也向中国摊出了"底牌"，提出了华盛顿方面的三个条件：

其一，美国将继续保持与台湾的商务和文化的联系；

其二，美国相信中国与台湾之间的问题得到和平解决；

其三，在关系正常化之后，允许美国继续向台湾出售防御性武器。

卡特认为最根本的一条就是第三条，在实现关系正常化之后，华盛顿有权继续向台湾出售防御性武器。他向柴泽民解释说，没有一个美国总统会赞成终止对台湾销售武器，他也理解中方对这一问题的立场，并表示华盛顿将会避免对台出售进攻性武器。同时，卡特总统也表达了美国对和平解决台湾问题的重视。

这样，在卡特会见柴泽民之后，美方觉得"底牌"已经亮出，双方能否达成协议，就要看中方能否接受美方的条件了。但到了10月上旬，中国方面对卡特向柴泽民发出的谈话并没有作出积极的回答。

研究中国问题的罗伯特·罗斯对中国领导人的沉默作了如下分析：

> 对于中国领导人来说，容忍华盛顿坚持在实现关系正常化之后继续对台出售武器是困难的。北京坚持台湾是中国的一部分，中国领导人相信美国对中华人民共和国作为中国政府的承认，将迫使华盛顿对这一原则作出相应的承诺。然而，美国继续对台出售武器将在一个决定性领域中向北京的国家主权提出挑战。继续对台出售武器也将维护台北的防御能力并象征着美国继续对台防御的承诺，这就削弱了中国孤立台湾的能力，也削弱了迫使美国默认北京的要求的能力。

卡特为了推动中美建交谈判，准备采取一种主动进取性的姿态。他在10月11日从外地回到华盛顿，立即就会见了布热津斯基及刚从北京奉召回来的伍德科克。他强调了将1月1日作为结束关系正常化谈判的预定日期，并指示布热津斯基直接起草一份建交公报草案让伍德科克带回北京。

当伍德科克返回北京时，公报草案还未草拟好。这时，华盛顿发生了关于美中关系正常化日期问题的争论，布热津斯基要在公报上把1月15日定为实现关系正常化的日期，而万斯国务卿则反对确定任何具体日期，而表示宁愿根据美苏军控会谈的进展来确定美中关系正常化的日程表。最后还是由卡特总统裁决，卡特不仅要在公报上写明日期而且赞成确定为 1 月 1 日，实现关系正常化的进程之快大大超出了布热津斯基的期望。

■ 对台军售和美越建交：影响中美建交的两个矛盾问题又需总统决断

在卡特期望美中建交谈判能尽快获得进展的时候，又有两个可能影响谈判达成协议的敏感问题捅进了椭圆形办公室，需要他拍板决断。

这两个问题，一个是向台湾出售先进飞机的问题，另一个是美越关系正常化的问题。矛盾双方仍然是国务院和国家安全委员会，实质上就是万斯和布热津斯基的矛盾冲突。

在美中建交谈判刚刚开始的时候，卡特曾经指示国务院作一个友好姿态，于 7 月 1 日宣布取消向台湾出售 64 架性能十分先进的 P4 战斗机的计划。但在 9 月初，建交谈判停滞不前的时候，中国驻美联络处副主任韩叙在华盛顿就一篇新闻报道约见助理国务卿霍尔布鲁克，提出质询，并表示了强烈的不满。据这篇新闻报道透露，美国有关当局正在考虑向台湾转移销售十分先进的飞机。

其实，这篇新闻报道并非捕风捉影、空穴来风。台湾军方一直希望能从美国购买更具进攻性性能的 P4、F—16 战斗机，但由于这批飞机带有明显的进攻性质，台湾的请求一直遭到福特政府的反对，卡特政府也于 7 月 1 日宣布停售了一批 F—4 战斗机。这次，原来美台合作生产 F—5E 战斗机的协议将于 1978 年失效，而新的协议必须及时产生。台湾方面跟美国防部磋商之后，国务院的台湾科准备了一份报告，建议美国政府卖更先进的战机给台湾。台湾要求购买的机型是在 F—5E 上配置改进的导航系统和更加先进的空对空导弹。这种改进型定为 F—5C。它虽然只有单引擎，但比 F—5E 的双引擎更有力。助理国务卿霍尔布鲁克接受了台湾科的建议，国防部也答应极力推进将

F—5G 售给台湾。

韩叙表示了中方的不满后，国家安全委员会坚决反对在这个关键时刻对台提升武器转让的机型。布热津斯基和奥克森伯格都认为，在伍德科克正在北京进行一线谈判的时候，向台湾出售先进战机会为建交谈判设置不必要的障碍，使谈判更难进行。他们促请总统决断，在这个时候不要批准 F—5G 售台。正在期望美中建交谈判获得成功的卡特总统当然不愿意谈判为此受阻，所以就决定拒绝向台湾转让 F—5G，而只是延长合作生产 F—5E 的协议。卡特总统对国务院指示，他的对台军售政策只能跟他向北京作出的承诺相一致，即只出售防御性武器。在 F—5C 的售台计划遭否决后，台湾方面又提出要购买 F—4 战机，也只能是遭到了国务院的拒绝。

当时有消息说越苏之间准备签订盟约，中越关系越来越恶化。1978 年 9 月 29 日，助理国务卿在纽约会见了越南驻联合国代表，越南的代表正式表明越南将放弃要求美国支付战争赔款，以此来换取与美国的关系早日正常化。10 月，在万斯国务卿的同意下，美越开始就一些建交问题进行谈判：解决冻结双方资产问题、计划互设大使馆等。这个时候，美国行政当局如何权衡同中国、越南进行的关系正常化谈判，成了矛盾的焦点。万斯和霍尔布鲁克主张，美中、美越两个建交谈判可以同时进行。但是，布热津斯基主持的国家安全委员会建议两个谈判应该分开次序，先后进行。

这两种截然不同的意见呈送到卡特面前时，他没有马上表态。

10 月 11 日，卡特在会见回国述职的伍德科克时，就这个问题征求伍德科克的意见。对当时中国的情况已十分了解的伍德科克建议说："住在北京才会感受到中国人对越南反感的程度有多么强烈。在这个时候，美国与越南的谈判很可能会使美中建交谈判复杂化。"伍德科克说，现在中越关系已经恶化，且极为敏感，总统应避免与越南过早地实现关系正常化，以免美中关系正常化受到干扰，因为美中建交才是"最重要的"。

他很重视并接受了伍德科克的建议，决定在美中关系正常化之前，美国暂不考虑与越南进行建交谈判。但这个决定没有告诉越南人和中国人。

■ 美方"底牌"打出一个月后还没有得到答复，中国怎么啦？

在伍德科克动身回北京之前，10月30日，布热津斯基在华盛顿会见了柴泽民，传递了卡特总统的口信，称卡特总统希望加速正常化谈判进程。他说，现在正常化"是一个特殊的时机"，美方希望明年国会一开始就辩论美中关系问题，否则一旦美苏核条约或者其他问题列入议程，美中关系正常化的实现将不得不推迟至1979年秋后了，时机不当，会出现困难。

回到北京的伍德科克在接到公报草案的电传后，于11月2日举行双方第五次会谈时，将它交给了黄华外长。美方提出的建交联合公报草案共十六条，将美方的"底牌"基本打出。草案内容包括：承认中华人民共和国政府为中国唯一合法政府，并相互建立外交关系；美国人民将同台湾人民保持非官方关系；美国行政部门将为调整与台湾的关系向立法部门提出特别立法。草案提出：中方可以表示台湾是中国的一个省，别国无权干涉，中国统一问题是由中国人民自己解决的事情，中方还应表示，统一问题将和平地实现；美方将表示，对"只有一个中国，台湾是中国的一部分"的中方立场不提出异议，重申对中国人自己和平解决台湾问题的关心。公报草案还提出1月1日为宣布实现正常化的时间。

必须指出的是，华盛顿几乎在指示伍德科克于11月2日在北京打出底牌的同时，于11月6日宣布继续执行与台湾合作生产四十八架F—5E的协议，并表示顾及中国方面的关注，减少向台湾出售更先进的飞机。

中国人当然注意到，已经离美国底牌中所提出的"1979年1月1日为两国建交日期"不到两个月了，谈判还没有达成协议，美国的底线信号是：坚持在关系正常化之后继续对台湾出售防御性武器。

信号的含义是很清晰的：要么建交，要么放弃。

到了11月底，一个月即将过去了，距离1979年1月1日只有一个月了。美方还没有得到中方作出的正式回答。包括布热津斯基和万斯在内的白宫与国务院的有关官员，对于能否在年底前实现关系正常化仍然心存许多怀疑。

伍德科克递交了建交公报草案后，在北京的联络处里等候得十分焦急。事后他曾回忆说，在递交了美方公报文本后的整个 11 月份，他都处在一种敏感、紧张而不安的心理状况之中。

中国到底怎么啦？

据曾任外交部副部长的朱启祯、首任驻美大使柴泽民回忆说：

> 中美建交谈判到最后，一个问题卡住了，就是美国卖武器给台湾这个问题。我们是三大原则，这三大原则美国接受了，与台湾断交、废约、撤军，但是在出售武器给台湾这个问题上，美国不让步。

中国需要最高领导层决策。而邓小平正在出访之中。

卷二十八 | 中美建交就台湾问题达成了共识，搁置了分歧

■ 邓小平在日本说：中美关系正常化"两秒钟"就可以完成

邓小平还在日本访问的时候，已经在考虑着加速实现中美关系正常化，已经在想着下次访问美国的事情了。

在东京刚刚参加了《中日和平友好条约》的批准书换文仪式，《中日和平友好条约》从此生效，他的心情很好，很高兴。10月25日上午，他和福田赳夫首相举行第二次会谈。一见面，福田就对他在日本表现出的非凡的精力表示赞叹说："你真是一位超人，一点倦色都没有。"

邓小平在东京说，中美关系正常化"两秒钟"就可以完成。

他笑着说："我多次说过，高兴时就不觉得疲倦。"

接下来，就谈到中美关系间的台湾问题。他这样说道："我们实现台湾归还祖国也要充分考虑到台湾的现实。日本方式也是尊重台湾现实的一种表现。美国总希望我们承担义务，不使用武力解放台湾。我们说，什么时间、用什么方式解决台湾问题，是中国的内政，美国无权干涉。实际上我们承担了不使用武力的义务，反而会成为和平统一台湾的障碍，使之成为不可能。那样，台湾当局就会有恃无恐，尾巴翘到一万米高。"

在场的人听了他生动形象的话都大笑不止。

10月25日这天下午4时整，东京日比谷的日本记者俱乐部热闹非常，人头攒动，盛况空前。这是邓小平访日期间举行的记者招待会，也是周恩来之后中国领导人首次在西方国家首都举行的记者招待会。身穿灰色中山装的邓小平，面对四百多名来自共同社、时事社、路透社、合众国际社、美联社、法新社、德新社等世界大通讯社的众多记者，从容、巧妙、精彩地回答了各种各样的问题。

他也回答了一个美联社记者提出的有关中美关系正常化的问题。他说："中美双方正在谈这个问题。这恐怕也是大势所趋。中美关系从1972年发表了《中美上海公报》以来，有了不断的发展，现在还在继续发展，但是还没有正常化。障碍就是一个台湾问题。我们向美国指出了实现正常化的条件，就是美国同台湾的关系实现三条：废约、撤军、断交。这方面我们要等候美国的考虑。"

11月29日上午，邓小平在北京会见竹入义胜率领的日本公明党访华代表团时，又进一步发出了愿意与美国尽快建交的信号："访日是我多年的愿望，不过，还有一个愿望就是到华盛顿去。中美关系正常化了，华国锋主席忙，不能访美的时候，我可以访美。完成了中美关系正常化这件事，我就可以去见马克思了。"

竹入义胜问："中美建交需要多长时间？"

邓小平爽快地说："中美关系正常化取决于卡特总统的决断。缔结《中日和平友好条约》只要一秒钟就能完成，中美关系即使加一倍，两秒钟就能完成。要像中日两国领导人那样，站在更高的角度来观察世界形势，处理问题，作为政治问题来对待，就容易达成协议。前提确定了，细节就好商量了。"

邓小平于10月29日结束对日本的访问回到北京。

11月2日，邓小平就柴泽民转来10月30日布热津斯基传递的卡特总统口信，对中美关系正常化会谈作出指示说：

> 看来美方想加快正常化，我们也要抓住这个时机，原则当然不放弃。可以按美方提的问题谈。

邓小平在北京稍作逗留之后，11月5日，他又飞往泰国、马来西亚、新加坡、缅甸等东南亚国家访问，直至11月14日晚上才结束最近的一连串访问回到北京。这时，为酝酿转折性的十一届三中全会而召开的中央工作会议已经于11月10日开始开会。

就像中美《上海公报》的谈判都是由毛泽东亲自掌握的一样，从这一年7月初开始在钓鱼台国宾馆进行的中美关系正常化谈判，也一直是在邓小平的亲自掌握之中进行的。他不仅关心着谈判的进程，而且对每一轮谈判都给予具体的指示，甚至在最后谈判的关键时刻，亲自会见美国谈判代表伍德科克。

他在1974、1975年间复出时，是从周恩来手中接过外事工作主管权的。1976年1月2日他在接见美国国会女议员访华团之后，就不再能过问外交工作了。自从他在1977年7月再次复出后，对美、对日的重要外交事务都是由他亲自过问的。1978年，尤其是1978年的下半年，中国正在酝酿改革开放的大转折。

出访归来的邓小平立即投入了11月10日至12月15日召开的中共中央工作会议。在会上，中央政治局认真讨论了邓小平的历史性建议，即关于党的中心工作转移到社会主义现代化建设上来的战略构想。从社会主义现代化建设的需要，中国也需要对外开放，需要加强同包括美国在内的西方国家经济和技术的联系。美国亦需要进入广阔而极富潜力的中国市场。在国际上，苏越在11月间签订了有军事同盟性质的条约，中越关系恶化，边境上冲突与摩擦不断，中国正在考虑对越南进行有限的自卫还击。为了牵制苏联，中国需要从地缘战略上改善同美国的关系。

这样，完成中美关系正常化的时机成熟了，需要两国的政治家非凡的魄力，需要当机立断。

这段日子，卡特总统密切关注着来自中国的消息与情报。据其在卸任后所写的传记《忠于信仰》中记述说：

> 我给伍德科克的信送到北京时，邓正在外地，要一个多星期才回来。在这段时间里，布热津斯基和白宫的中国问题专家迈克·奥克森伯格向我报告了邓对一名外国记者讲的一些令人感兴趣的话。邓说，中国同日本"一秒钟"就达成了和平友好条约，同美国实现关系正常化"只要两秒钟"就行了。他还说他希望在有生之年访问美国。
>
> 在他回到首都以后，我收到一份报告说中央委员会——中国高级领导人的会议——预定召开一次特别会议。伍德科克和我们的亚洲问题专家们认为这次会议相当重要，但是我们当时并不知道中国人的议程上有些什么。我相当晚才知道他们有三个重要问题要解决：最后巩固邓小平对党和政府的控制地位，中国对越南采取军事行动的可能性和今后同美国的关系。

卡特感觉到，邓小平说的"两秒钟"的含义即是中国即将对中美建交谈判作出最后的决策。

■ 建交谈判关键时刻，邓小平连续三次接见美国谈判代表

12月4日，中美建交谈判的第六次会议在中国外交部的会议室举行。

相隔整整一个月没有开会，伍德科克注意到这次会议的变化：韩念龙代替生病的黄华做中方代表，70年代初以来一直参与中美高层会谈的两位女士唐闻生和王海容已经从谈判组调离。韩念龙见到伍德科克时，面露喜色，代表中方提出了对美方草拟的建交公报的意见，并对伍德科克说："主任阁下，我荣幸地通知你，中国政府考虑了卡特总统的建议，赞同把1979年元旦作为中国和美国关系正常化的日期，邓小平副总理将在12月13日接见阁下。"

一直在焦虑不安的伍德科克喜出望外，几乎有点不相信这是真的，因而要

中美建交谈判中方代表黄华外长

求韩念龙将所说的话复述一遍。

会后，伍德科克立即将这一重要消息传回美国，报告给卡特总统。卡特阅后很是高兴，意识到这是对美中关系正常化至关重要的一次接见。卡特审核了伍德科克将要呈送给邓小平的经过修改的建交文件，逐字逐句逐行地推敲琢磨，最后予以批准。卡特并授权伍德科克代表他向邓小平郑重发出邀请："美国政府决定邀请邓小平阁下1979年1月访问美国。美国政府认为，已经到了对与中国建交作出最终决策的时候了。"

卡特还指示布热津斯基在邓小平接见伍德科克之前，在华盛顿会见中国驻美联络处主任柴泽民。布热津斯基告诉柴泽民，伍德科克将提出经过修改的美中关系正常化公报草案，已经充分考虑了中方的意见。

布热津斯基强调说，美方这个草案是卡特总统亲自拟定的。

布热津斯基并说：美苏军控协议即将签订，勃列日涅夫很可能于1月间访美，我是希望实现关系正常化和中国领导人访美都先于美苏首脑会谈。

12月13日上午、14日下午、15日下午，邓小平连续三次同伍德科克就中美关系正常化问题进行会谈。在这以前，伍德科克来华时间已经不短，还从来没有见过邓小平。他听说布什任联络处主任时，曾数次见到邓小平，因而十分羡慕。这次邓小平亲自接见，说明了中美关系正常化已经到了最后的关键时刻。伍德科克为自己能在这历史性的时刻会见邓小平而激动不已。

13日这天，中共召开的中央工作会议已经开了三十多天了，邓小平要在这天下午的闭幕会议上作《解放思想，实事求是，团结一致向前看》的重要讲话。

他在这天上午会见了伍德科克。在会见中,伍德科克向邓小平重申了美方的以下立场:

一、美方确认只有一个中国,台湾是中国的一部分。中华人民共和国是中国的唯一合法政府。

二、公报发表后,美国立即终止同台湾的外交关系,四个月内撤出美国军队和设施,并立即通知台湾终止美蒋条约。从技术上讲,一

1978年12月,邓小平在中共十一届三中全会上。

年后终止，但实际上条约已无效。废除条约须经过国会，终止将由总统做主，故美方采取这一做法。

三、美国和台湾人民之间维持非官方关系。

四、美国和台湾人民之间维持商务和文化联系。

五、美国将发表声明，期望台湾问题和平解决。

关于美国期望台湾问题得到和平解决，伍德科克希望中方不予反对。中方重申统一问题完全是中国的内政。

伍德科克向邓小平递交了包含有上述内容的经修改的建交联合公报草案，并提议双方确定1979年1月1日发表联合公报和有关声明，在3月1日互派大使和建立大使馆。伍德科克向邓小平转达了卡特总统向他发出的访美邀请，并希望商定访美的具体时间。

邓小平与伍德科克一起研究了公报草案，美方保证按条约规定在1979年底自动终止美台《共同防御条约》。邓小平表示欣赏，要求美国在美台《共同防御条约》仍然有效的最后一年里，不再向台湾出售武器。

邓小平基本同意美方修改后的联合公报草案，但是提出了在公报中应当重申反霸条款，还爽快地接受了卡特总统的邀请，拟于1979年1月访问美国。最后，邓小平还称赞了伍德科克主任在任期内两国关系实现了正常化。

卡特总统也深知邓小平接见伍德科克至关重要，这意味着历时半年之久的中美建交谈判终于获得了进展，这是双方共同努力的结果。

他也嘱咐白宫办公厅主任汉弥尔顿，在最近这几天，他不安排任何离开华盛顿的活动。

在12月13日上午见过邓小平之后，伍德科克立即向华盛顿作了汇报。卡特总统接到伍德科克电传来的报告时，正好是深夜。卡特兴奋得夜不能寐，他担心时间拖长了有可能出现具有政治破坏性的泄密事件，这在美国是不乏先例的。由于主管外事的万斯国务卿此时还在中东，卡特就将万斯排除在外，亲自作出决断，很快就给予指示：提前半个月立即在12月15日宣布实现关系正常化。

12月14日下午，伍德科克接华盛顿指示后即奉命紧急会见邓小平副总理，提出了美方的意见：

一、为了减少泄密的机会，美方建议提前于美国东部时间1978年12月15日宣布建交公报；

二、建议邓副总理访问华盛顿时间为1979年1月29日至31日。

邓小平同意了上述两条。这样，双方就达成了发布两国建交公报及有关的安排。

在双方即将同时发表建交联合公报的最后关头，在美国右翼反华势力的干扰下，伍德科克又向韩念龙代外长提出新的意见："我奉美国政府之命，希望贵方同意美国在暂停对台出售武器一年之后，仍保留出售武器的权利，尽管美国将尽可能加以克制。"

韩念龙立即反对说："中国方面对此表示坚决反对，没有商量的余地！"

双方冷场了。伍德科克见会谈陷入僵局，就提出建议说："我对中方的态度表示理解，希望暂时搁置分歧。"

韩念龙也赞同说："为了顾全大局，我同意暂时搁置分歧。"

会谈结束后，韩念龙立即向邓小平作了汇报。邓小平站在历史的高度，综观全局，决定将此分歧搁置起来。在中日关系正常化的问题上，也曾有过先例。1972年9月田中角荣首相访华时，曾要求周恩来总理明确在台湾北面的钓鱼岛（日方叫尖阁列岛）的归属权。当时，为了不让这个一时难于解决的问题成为中日邦交正常化的障碍，周恩来就表示说："现在还是不要讨论，地图上又没有标。出了石油就成问题了。"对此，日方也表示同意。

朱启祯、柴泽民在回忆邓小平的决断时记述说：

当时如果坚持要美国停止向台湾出售武器的话，我们就可能丧失了在当时的情况下和美国建交的时机。但是，我们如果为了求得同美国建交，对武器问题就放过去的话，这个问题将来就成为一个长期解决不了的遗留问题，所以邓小平同志跟美国谈判代表谈判的时候，就提到这个问题：是不是我们双方同意发表建交公报，建立外交关系。

但这个武器问题就留在双方建交以后两国政府继续商谈来解决。因为有了这个话，才有了后来的"八一七公报"。

12月15日上午（美国时间），布热津斯基在华盛顿约见柴泽民，为在关系正常化后美国继续出售武器给台湾的问题上作最后会晤，双方"同意在这一个问题上各持异议"。

这样，中美关系正常化是在美方接受了中方关于"断交、废约、撤军"三原则的条件下达成的。在克服了最后的障碍问题后，双方达成的协议包括：

一、美国承认中国关于只有一个中国、台湾是中国的一部分的立场，承认中华人民共和国是中国的唯一合法政府，在此范围内，美国人民只同台湾人民保持文化、商务和其他非官方关系；

二、在中美关系正常化之际，美国政府宣布立即断绝同台湾的"外交关系"，在1979年以前从台湾和台湾海峡完全撤出美国军事力量和军事设施，并通知台湾当局终止《共同防御条约》；

三、1979年1月1日起，中美双方互相承认并建立外交关系，3月1日互派大使，建立大使馆。

双方约定了两国领导人同时宣布中美建交消息的时间：北京时间12月16日上午10时（华盛顿时间12月15日晚上9时，华盛顿与北京的时差为十三个小时）。

《华盛顿邮报》记者奥伯道夫在中美宣布建交两天后报道说："美国继续出售武器给台湾的问题，是在北京进行了差不多六个月的秘密谈判中，最微妙及最困难的问题。"

■ 卡特高兴得像顽皮的孩子似的开起玩笑来，差点把人吓晕了

从邓小平于12月13日第一次接见伍德科克开始，卡特总统的情绪就特

别高,心情也特别好。他特别嘱咐助手,驻北京联络处来的电传稿一到,绝不能耽误,立即送给他。这一天是华盛顿时间 12 月 14 日,卡特在他的日记里写道:

> 对同中国建交的兴奋情绪越来越高涨——不论我们能不能保住秘密。我们已决定明天一早通知苏联、台湾、日本和我们的主要欧洲盟国。那时,我们政府里将已有一百多人知道这件事了。

他觉得邓小平的答复很干脆,这说明现在的时机对双方都有利,还说明经过了半年的谈判,建交的准备工作都已经完成,相互间已经建立了足够的信任。自从邓答应将宣布建交的时间从 1979 年 1 月 1 日提前至 1978 年 12 月 15 日,他还有许多工作要赶紧做:向一些议员介绍情况,准备向美国报界发表谈话,还要通知其他国家的领导人。

想起保密工作确实做得滴水不漏,他不禁有些得意。他对布热津斯基说,我们的协定的机密丝毫没有走漏,这简直是奇迹! 15 日这天,晚上 9 时就要宣布建交公报了,上午他在椭圆形办公室里打了一批电话。他按适当的顺序,通知了尽可能多的人。他给国会的一批主要议员打了电话。他又给福特总统、尼克松总统打了电话。

尼克松听了很高兴,立即在电话里简短地谈了实现建交这件事的成就与对世界的影响。

他对尼克松说:"起步接近中国、打开中国之门全是你的功劳,是你的高瞻远瞩,是你的坚定魄力。我并对您给我的指点表示感谢。"

尼克松又说:"同样,你要实现美中关系正常化也是需要有坚定的信念和非凡的气魄的。"

他说:"近日,我要派迈克(即奥克森伯格)去当面向您介绍我们的协定的详细的内容。"

他在听筒里听到了尼克松的笑声。尼克松说:"我当然对迈克表示信任。但是我要提醒你,吉米,要我注意保守秘密并非容易之事,过分信赖部下也是危险的。"

他觉得尼克松的话说得挺有意思，在给尼克松打完电话后，就想告诉布热津斯基。电话接通后，他竟然像顽皮的孩子逗乐一样给布热津斯基开起玩笑来。

他忍住高兴的情绪，装作焦急的语调说："兹比格，你听说了吗？出了问题啦！"

布热津斯基赶紧问："出什么问题？"

他说："你是否听到了中国人宣布取消我们协议的消息？"

接着，他听到听筒里传来惊愕的语调："呜呵……"还伴有响动声。

他担心吓着自己这个难得的顾问，连忙说："兹比格，你怎么啦？我刚才是开玩笑的。没有发生什么事，一切正常。"

后来，两人提到这件事都觉得好笑，因为布热津斯基一听说出问题，差点儿就晕过去了。他后来一直为这件事感到抱歉。

■ 中美宣布建交就台湾问题达成了共识，搁置了分歧

1978年12月16日上午10时（北京时间），人民大会堂西大厅早就人头攒动，气氛热烈，各种摄影机、摄像机高低参差地挤满了厅后部的摄影席。中国领导人华国锋在此举行中外记者招待会，发布《中华人民共和国和美利坚合众国关于建立外交关系的联合公报》。华国锋在讲话中回顾了毛泽东主席、周恩来总理和美国有关领导人尼克松、福特、卡特和基辛格、罗杰斯、布热津斯基和万斯为中美关系正常化所作的贡献，然后强调指出：

> 中美建交是一个历史性的事件，它将为发展两国人民的了解和友谊、促进两国在各个领域的交流开辟广阔的前景，也将有助于亚洲和世界的和平与稳定。

在中美建交谈判中，虽然在台湾问题上达成了基本共识，但是有些分歧仍然没有得到解决，首先是美国希望中国用和平方式解决台湾问题，中国则强调

【卷二十八】 中美建交就台湾问题达成了共识，搁置了分歧 | 303

1978年12月17日，人民日报头版头条发表中美建交公报。

解决台湾问题的方式是中国的内政，不容他人干涉；然后，美国坚持在建交后继续卖武器给台湾，中国则坚决反对。

为此，华国锋还代表中国政府特别就台湾问题声明说：

> 台湾问题曾经是阻碍中美两国实现关系正常化的关键问题。根据《上海公报》的精神，经过中美双方的共同努力，现在这个问题在中美两国之间得到了解决，从而使中美两国人民热切期望的关系正常化得

以实现。至于解决台湾回归祖国、完成祖国统一的方式完全是中国的内政，不容他人干涉。

上述这段话既肯定了中美两国政府在台湾问题上所达成的共识，又针对美方声明"关心台湾问题的和平解决"作出了恰当的回答。然后，华国锋又代表中国政府对中美两国建交后，美国继续出售防御性武器给台湾表明了中国方面的态度：

美国提到，关系正常化之后，美国会继续售予台湾有限度的武器，供防御之用。我们表明绝不接受此事。在谈判中，中国方面一再表明对此问题的立场。我们认为，关系正常化之后，美国继续售予台湾武器不符合关系正常化的原则，有害和平解放台湾，对亚太地区的和平安定也有不利影响。所以我们双方对此问题有歧见，不过，我们对《联合公报》达成了协议。

与此同时，卡特总统在华盛顿举行由三大电视网转播的记者会，宣布了美中建交联合公报和美国政府的声明。在联合公报中，美国承认中华人民共和国政府是中国的唯一合法政府。双方重申《上海公报》中的原则，并再次强调：美利坚合众国政府认知中国的立场，即只有一个中国，台湾是中国的一部分。双方相信美国和中国关系正常化不仅符合美国与中国人民的利益，而且有助于亚洲和世界的和平。

卡特总统在声明中说，美国将通知台湾，华盛顿决定从1979年1月1日起终止与台湾的"外交关系"，美台《共同防御条约》则自1980年1月1日终止。未来美国与台湾将在没有政府官方代表与外交关系的情况下，维持商

天安门广场上排队买中美建交号外的市民。

1979年1月1日，邓小平出席伍德科克主任在北京举行的中美建交招待会。图为伍德科克祝酒。

务、文化和其他关系。在必要时，美国的法令规章都会予以调整，以便能在与中国建交后产生的新环境中维持这种非政府关系。美国相信台湾人民将有和平、繁荣的未来，对于台湾问题的和平解决，美国继续表示关切，并预期台湾问题将由中国人民自行和平解决。

卡特还宣布，中国领导人邓小平副总理已经接受他的邀请，将于1979年1月底访问华盛顿。

应该指出的是，在《中美建交公报》的英文文本中，在表达中文"承认"一词意时，英文文本分别用了"RECOGNIZE"和"ACKNOWLEDGE"。后来美国方面常有人利用这一字眼做文章，为美国在台湾问题上的暧昧态度寻找所谓的法律依据。《中美建交公报》宣布："美国政府承认中华人民共和国政府是中国的唯一合法政府。"此段文字中的"承认"，英文文本是"RECOGNIZE"，这和中文文本的意思是一致的。关于台湾问题，公报中文文本中也有一个"承认"，即："美利坚合众国承认中国的立场，即只有一个中国，台湾是中国的一部分。"但英文文本中的"承认"用的词却是"ACKNOWLEDGE"。此词含有"认知"的意思，与法律意义上的"承认"是有区别的。

中美建交，震动世界。尽管中美两国建交时仍有悬而未决的台湾问题，美国也没有完全放弃它干涉中国内政的打算，但中美建交是两国关系中具有历史意义的重大转折，中美关系从此进入了一个新阶段。

两天后，具有重大历史意义的中共十一届三中全会召开，中国迈出了改革开放的大步伐。美联社记者布朗从东京发出的评述说，1978年12月在北京发生的两件大事，即中美建交与中共召开十一届三中全会，使举世都听到了古老中国大门隆隆打开的声音。未来的历史将证明，这是任何大国都不能忽视的声音。

卷二十九 | 国会一复会,就为台湾问题爆发了激烈的辩论

■ 国会一复会，就为台湾问题爆发了激烈的辩论

每年的 1 月中下旬，是华盛顿最冷的日子。1979 年 1 月中下旬，连日雨雪交加，就显得特别冷。在华盛顿特区的国家大草坪东头的国会山上，那全用大理石建造而通体洁白的国会大厦里，却爆发了热度很高的争吵。之所以说它热度很高，是因为在这个为美国立法的大厦里，好些议员正发着很大的火气。

正当卡特及其政府在为实现了美中关系正常化的突破而欣喜，并正在准备迎接第一个来自中华人民共和国的国家领导人访问之际，却在国内陷入了一种尴尬的局面。中美两国领导人在 12 月中旬宣布即将正式建交时，美国国会刚刚放假。在度过了圣诞和元旦那不短的假期之后，美国国会于新年伊始一开会，就为政府刚刚宣布不久的美中两国建交的问题而激烈地辩论起来。个别守旧的议员的发言甚至火药味很浓，一派露骨的冷战陈腔滥调。

印第安纳州的共和党参议员哈里·伯德和弗吉尼亚州的共和党参议员约翰·华纳联手提出一个决议案，反对卡特总统终止美台《共同防御条约》的决定，声称"终止美国与另一个国家间《共同防御条约》都需要国会的批准"。

蒙大拿州共和党参议员约翰·丹佛斯等十四名参议员提出一个共同决议案，声明："如果北京向台湾动武，美国政府将撤销对中华人民共和国的外交承认。"

堪萨斯州共和党参议员罗伯特·多尔和佛罗里达州民主党参议员理查德·斯图恩分别提出内容大致相同的法案，要求给予台湾驻美国的人员以外交特权和外交豁免权。其中多尔的提案还将台湾将来驻美机构称为"台湾驻美联络处"。

与台湾关系密切的戈德华特参议员当然不甘落后，与另外十四名参议员联名提出提案，要坚持"在终止条约问题上"，"总统无权单方面终止经由参议院批准的条约"。

在中美建交的问题上，虽然白宫希望能从北京得到一个不对台湾使用武力

的公开承诺，但从主权尊严考虑，中国领导人根本不可能对美国作出这种承诺。这件事使国会中许多温和人士也都对白宫不满。刚从中国访问归来的俄亥俄州民主党参议员约翰·格勒恩警告说，台湾问题的和平解决，"必须是美国与中国打交道时当务之急的指导原则，美国切不可忽视这一点"。格勒恩是支持卡特总统承认中国的国会有影响的人士之一。

华盛顿美国国会大厦。

在国会中的亲台势力在众参两院纷纷立案，要求美国继续保护台湾并维持美台外交关系之际，国会中的自由派人士也开始行动。他们希望通过一些温和的努力，支持卡特总统的对华新政策，避免出现不愉快的结果。

极具影响的麻省民主党参议员爱德华·肯尼迪和加州民主党参议院多数党副领袖艾伦·科莱斯敦共同提出了一个参议院第三十一号联合提案。这个肯尼迪－科莱斯敦提案宣称，"美国认为，任何对台湾的直接武力侵犯都将意味着对该地区和平与稳定的威胁"。该提案还声称：美国"将继续对台湾提供防御性的武器"，"美国的政策是，将依据宪法和有关法律建立起来的程序来采取行动，抵御任何对台湾的威胁"。

这两位堪称重量级的参议员都支持卡特总统承认北京的行动。科莱斯敦参议员甚至在台湾驻美"大使"沈剑虹游说他时，公开对沈说，即使要废除美台《共同防御条约》，美国也应与中国关系正常化。这次，有二十八名参议员参加了肯尼迪－科莱斯敦的共同提案，其中有二十六名民主党参议员，两名共和党参议员。众议员外交委员会亚太地区事务小组委员会主席，纽约州民主党众议员勒斯特·沃尔夫同意在众议院作该提案的发起倡议人，该提案在众议院登记为众议院联合提案第一六七号。

这个提案与其他保守派的提案相比，虽然已是相当温和，但有些参议员仍然认为，该提案既多余也危险。后来接替万斯担任国务卿的缅因州民主党参议员爱德华·姆斯基说："我看不出任何必要，一定要通过这个提案。中国人已经十分清楚，任何采取进攻台湾的行动都会受到美国负面的反应，都会使他们丧失掉想从中美建交所得到的任何好处。"

伊利诺伊州共和党众议员保罗·芬德雷警告说，这个提案"将被未来总统引用作为授权他们派美国武装部队去台湾打游击的借口"。因此，保罗拒绝给未来总统一张空头支票，"因为今后谁也不能预测会发生什么事情"。保罗建议删除掉"美国的政策是，将依据宪法和有关法律建立起的程序来采取行动，抵御任何对于台湾的威胁"这一段。因为1973年战争授权法案已经规定，总统已经可以向海外派遣部队达九十天之久而不需国会许可，而"肯尼迪－科莱斯敦提案"令他想起1965年东京湾决议案，正是那个决议案，被约翰逊总统引用为升级越南战争的法律依据。

国会对台湾问题的争论如此激烈，是卡特总统始料未及的。他原估计亲台势力会有所反对，但没想到有如此强烈和尖锐。

卡特没有预见到，在实现关系正常化的最后阶段，他与国会领导人之间缺乏足够的磋商会导致国会努力加强立法，进而严重地削弱政府的对华政策。美国政府在承认中华人民共和国之后，需要通过国会，双边承诺的法律和相关程序才能生效。但白宫的对外政策专家们坚持在谈判进程中绝对保密以免走漏风声，担心泄露正常化的消息会使守旧的政客们能在1月1日去煽动反对的浪潮，而没有与国会的议员们进行沟通。这样，国会的领袖们怀疑政府过分强调对华政策的重要性而损害了原来对台湾的许诺。议员们对自己遭到忽视、在宣布建交前数小时才被告知此事甚有意见。还有的议员们说，国务院宣布建交决定的时间也是一个精心策划的阴谋，因为公报宣布之时，正逢国会休会，多数议员不在国会。有的议员甚至认为，政府同意中方提出的"建交三原则"，是对中共作了过多的让步，实际上将台湾置于十分不利的地位。

部分议员对台湾的留恋和对白宫做法的不满，就在国会一复会时爆发出来了。为了处理好美中建交后美国与台湾的关系问题，卡特政府事前准备了一个《台湾授权法案》，将按立法程序向国会提交审议。这就遇到了麻烦，卡特就决定拖延一段时间再给国会提交这个法案。

国会已经抢先草拟了一个它认为能更好地处理美台关系和保障台湾安全的提案，即后来经过修改的所谓"帕西修正案"。辩论的情况表明，大多数议员一般地说并不反对美中建交，认为这符合美国的利益，但不少议员认为卡特在实现美中关系正常化时对中国"妥协太多"。个别议员竟然在法案中坚持使用"中华民国"的名称。一些议员竟然无视美中之间达成的原则协议，要求赋予该机构有官方性质，像任命政府高级官员及驻外大使一样任命这个协会的负责人；主张在台机构的工作人员应列在政府的花名册上，正常享有政府的行政拨款。有的议员主张给予台湾在美国的"北美事务协调委员会"的工作人员以外交官所享有的全部外交特权和豁免权。有相当多的议员甚至提出在台北与华盛顿互设像以前北京与华盛顿互设的"联络处"的方案。上述这些言论与提议，严重违反《中美建交公报》的既定原则，明显干涉了中国的内政，力图使美国在台湾问题的立场上倒退。

种种情况，都能通过热线及时反馈到白宫里来。

■ 为了面对来自国会的挑战，卡特早就准备了一本厚厚的私人笔记本

卡特明白，在利用国会休会的"时间窗口"宣布实现了美中两国建交的联合公报和有关声明后，接着来的是要面对国会的挑战。他是做了相当充足的思想准备的。

他知道，在国会通过立法使美中建交协定生效，是一件很困难的工作。支持他的力量不小，但也有一批右翼政治行动集团在积极活动着，他们仍然顽固坚持美国无论如何应当帮助蒋介石的后代去夺回大陆。在他们看来，台湾就是中国，毫无办法说服他们改变想法。这些人想要制定一个法律来改变他已经采取的承认中华人民共和国的行动，或者在这个法律中写进一些中国无法接受以致中国会拒绝整个协定的条款。他相信，经过多方面的努力，支持他的力量将会占据支配地位而挫败这些人的妄想。

卡特在国会的联络小组随时都会将关于台湾问题激烈辩论中发生的新情况，

卡特晚年回忆当年为中美建交在国会面对的挑战。

向白宫作报告。每天下午在辩论结束后，关于当天辩论的详情记录都会在当晚送到卡特的办公室。

他拿着笔详细披阅，反复研读，有的画上问号、着重号、惊叹号，随时写了自己的看法和建议。遇到他觉得看到的议员的发言很关键很重要，他就打电话与布热津斯基或者万斯、布朗等商量。有一两次，他觉得需要紧急磋商，他甚至连夜将他们召到白宫来。

这个时候，他就会使用一本挺厚的私人笔记本。

他这本积累已久的不薄的私人笔记本会帮他的大忙。

这本笔记是他平时不怕烂笔头的辛苦结晶：他在这个笔记本里为每个参议员辟了一个档案专页。他记下了这个参议员的身世经历要点，对一些重要问题特别是对一些敏感问题的可能倾向，甚至该参议员的一些兴趣嗜好、轶事传闻在本上也都有所记载。如果他的工作班子里有谁了解到某个参议员提出过什么样的问题，或是他从国会的辩论记录中画出了某个参议员的尖锐意见。他就会从笔记本中找出这个议员的种种情况，提供答案。他就和班子研究，相应采取对策。如果了解到某个参议员的顾问或者支持者对美中建交有偏激的看法，他就会提出要想办法改变这些人的观点。他还会亲自同他的国会联络小组一道，肩负起这些职责，并以他全部的影响和能力投入这项任务。为了通过《巴拿马运河条约》，他曾经亲自找了不下几十位参议员谈话。

在这样的不懈努力下，去年三四月间，两个《巴拿马运河条约》终于在国会获得了通过。

现在，他和他的工作班子同样要付出艰辛而不懈的努力，为台湾问题在国会经历一场复杂而曲折的战斗。

他感到这个时候的心情，很像当年在潜艇上服役时，他和他的战友接受重要作战任务紧急下潜出航。对于即将开始的行动，心中有一种奇异的宿命感。内心的紧张和煎熬主要是在最初下决心的时候，在不得不接受未来的严重危险或者失败的时候。出航以后，每过一天都会因为自己仍然安然无恙而有一种宽慰和感激上苍的心情。但在下潜以后，都是坚定不移地全力以赴。我们已经作出了实现美中建交的不可改变的决定，已经决定接受种种风险，那么，我们就需要全力以赴，想方设法，为之奋斗，实现这个目标而不让它在阻力和障碍的干扰下夭折。

去年春夏争取达成结束中东战争的戴维营协定是这样，现在宣布美中两国建交也是这样。

在国会就台湾问题辩论了好些天之后，卡特觉得时机已到，终于决定要抛出白宫准备的提案了。

■ 为解决断交后的美台关系，卡特向国会提交了《台湾授权法案》

1月26日，卡特总统授意向国会按立法程序提交早已经准备好的《台湾授权法案》。这时距邓小平抵达华盛顿还有三天。

这项法案的内容主要是保证美中关系正常化后，美国与台湾能够在非官方基础上建立起稳定的商业、文化和经济关系，避免美国与台湾新关系中可能出现的法律纠纷。应该说，这个《台湾授权法案》的内容有些类似于中国人说的"日本模式"。根据该草案，美国将结束对"中华民国"的外交承认，但仍将继续与"台湾人民"保持非官方关系。法案授权一个叫"美国在台协会"（AIT）的非官方机构，执行在断交前由美国驻台使馆所履行的职能。这个"美国在台协会"的总部设在华盛顿，在台湾设办事处。美国同时要求台湾当局也在美国设立类似的非官方机构，来代替过去的台湾驻美大使馆。

《台湾授权法案》分为三大部分包括十七个章节，涉及的都是如何设立、操作"美国在台协会"等的技术性问题，以使断交后的美台关系符合美国法律。简而言之，法案的主要条款包括下面一些内容：

一、在美国法律上，说明台湾仍享有与美国在外交上承认的其他国家共享的法人资格，只是将"中华民国"改为"台湾人民"。

二、法案明确规定，美国和台湾仍将继续保持现有的五十九个包括签证、交通、通讯、贸易等各领域的条约和协议。

三、法案要求美国政府各部门通过"美国在台协会"与台湾当局打交道，不必自行在台再建机构。美国政府可以向"美国在台协会"贷款、出售或转让（包括美国驻台北大使馆在内的）财产。其中条款也规定，通过"美国在台协会"继续执行现存（除美台《共同防御条约》以外）的所有条约和协议规定的义务，并承担与"台湾人民"签署新协议的责任。

四、美国政府将承担"美国在台协会"的日常经费开支，包括维修和安全服务等。法案还进一步说明了"美国在台协会"如何运作，"美国在台协会"将接受台湾人民的旅美签证申请，并将签证申请转报国务院批准。

五、虽然"美国在台协会"名义上不是政府机构，该法案规定，美国政府雇员可以接受"美国在台协会"聘雇，而不至于失去在政府部门工作所享有的福利待遇。他们在离开"美国在台协会"后仍可重返政府工作，不会失去或中断政府福利项目规定的年限计算方式。美国政府支付在台协会雇员的薪水，虽然他们名义上不是给政府工作。

凡此种种，这个篇幅不短的《台湾授权法案》谈的都是如何处理断交后的美台关系中的政治和行政方面的具体事务，而没有任何章节及文字提及任何美国军事和安全的利益。

在美台断交后，美国舆论和国会许多人士大都同意美国与中国实现关系正常化，但他们关注的主要是与台湾有关的两个问题是怎么处理：

第一，在美台《共同防御条约》终止后，台湾未来的安全如何保证；

第二，怎样通过非官方关系，保持与台湾的联系。

国会复会后，已经为台湾问题辩论好些天了。他们期待着卡特当局的《台湾授权法案》能够处理这些问题。他们发现这个法案只字未提台湾安全问题，甚至没有任何条款说明美国将继续向台北出售武器。而对台军售，是卡特政府从北京方面得到的最重要的让步，不管这是直接或者是间接得到的。

将军事和安全这两个关键问题忽略了，是什么原因？是不是一种工作中的疏忽？

卡特的班子这样做，当然是经过仔细斟酌的。他们在法案中没有提及台湾安全问题，是想保持当局在军售问题上的主动权，并为日后行动留出足够的余地。助理国务卿苏利文说，对台军售纯粹是政府当局的权限，要是把军售一项写成法律，等于放弃了政府当局现有的宪法权利。武器出售历来是政府的特权，只要美国军事援助法允许政府出售物资和产品，它就有权力向台湾出售武器。

法案中没有提及对台军售还有另一层考虑。奥克森伯格就说过："如果我们将它写进去，国会将会把它搞得更坏；还不如让国会将这个问题提出来。"因为过去有多种例子证明，无论白宫提出何种方案，国会总要加以修正。为了在一个更有利的基础上与国会谈判，政府方面决定暂时不提这个问题，这是为了下一步讨价还价。

卡特总统提交的这份《台湾授权法案》，由参议院外委会主席丘奇提议，在参议院注册为S245法案；由众议员查布罗基在众议院提议，将其注册为HR1614法案。该提案连同1月26日以前提交上来的决议案一起呈送两院外委会等待审理。

1月26日，卡特总统在向国会提交《台湾授权法案》的同时在白宫召开了新闻发布会。他在会上讲话说："我们的立法提案和宣布建交的协议，两个加起来，已经足够。我真的认为，没有必要再搞任何决议案。"

他重申美国将继续保持对台湾问题和平解决的关注和兴趣。但是，他又针对一些议员前几天发表的偏激观点说："我没有看出，（由于法案中缺少安全考虑）在台湾海峡会出现鲜血淋淋的战争。我想中国领导人在与我们建立外交关系时所发表的声明和之后所采取的行动都是建设性的，都表明他们要和平解决台湾问题的意向。"

万斯国务卿也解释说，卡特总统的这个说法，强调了白宫对台湾安全的重视。政府方面认为，它对台湾安全所表示的关切，加上继续对台湾出售武器一事，以及北京目前缺乏采取军事行动的能力，可以足够消除国会对台湾安全的担忧。

其实，国会提出的"肯尼迪－科莱斯敦提案"，是得到了白宫方面的私下支持的，该提案的初稿还经过了国务院有关人士过目。该提案没有明确提出任何美国对台湾安全的具体承诺，只是重申了美国对台湾未来安全的关注和利益。有关白宫人士私下认为，"肯尼迪－科莱斯敦提案"支持总统的新中国政策，可以防止国会提出一些与现今政策有明显冲突的提案。

■ 就在国会为台湾问题对卡特进行围攻时，邓小平开始了访美之行

对卡特提出的这个《台湾授权法案》，国会的反映普遍不好。好些议员认为该法案缺少对台湾安全的具体安排，对它进行了围攻。

参议员约翰·格雷恩说，看了这个法案后，使人产生一个"极大的疑问"，令人怀疑北京方面是否马上会进攻台湾。他还说，"台湾的安全必须保证"，这是其在参议院外委会听证会上的"主要兴趣"。

参议院外委会主席丘奇认为，"这个提案有着严重的不足，需要极大的改进"，而"最大的不足是没能在法案中提到美国对台湾未来安全的政策考虑"。他指出国会将要在这件事上"明确表达美国的期待，即任何武力侵犯台湾都是不行的"，而且他保证"将尽我所能，在委员会通过一个强有力的政策声明，并将它写进立法，以此来保卫台湾人民的安全"。

极端反共亲台的戈德华特参议员更是认为，该提案根本就不行，必须进行彻底的修改。

这个提案中的一些行政安排的技术性问题，也引起了国会议员的不满。法案没有给予台湾即将在美建立机构中工作人员外交特权和外交豁免权，也遭到指责。参议院外委会主席丘奇甚至嘲笑说，这"好像是行政当局和立法当局同意，通过'通用汽车公司'来处理美国与法国的外交关系一样"。

众议员雷斯特·沃尔夫批评提案中的"美国在台协会"是"使用假面具掩盖起来的美国政府在台官方机构"，"我不觉得这会欺骗住谁"。

乔治城战略与国际问题研究中心执行主任雷·科莱恩称这个草案为"史无前例的、稀奇古怪的北京烘炉里出来的中国幸运饼干"。

但是，卡特意识到，任何将美国的安全利益与台湾挂钩的国会决议都将违背中美建交协议，都会过分刺激中国领导人，进而可能危害美国刚刚与中国建立起来的新关系。因此，他1月16日在将《台湾授权法案》递交国会时举行的新闻发布会上，就曾经发出这样的警告：如果国会出现任何与美中关系正常化协议相抵触的条款和修正案，他将不得不动用总统否决权！

邓小平就在这个时候，开始了他对美国的访问。

卷三十　邓小平被美国《时代》周刊评选为1978年世界新闻人物

■ 美国《时代》周刊将邓小平评选为 1978 年世界新闻人物

1978 年 12 月 31 日，台湾在华盛顿的双橡园"使馆"降下了青天白日旗，在美国十四个城市的"领事馆"也同时关闭。

1979 年 1 月 1 日，中国原驻美联络处正式改名挂牌为中华人民共和国驻美利坚合众国大使馆，并举行了升旗仪式。

与此同时，1 月 1 日下午，邓小平在全国政协常委会上讨论人大常委会《告台湾同胞书》时发表重要讲话，说：台湾回归祖国问题已提到日程上来了。紧接着，他又赴美国驻华联络处，参加了美国驻华使馆的升旗仪式，出席了伍德科克主任和夫人为美中建交举行的招待会。

同一天，美国副总统蒙代尔代表卡特总统和美国政府出席了中国驻美联络处主任柴泽民、副主任韩叙为庆祝中美建交举行的招待会。

这一天出版发行的美国极具影响的《时代》周刊 1979 年第一期的封面就是邓小平的肖像。在这本书里，我们不能不记述邓小平被评为美国《时代》周刊 1978 年新闻人物的事情。该刊物从 1927 年以来，每年总要对上一年里的重要人物或重要事件作一番评选，不论是好是坏，只要对世界进程产生过巨大影响的，均在评选之列。且每年只评一个。

1978 年过去了，在第五十二次评选新闻人物时，他们筛选掉了包括为中东和平作出贡献的美国总统吉米·卡特在内的一批十分重要的新闻人物，冲破了纷繁复杂的日常新闻的束缚，重点审视了对世界历史有巨大影响的事件——中国对世界一下子敞开了大门。

于是，这一壮举的决策人物邓小平，就不容置疑地被该刊评为 1978 年的"世界新闻人物"。

我们不妨读一读这期杂志的序言（摘要）：

这是人类历史上气势恢宏、绝无仅有的一个壮举！

试想，自人类社会有史以来，有哪一位豪杰能率领占世界人口四分之一的十亿民众迅速拨乱反正，从教条主义的禁锢中解放出来，从而融入20世纪末的世界大舞台？

在因为本能的"外部恐惧症"而闭关自守多年之后，中华人民共和国终于在1978年开始向外部世界迈出了一大步，拿北京的宣传家们的话来说，中国开始了新的长征。虽然中国的经济极为原始落后，近乎一穷二白，并且经过毛泽东发动的"文化大革命"的浩劫，人民的士气一落千丈，但中国仍希望能在2000年实现一种相对的现代化，成为世界经济、军事强国。对此目标，他们或许能够，也可能不能如期达到，但这种万众一心朝前进的举动本身，就令人感到不同凡响。

短短的一年之内，中国就取得了令人惊异的成就。首先，美国和中国结束了长达七年之久的小心翼翼的试探外交，这是由尼克松总统导先河、经基辛格继承的外交。在北京和华盛顿发出的联合公报中，华国锋主席和卡特总统宣布两国将互派大使，开始邦交正常化。美中关系的正常化开拓了潜在的滚滚商贸财源，并为世界政治格局的变化提供了新的前景。

将世界上最古老、最悠久的文明古国推向21世纪的决定性人物不是五十七岁的华国锋——毛的有名无实的接班人，而是副总理邓小平，邓也是中国共产党副主席和军队总参谋长。虽然邓在北京的首脑机构中仅算三号人物（在华和耄耋之年的叶剑英元帅之后），他却是中国的"四个现代化"的主要策划者。"四个现代化"即农业、工业、科学技术和国防现代化。鉴于邓将中国推向现代化的非凡壮举，他被评为1978年《时代》周刊的封面人物。

《时代》周刊将邓小平把中国融入世界舞台的壮举，与在1978年发生的有影响的其他事件及人物作了横向比较，更感觉到邓小平的壮举的不可忽视的分量。虽然我们不一定会赞同他们的个别观点，但我们却不能不重视和赞赏他们的这次具有深远历史意义的评选。

邓小平被美国《时代》周刊评选为1978年世界新闻人物。

在过去这风云变幻的一年中，也许其他一些人比邓更为世界所关注。在经过了摇摇晃晃的学步之后，吉米·卡特总统可望通过自己成功的对外政策再次赢得民心（在民意测验中，卡特在人民中的威望曾一度跌到30%）：在戴维营最高级首脑会议上，卡特仅亮相一会儿工夫就为中东问题写下了一个辉煌的篇章，即以色列和埃及的和平协议。不料到了年底，谈判却令人沮丧地搁浅。波兰运动员兼学者型的克拉科夫大主教卡罗尔·沃伊蒂瓦荣登教皇宝座，成为四个半世纪以来第一位非意大利籍教皇。为了表达对自己温和的前任、那位于圣·彼得大教堂主持一个多月的红衣主教阿尔比诺·吕西安的尊敬，他被封为约翰·保罗二世。加利福尼亚退休的实业家霍华德·加尔维斯提出了一个"第13号减税倡议"，得到了全国选民的热烈响应和赞同，表明中产阶级对这个极权政府的普遍愤怒和不满。在圭亚那的丛林中，狂热的巫术预言家吉姆·琼斯对自己的信徒们导演了一场灭绝人性的屠杀性自杀"白夜"，致使九百一十三人丧生。

战争、和平与恐怖主义始终是头条新闻。黎巴嫩首都再次沦为战场，越南、柬埔寨边境战火频仍，伊朗国王长达三十七年的统治因暴乱而摇摇欲坠，意大利红色旅活动日益猖獗，苏联人权运动日益高涨。

同时，在英国，第一个体外受精婴儿成功地降生，对此，人们众说纷纭。

然而，以上这一切，较之于中国决定加入世界大舞台来说，都是微不足道的。北京《人民日报》以一种福音书似的语调来赞颂四个现代化大业："从阴山脚下到黄海之滨，都响彻着中国人民向四个现代化进军的号角，我们的四化大业已引起了全世界每个角落的关注。我们正在开始新的长征，定要征服祖国大地上的高山、海洋、平原、油田和矿藏，让它们服务于民，造福于民。我们要攀登科学技术高峰，还要与世界各国发展友好关系和商贸往来。"

为了实现这一目标，邓和他的支持者们开创了一条崭新的道路，这在有人看来，可能会是一条"资本主义道路"。"百花齐放，百家争鸣"可以改为"各行各业齐放，各家外资争雄"。虽然很少有人在这项新的事业中享有充分的个人自由，但广大的中国人民正在痛快地丢弃许多意识形态上的沉重包袱，轻装前进。毛"独立自主、自力更生"的神圣原则已经烟消云散。中国的经营者们也开始采用一些资本主义的方式来奖励那些出类拔萃的下属，诸如破格提拔、物质刺激等。一个一

1979年1月1日，中国驻美联络处举行升旗仪式和招待会。图为布热津斯基向柴泽民主任祝贺中美建交。

直视外国人为"夷狄"的民族终于向外面的世界敞开了大门。仅去年一年，就有五十三万游客到"中央之国"观光访问。成百上千的资本家们也拥进这块希望之地，寻找新的市场和投资场所。也许最令人振奋的两个消息是——其一，中国拟在北京近郊建一个高尔夫球场；其二，北京批准可口可乐公司在中华人民共和国享有唯一合法的销售权。

在世界舞台销声匿迹多年之后，中国一下子敞开了大门。中国人似乎无所不在，与各国频频举行会谈，奋力讨价还价，并热切地想从其他国家吸取先进经验。华在8月出访了东欧，还与罗马尼亚青年欣然共舞。而邓则东去日本，签订了《中日和平友好条约》，在频频的祝酒声中，邓豁达大度地宣布"让过去的都过去吧"。然后，他又马不停蹄，穿梭于泰国、马来西亚和新加坡，签署技术交流协议，并不断警告人们防止苏联帝国主义的扩张。本月下旬，邓将出访美国，为新的中美关系描上一笔重彩。

■ 从美国不断传来了关于暗杀邓小平的种种警报……

1979年1月16日晚上，美国总统专机"空军一号"从亚特兰大机场起飞后，夜航飞往休斯敦。

机身机翼上的夜航灯闪闪烁烁。在这架世界上最豪华功能最先进齐全的波音707飞机上，并没有总统、总理等重量级国家领导人，甚至连副总理级别的人物都没有。偌大一架巨型专机，上面乘坐的是不多的二三十人。他们就是为邓小平访美打前站的中方先遣组的六个成员及翻译，及与中方对谈的美方有关人员。中方的先遣组是由中国公安部副部长凌云率领的，其组成人员有：外交部礼宾司司长卫永清和专员唐龙彬，新闻司专员姚伟，中央警卫处长滕和松等六人。美方人员由国务院礼宾司司长杜贝尔夫人主持，有白宫国家安全委员会中国事务助理奥克森伯格、联邦调查局负责国宾安全的官员泰勒和其他有关方面的官员。

这批中美双方安全与礼宾官员沿着邓小平即将访问的路线，在考察了华盛顿、亚特兰大之后，又连夜飞往下一站。

中方领队凌云，精明干练。他正借着照明顶灯的光，兴致勃勃地看一张《亚特兰大日报》。他在这份地方报纸上看到一篇题为《卡特及其一家在金尼加比餐

柴泽民主任会见美国前总统尼克松。

厅》的文章，具体描写卡特一家数日前在金尼加比餐厅吃一顿意大利式午餐的现场警卫情况。文章引述了餐厅经理的话："饭馆大概来了五十个特工人员。他们在餐厅房顶上、街上、街对面的房顶上，甚至在厕所里。""还有大批的食物和药品局人员和警官们……"

他想着，卡特在白宫外面吃一顿饭，就出动了如此多的特工，与中国的安全警卫工作相差很大。他看过这篇文章后，就将报纸递给坐在身旁的美国同行泰勒先生看，问："卡特总统的警卫工作，是不是就像这份报纸说的那样？"

泰勒看了一遍后，笑着说："基本是这样。"

这篇文章与泰勒的回答，让这位负责邓小平访美安全的中国公安部领导人回想起所肩负的此次重任。他不再看报纸，也没有看窗外的夜景，却闭着双眼将头靠在椅背上。他并不是打盹小憩，而是在思索着有关邓小平访美安全的种种问题——

在去年 12 月 15 日宣布的中美关系正常化与邓小平访美，无疑是对台湾国民党当局一次极为沉重的打击，也是美国国内反华右翼势力的一次严重失败。他们是不能容忍，也不会甘心的。但他们反应之迅疾，出乎中央及公安部领导的意料之外。在《中美联合公报》公布后的数日内，暗杀警报就不断从大洋那边传来。综合所得到的有关方面信息如下：

——台湾方面一个高级特务头子声称将要在邓小平访问美国时"给一点颜色看看"；

——在美国的台湾情报网头面人物声称正在策划重金收买"意大利枪手"企图暗杀邓；

——持"四人帮"观点的一个美国极"左"组织扬言"要做一些使邓永远难忘的事情"；

——旅美的亲蒋组织和台独势力准备收买流氓、打手，并收买与胁迫一些台湾留学生和侨民在华盛顿及邓去的城市组织"游行示威"，进行挑衅……

邓小平访美的消息公布后，全党全军全国都极为关注，希望邓小平作为新中国领导人首次访美成功，并安全归来。由于深知美国社会情况极其复杂，中共中央一开始就关切着邓小平访美的人身安全问题。暗杀的警报信息不断传来，使凡是知情的党内高级干部更是忧虑不安。

新中国建立以来，我们是领教过台湾特务机关进行的暗害活动的，既有过多次挫败其阴谋的成功经验，也有过像"克什米尔公主号"总理座机爆炸的惨痛教训。

据凌云在回忆录《我随邓小平出访美国》中记述，中央对情况极为重视，细作分析：

"收买枪手"！应当做何估计呢？一种可能是故意放风恐吓，另一种是确有谋划和行动。宁可信其有，不可信其无。我们必须立足于第二可能，采取万无一失的安全措施。这是当时的决断。

美国社会情况复杂，治安秩序不好，是人所共知的。据当时了解，美国两亿人口，民间就有一点五亿支枪，每两分钟要响一枪，每二十四分钟就要打死一个人。我们与美国隔绝多年，对于他们安全警卫工作的情况知之甚少，这些都增加了人们的焦虑和不安。

在一次会议上，耿飚开门见山提出了问题。他说：邓小平的安危就是国家的安危，遇有情况，别人遇难可以，万万不能是他，一定要绝对保证安全。访美的活动安排，不仅要考虑工作需要，还要考虑安全，不能发生任何意外事件。

就在这种情况下，中央常委会决定派遣先遣组赴美进行安排。1月6日，黄华外长将中央常委会的决定通知了当时的公安部长赵苍璧，由凌云负责安全事务随邓小平出访，并先期去美国打前站。他将以邓小平的特别助理的身份随访。

先遣组出发前，邓小平亲自接见。关于访美安全问题，邓小平作了有关指示："安全工作，主要还是要依靠人家，客随主便嘛。我们就是带几挺折叠机关枪去也没有用。"

先遣组行前，对于邓小平在美期间的安全警卫有一个设想，要点是：

一、根据邓副总理指示，访美期间的安全责任必须由美方承担；

二、贴身安全警卫不能借手他人，由我们随行的警卫人员严密部署，并争取美方的合作；

三、安全警卫工作要与外交礼宾活动安排紧密结合。

他率领的先遣组，计划于1月13日至17日工作访问五天，与美方主管的官员就邓小平在美访问期间的活动进行会谈。由于美国情况极为复杂，加上台湾的情报人员与特工渗透在美国各地，美方以为中方会派大批保卫人员随邓访美。关于安全问题的会谈，主要在他与泰勒之间进行的。

会谈中首先要解决的是要美方承诺负责安全保证的问题。我们态度诚恳，表示信赖美方，相信他们一定会采取有效措施保证邓小平的安全和这次访问的圆满成功。美方的反应是很明确的。泰勒表示感谢中方对美方的信任，美方将对邓副总理这次访美的安全完全负责。

在会谈中，美方还证实：台湾方面的人将于邓副总理抵达华盛顿时搞"游行示威"活动。泰勒说："限于美国法律我们没有办法制止，就是连总统也不能制止，人家即使在白宫外面，只要不往里面冲，也是无法干涉制止的；但我们可以控制在一定范围内，做到使之不能接近邓副总理。"泰勒还告诉他说："根据美国的有关法律，游行队伍只能在距国宾馆五百英尺以外的地方进行，到时你们可能会看到和听到，但我认为这不会发生安全问题。"

他听了后，对泰勒说："这样的游行示威是对中美两国友好关系的挑衅，但我相信美国朋友会负责处理好安全问题。泰勒先生，我们中国有一句俗话，'不怕一万，就怕万一'；我们都是干这个工作的，都知道有时可能发生意想不到的危害安全的事情，我想提醒美国朋友注意这一点。"

泰勒回答说："我们将会抓紧安全工作，发现什么可能发生的危险，会及时通知中方的。"

在具体讨论中，泰勒问凌云："你们为邓副总理访美要派来多少个安全人员？"

他回答说："七个人。"

翻译说美国英语"SEVEN"时，通常是将尾音吞掉的。

美方几个官员以为听错了或是对方没有说清楚，泰勒就又问了一遍：

"七个？十七个？七十个？"

（"SEVEN？SEVENTEEN？SEVENTY？"）

凌云伸出七个手指头来强调说："七个。"

美方官员惊诧不已地相互望了望，有的甚至耸了耸肩膀。美国总统访问外国，通常至少要配备数十名至一两百名保卫人员，有时甚至还要多。

中方本着客随主便的精神，既坚持原则、又照顾美方的实际困难，使美方谈判人员很是感动。他们对中方把邓小平访美的安全责任问题交由美方负责受宠若惊，非常感谢中方的诚恳合作和谅解态度，认为这是对美方的最大信任，表示将动用一切力量来保证邓小平访美的圆满成功。

在考察了华盛顿之后，美方还派出了"空军一号"总统专机，让先遣组与美方官员一起去亚特兰大与休斯敦考察。双方在航行途中，边看边议，遇有问题，可在专机上随时与白宫或者国务院联系，效率很高……

在他回想着的时候，"空军一号"专机已于半夜飞抵得克萨斯州的休斯敦了。在休斯敦工作很顺利，17日晚就飞返华盛顿，18日就离美经东京，于20日回到北京（尚有西雅图一站及方毅副总理要去的洛杉矶，留待驻美联络处派人会同美方去考察）。

21日，耿飚副总理召集会议听取先遣组汇报，并让先遣组写出了关于访美安全工作安排情况的简报，印报中央常委。接着，邓小平还接见了他和黄华、章文晋等外交部领导。在邓小平谈话时，他很注意听。但邓小平在整个讲话中对赴美访问安全工作，只说了这样几句话："简报已经看了，就照这样办；因为好多同志不放心，可以把简报批一下发给大家看看。"

随后，邓小平批发了先遣组所写的简报。在接见中，邓小平给他的印象是，十分关注外交、政治、战略等大事，对安全问题非常沉着冷静，给搞安全工作的人增强了信心和勇气……

他刚回到北京，还收到了国务院办公室转来的一个旅居美国的爱国侨胞写的一封信。此信是这位侨胞写给大陆的亲友的，要求其及时向中国政府转达如下内容："一个盲动的美国极端分子组织，此次有计划乘邓访美时威胁我们副总理的安全"，希望中国政府"能确切地把握及安排，以确保我们邓副总理的安全……"

在离邓小平动身只有三四天时间时，华盛顿发生了一起严重的反华挑衅事件：中国驻美联络处的临街玻璃窗被砸碎了，门楣上的国徽被撬下了，联络处的铜牌被涂洒上油漆；美国警察在五分钟内堵截抓获了肇事的歹徒，据报道是几个"美国革命共产党"分子。这个极左的党，前身是1968年成立于旧金山的"美国革命联盟",1978年以来其反华气焰日益嚣张,与"四人帮"同唱一个调子,发表了大量的反华文章,从制造反华舆论发展到搞反华活动,进行破坏中美两国关系正常化的勾当。

凌云就是在这样的情况下,身负重任跟随邓小平访问美国的。

■ 夜深人静,卡特在研读厚厚的一册关于邓小平的材料……

已经是夜深人静了,卡特为了驱散熬夜的疲乏,刚才到屋外去散步。天刚刚开始下雪,雪花很大很密。卡特仰起头让雪花飘落在脸上,顿时感到清醒起来。他突然想起了昨天奥克森伯格向他汇报与中方先遣组会谈的情形,特别是听说中方只派出七名安全人员到美国来,这很出乎他的意料。

他还问了有中国问题专家之称的奥克森伯格,中国成语"不怕一万,就怕万一"的含义。听了后,他觉得在对国家首脑人物的警卫工作的要求中,中国人在长期文化积淀中形成的这句成语真是极为准确。

在奥克森伯格等作了汇报后,连卡特都认为这是中方对美方极为信任,既感动,也感到责任重大。他一再明确指示联邦安全局负责邓小平的安全,整个安全工作要在安全局的统一计划和指挥下,组织警察、情报各方面力量来共同完成,要采取一切措施,确保邓小平在美安全做到中方所说的"万无一失"。

卡特散步时又回想起这件事情来。这件事也使他感觉邓小平这人不一般。好一会儿,他才又回到屋里,在桌前坐下来,又埋头翻阅那厚厚一册专门为他准备的材料。

这是关于邓小平的材料。

他还没有跟邓小平见过面。1月底,邓小平就要来华盛顿,要在白宫与他进行会谈。对于两人所要讨论的那些问题,他已经是耳熟能详与眼熟能详了。因为从入主白宫开始,他就在接触和思考美中关系正常化的问题。今年春,伍德科克在北京所进行的建交谈判,就是在他直接掌握与指导下进行的。现在他更需要的,是了解他即将面对的这个传奇人物。他想起了一个"中国通"对他说的,你越是了解邓,就越觉得他是当今一位非凡的伟人!

他在这个深夜仔细阅读的，是美国情报部门专家所写的对这个能在政坛上奇迹般再生的政治家所作的分析。去年埃及和以色列两国首脑来戴维营以前，他也阅读了情报专家们写的关于萨达特和贝京的厚厚的材料。美国情报部门就有这么一批专家，专门搜集和研究各国领袖人物的材料。不论世界上哪一个重要的领导人，根据对与他有关的事件、他的公开言论和文章、已知的病历以及他的亲朋的谈话进行仔细分析，这批专家都能写出关于这位领导人的条理分明的传记。

　　卡特需要了解邓小平的全面情况。基辛格、万斯、布热津斯基都对他谈起过对邓的直观印象。万斯说他具有把十分复杂的问题归纳成精辟思想这样一种杰出的简化本领。邓只用六个中文字"断交、废约、撤军"，就高度概括了中方提出的关系正常化的三个条件。布热津斯基更是为邓的大胆、敏锐、果断和富于想象力而倾倒。

　　去年夏天，他的国家科学顾问普雷斯率团访华归来，对他说起过邓。普雷斯率领的一批内阁高官们会见邓，谈到了能源问题。邓说，世界能源短缺，而中国的煤却有富余。使普雷斯等官员们大为吃惊的是，邓表示可以拿出一个大型地方煤矿来让美国开发。邓提出用那个煤矿所产的煤来换取美国的设备。当邓向普雷斯征求对此建议的看法时，普雷斯觉得简直不知说什么好。这个总统国家科学顾问感到建议如此大胆率真，因为它允许外国人在中国自然资源中占有股份，持此主张在毛泽东时代是要犯政治大错误的。（当然，这就是后来邓小平同哈默西方石油公司首创的平朔煤矿的由来。）

　　凡此种种，更促使他要对邓了解得更多更丰富更详尽。

　　邓是怎样的一个人？

　　邓身高4英尺11英寸，即使在中国，也只能算是小矮个。

　　邓是怎么样成为在毛泽东之后掌握中国实权的国家领导人的？邓是怎样的一个人？这个出生在长江上游那个大盆地四川农村老家的邓，在其一生中经历了近于铁器时代的农耕到卫星抛物面天线和热核武器的新时代，其抱负和信仰的根源是什么？邓也是与毛泽东一起经历了20世纪30年代那场著名的长征。毛泽东没有到过西方国家，邓很年轻就远涉重洋去法国勤工俭学多年，中国最重要的这两个领导人无疑对世界有着他们共产党人共同的观点，但两人之间有些什么不同的观点呢？是什么促使邓敢于在毛之后对国家的利益原则重新作了解释和定位？邓认为在这个世界上最重要的目标是什么？以往岁月中哪些大事影响了邓的性格？邓的家庭情况怎么样？健康状况怎么样？邓真正信任的是什么人？为什么邓在重大危机的压力下还是那样坚毅、固执和刚强？一个政治家三次被打倒，又三次奇迹般地重新站起来，这种倒下复出、大落大起，在许多西方评论家看来简直是不可思议的。

卡特边看材料边想：邓对我和美国是什么态度？我敢肯定邓小平此时也在北京为即将与我的见面而做同样的准备。

在讨论欢迎仪式上他的致辞讲稿时，因为知道邓访美正逢中国的春节期间，他和布热津斯基、万斯等人还讨论了中国的春节的内容、蕴含的意义及在所有华人中的地位。在致辞的修改稿中，他加上了一句颇有宗教意味的句子："新年之际，你们向慈善的神灵打开了所有的门窗"，然后加以发挥。他很喜欢为邓小平准备的这份致辞。

上次戴维营会谈，他与萨达特、贝京都信仰同一个上帝，他参加谈判随身携带的东西就是《圣经》，那本经常翻阅的加了注释的《圣经》。他上次在戴维营欢迎萨达特和贝京时作的致辞中，就引用了《圣经》中的一句话："上帝保佑和平的创始人，因为他们将被称作上帝的子孙。"此次，邓小平是无神论者，但他觉得邓选用吉祥的大年初一启程并非是无神的意味，因而他就在致辞中加上了"慈善的神灵"的句子。后来，有报纸评论称赞他的致辞既有卡特的特色也有中国的特色。

为了准备他同邓小平的会谈，他还对电视记者发表了专题谈话，为的是在中国广播。他在谈话中向中国人民强调了美中建立的新关系对美国、对太平洋地区和全世界的价值。他在谈话中说，美国人民对两国建交的决定感到非常高兴，届时对邓小平副主席、他的夫人和随行人员的热烈欢迎将会证明这种心情。他还说，我的共和党前任尼克松总统和福特总统以及以前的中国领导人毛泽东和周恩来为我们的新协定奠定了基础，这本身就表明，这项协定在我们两国领导人中间是得到广泛支持的。

后来，卡特在回忆录里说，他的这个电视讲话曾经在中国反复播放，因此他在后来访问中国时，街上的人们一见面就认出了他。他为此很高兴。

卷三十一 | 中美关系的航船刚刚启航……

■ 面对风雨，邓小平斩钉截铁地下令："起飞！"

邓小平有中国人的习惯，选择吉日良辰。他从北京乘坐中国民航波音707专机飞往美国作为期八天的访问，启程这天，是中国农历羊年的大年初一，即1979年1月28日（北京时间）。

这天，北京天很阴冷，一大早就下着小雨。

陪同邓小平出访的有方毅副总理、黄华外长等。前往机场送行的有李先念、王震、余秋里、耿飚、陈慕华副总理，人大、政协、军委的领导人及国务院好些部长们。按预定时间早上8时30分起飞，送行仪式按时举行，在舷梯下握手道别，并在舱门挥过手，中外电视记者都拍了新闻镜头。然而就在飞机在停机坪上徐徐滑行时，真是天有不测风云，从上海传来了虹桥机场有大风大雨的气象预报，能见度已经下降至1公里以内，根本不符合起飞需1.5公里能见度的要求。不能起飞就需要等候，机窗外还可看见送行的李先念、王震等领导人仍然在向启动的飞机招手。

怎么办呢？

有人提议说："是不是让先念等同志先回屋里，与小平同志一起休息，等起飞时再握手告别一次。"

邓小平望着窗外在雨中送行的人们，觉得不能让大家都跟着一起在机场等，就指示说："我们的飞机先滑行出去。让他们都离开后，我们在跑道上转一圈后，再转回停机坪来等候。"

告别仪式后，舱门关上，飞机徐徐滑行，送行的人纷纷乘车驶离首都机场。之后，邓小平的专机又从跑道上滑回停机坪来了。

邓小平说："我们就不下飞机了。"

在飞机上等了半个小时后，大家都焦虑万分，照此再继续耽误下去，就要

邓小平在越洋专机上。

影响既定的邓小平访美日程安排,这就有可能导致有的访问安排要取消。

又过了数分钟,上海方面传来消息,风雨仍有,但气候有所好转,能见度刚刚超过1公里,还没有达到1.5公里。

将天气情况向邓小平报告后,邓小平说:"起飞吧,飞到上海看看。"

当时坐镇首都机场主管邓小平专机起飞的一个空军副司令员就犹豫起来了,为了邓小平的安全,降落机场能见度不达到1.5公里,怎么能起飞?

邓小平斩钉截铁地下令说:"起飞!"

专机机组是由技术熟练、飞行经验丰富的徐柏龄机长率领。经过不到一个半小时的飞行,到达了上海虹桥机场上空,只见机场上空,风雨交加,雾气弥漫,能见度仍然只有1公里。上海是非得降落加油的地方,要不专机就飞不过太平洋;另外,还有美国派来的空军驾驶员和领航员两人要在上海登机领航。

飞机缓缓降落,轮子放下来了,就在迫近跑道时,徐柏龄发现有一只轮子偏出跑道之外,如这只轮子落到草地上,飞机将会出事故。在轮子即将触地的瞬间，徐柏龄迅速将飞机拉了起来。第一次降落失败了。

由于飞机是急速拉起，导致大家紧张气闷并提心吊胆，有的人都紧张得出冷汗了。据当时在场的唐龙彬说，系了安全带的邓小平仍然很沉着，闭着眼睛半靠在椅背上，没有受刚才的险情所打扰。

专机在虹桥机场上空的风雨中又盘旋了一圈之后，徐柏龄镇静自如地发布命令，操纵飞机，指挥机组进行第二次降落。

此时，机舱内寂静无声，许多人都闭上了眼睛。

倾听着轮子放下来的声音：……

当大家感到机轮触地的震动时，都不约而同地睁开眼睛，欣喜地高呼："降落成功了！成功了！"

唐龙彬曾在1974年跟随邓小平去美国出席联大特别会议，这次又跟随邓小平出访美国。他在回忆此次降落险情时是这样说的：

此时此刻，大家都兴奋万分，但我注意到，小平同志镇静自若，就像没有发生任何事一样，依偎在座椅上思索着即将到来的重要访问。飞机原定在上海停留一个小时，因已耽误了一些时间，飞机在沪加油后，小平同志就要求机组抓紧起飞赶路。

专机经过15个多小时的飞行（中途在阿拉斯加州的安科雷奇空军基地停留1小时），于北京时间29日凌晨4时半、美国当地时间28日下午3时半飞抵华盛顿安德鲁斯空军基地。从机窗望出去，整个城市覆盖着一层厚厚的白雪，显得格外俏丽。鲜艳的五星红旗和星条旗，以及五颜六色的彩旗迎风飘扬，在凛冽的寒风中欢快地啪啪作响。

■ 邓小平一下榻就去赴布热津斯基的家宴

华盛顿那几天刮着很大的北风，下着大雪，一片银装素裹。但到了1979年1月28日下午（华盛顿时间），天气由阴转晴。邓小平和夫人卓琳乘坐专机抵

邓小平率中国政府代表团抵达华盛顿。

达时，在安德鲁斯空军基地受到了美国副总统蒙代尔及夫人和国务卿万斯及夫人等的热烈欢迎。

经过一昼夜的长途飞行，邓小平走下舷梯时依然神采奕奕、情绪饱满。他没有戴帽子，身穿深色呢子大衣。他微笑着向来欢迎的人们频频挥手致意。天很冷，风很大，吹拂着他那不长的头发。在接受了献花、握过手后，中国客人就乘车而去。邓小平一行下榻在白宫对面的布莱尔大厦。

这年邓小平已经74岁了，经过长途跋涉刚在布莱尔大厦安顿好，他就应邀到华盛顿的麦克莱恩的布热津斯基的家里赴家宴。原来，这是八个多月以前在北京谈好的聚会。去年5月下旬布热津斯基访问北京，那次访问促进了双方签订关系正常化协议，邓小平在北海公园的仿膳饭庄宴请布热津斯基，两人谈得很广泛很融洽，甚至谈到了各自的家庭和经历，从此建立了特殊的关系。当时，双方都感觉到两国关系正常化将有进展，布热津斯基就说希望能在华盛顿设家宴回请他。他微笑着答应了赴宴。

当时在场的美方的中国问题专家奥克森伯格，在题为《回忆邓小平》的一

抵达当晚，邓小平出席布热津斯基的家宴。

次讲话中记述：

> 邓小平谈话时非常诙谐。在晚餐开始的时候，布热津斯基问他的客人，中国是否有人反对关系正常化。邓小平很快就回答说：
> "有。"
> 大家转过头去看他。我自己想："这将是令人高兴的夜晚。多么坦率啊！我们将了解中国制定政策的过程到底发生什么情况。"
> 稍停片刻之后，邓小平接着说：
> "台湾有人反对（关系正常化）。"

席间，布热津斯基说："中国人与法国人有一点是相同的：都认为自己的文明高于别人。"

邓小平想了想，说："我们这样说吧：在亚洲，中国菜最好；在欧洲，法国菜最好。"

在这次家宴上，邓小平邀请布热津斯基再次访问中国。邓小平说："朋友之间多来往走动。你下次去可以多走一些地方。"

1984年布热津斯基再次应邀访华的时候，还特地去与邓小平初次深谈的北海公园仿膳饭庄寻忆旧事。

▨ "慈善的神灵打开了所有的门窗"

邓小平抵达华盛顿的次日上午10时。湛蓝的天空下，白宫南草坪的树丛上还挂着白雪，第一次在白宫并排飘扬的五星红旗和星条旗显得格外鲜艳夺目。有记者说，真是老天爷也极为照应美中关系历史上这个庄严的历史时刻。

明媚的阳光下，卡特和邓小平并肩走过红地毯，检阅仪仗队，乐队高奏两国国歌，鸣放19响礼炮。邓小平是第一个访问美国的中华人民共和国领导人，他享受着政府首脑的待遇。由于他当时的职务是副总理，因而有美国记者大发感慨地说，一个国家的总统举行正式仪式，隆重欢迎另一个国家的副总理，并

邓小平与卡特总统在白宫南草坪的欢迎仪式上。

陪同其检阅三军仪仗队,这在世界外交史上是极其罕见的。

这是邓小平与卡特的第一次见面。

在检阅仪仗队后,卡特总统致辞说:

> 今年开始了有意义的我们两国关系的正常化,今天我们又迈进了一步。……我们期望,这种正常化能帮助我们一同走向一个多样化的和平世界。
>
> 副总理先生,昨天是旧历新年,是你们春节的开始,是中国人民开始新的历程的传统日子。我听说,在这新年之际,你们向慈善的神灵打开了所有的门窗。这是忘记家庭争吵的时刻,也是团聚与和解的时刻。对于我们两国来说,今天是团聚和开始新的历程的时刻,是久已关闭的窗户重新打开的时刻。

在卡特总统致欢迎词的时候,突然发生了一桩意外的事。卡特说到一半的时候,离讲台左侧四五米远的记者群里突然冒出一男一女,挥拳舞臂,大声呼叫。这时,在记者群中的秘密特工立即冲上前掐住那两人的脖子,极其迅速地

两国国歌奏起时的邓小平与卡特。

邓小平在欢迎仪式上讲话。

拉了出去。

卡特没有中断讲话，仪式照常进行，在场的人们也都不动声色。处置这一突发事件前后只用了两三分钟。

紧接着，邓小平致答词。这是中国领导人首次在白宫致辞。邓小平说：

> 中美关系正常化的意义远远超出两国关系的范围。位于太平洋两岸的两个重要国家发展友好合作关系，对于促进太平洋地区和世界的和平，无疑是一个重要的因素……
>
> 世界人民的当务之急，就是要加倍努力维护世界和平、安全和稳定。我们两国有不可推卸的责任，要通过共同的努力对此作出应有的贡献……
>
> 中美关系正处在一个新的起点，世界形势也在经历着新的转折。中美两国是伟大的国家，中美两国人民是伟大的人民。两国人民的友好合作，必将对世界形势的发展产生积极深远的影响。

欢迎仪式结束时，卡特引导着邓小平，朝白宫屋里走去。两人一边走一边说话。卡特对邓说:"1949年4月,我作为一名年轻的潜艇军官,曾在青岛待过。"

邓小平则说:"是青岛吗,当时我们的部队已经包围了那个城市。"

跟在身后的布热津斯基开玩笑说:"那你们早就认识了。"

两人进入了内阁会议室,开始进行实质性会谈。中国方面参加会谈的有:方毅、黄华、柴泽民、章文晋、浦寿昌、彭迪、卫永清、朱启祯、冀朝铸;美方参加会谈的有:蒙代尔、万斯、布热津斯基、伍德科克、霍尔布鲁克、奥克森伯格。

宾主间先寒暄打趣。卡特说:"我们已经有14位领导人访问过中国,你是第一位访美的中国领导人,在这方面美国占了便宜,14比1。"

邓小平说:"有好客传统的中国欢迎你们多占便宜。我现在就邀请总统阁下、副总统蒙代尔、国务卿万斯和国家安全事务助理布热津斯基以及其他美国朋友

邓小平在卡特陪同下检阅仪仗队。

访华。"

卡特风趣地说:"如果所有这些人都接受你的邀请,我这里就没有人工作了。作为总统我首先表示接受邀请,让其他人等一等,以后再去。"

■ 邓小平强调了中国需要很长的和平时期来实现现代化

会谈一开始,邓小平就掏出烟盒来,礼貌而幽默地问:"白宫可不可以吸烟?美国国会有没有通过一条在会谈中禁止吸烟的法律?"

卡特正在掏谈判提纲,就笑着说:"没有。只要我当总统,他们就不会通过这样的法律。你知道吗,我在佐治亚州种植了大量的烟草。"

邓小平开心地笑了,点着了烟,看着卡特的提纲说:"你准备好了,你先讲。"

开始时,卡特有点显得小心谨慎,按提纲准备的要点开始讲。是从对世界事务的观点讲起的。卡特先表示了美国关心两个问题:一是亚洲和世界的稳定;二是苏联军事力量的迅速增长。卡特说,使美国在世界事务中保持强大和有益的影响是美国总统的职责。美国同情全世界人民想改善生活、更多地参与政治、摆脱本国政府的迫害和不受任何外部强国控制的日益强烈的愿望。美国还认为,诸如中华人民共和国这样的一些国家的影响越来越大是一个积极的发展,卡特相信同这些国家建立良好的关系有利于保护我们今后的安全。

卡特曾在回忆录记述说:邓小平聚精会神地听着,一支接一支地吸烟,睿智而明亮的眼睛不时向左右扫射。当翻译翻出卡特的话时,他时而发出笑声,时而向在场的中国人有力地点头。

接着,卡特请邓小平谈谈他的看法。

邓小平说,我们的看法是世界很不安宁,毛泽东和周恩来很久以前就指出了存在着战争的危险。他指出,中华人民共和国不想打仗。中国人需要很长的和平时期来实现全面的现代化。发动战争的很可能不是苏联就是美国。中国领导人一向认为,苏美这两个居于支配地位的国家十之八九会扩大它们的影响。几年来,中国人已经开始意识到,对他们来说,来自美国的危险越来越小,更可虞的是苏联。第三世界和第二世界国家有必要联合起来反对霸权主义，这一反霸的统一战线坦率地讲也包括美国在内。中美之间有许多共同点，对付苏联称霸世界，美国理所当然是一支重要力量，但美国在处理这些问题时从自己所负责任的角度来说。有某些不足之处。

两人一致认为，如果我们两国联合起来对付苏联，那将是个严重的错误，只会进一步孤立苏联人。

会谈进行了 1 小时 20 分钟。然后，邓小平由万斯陪同用完工作午餐后，来到白宫外交接待厅。这时，一群守候已久的记者蜂拥而至，纷纷询问邓小平与卡特谈了些什么问题。邓小平不像一般领导者拒绝记者说"无可奉告"之类的套话，而是以他特有的诙谐幽默语气对记者们说：

"我们无所不谈，上至天文，下至地理。"

记者们的提问虽然被邓的这句话挡得严严实实，但他们却对邓小平的幽默和智慧感到由衷的佩服。

午餐后，卡特和邓小平的第二次会谈开始了。着重谈的是与苏联有关的国际局势问题。卡特对苏联势力的扩大感到关切。对于美苏关系，卡特认为，最好是在苏联采取建设性态度时同他们合作，在他们不采取建设性态度时与他们竞争。美国希望永远避免战争。卡特还谈到希望中国人利用在北朝鲜的影响来帮助安排朝鲜和韩国间的直接会谈。

邓小平说，他不反对正在进行的美苏第二阶段限制战略武器谈判；有这个协议可能是必要的。但是，他认为这第四场谈判的结局肯定同另外三场一样——限制不了苏联扩充战略军事力量。他谈到了有关希望中国影响朝鲜的问题。他说，许多人向他提出过朝鲜的问题；根本不存在北朝鲜发动进攻的危险。他说，他希望南北朝鲜能通过谈判达到统一。他说，苏联同北朝鲜的关系从来就不是很牢固，近来，由于苏联人试图影响北朝鲜政府的政策，两国关系已削弱了；如果中国试图对北朝鲜施加压力，也会失去影响。

这时，卡特与邓小平让顾问与助手们都离开，两人间谈了一些最机密的问题。对此，卡特的自传里作了这样的记述：

差不多已到该为参加晚宴做准备的时候了，但邓要求我们离开一

邓小平与卡特举行中美双方会谈。

下那一大群顾问们,以便同我讨论一件更为机密的事情。于是,弗里茨、赛伊、兹比格和我陪同邓及其译员从内阁会议室走到椭圆形办公室。我们仔细地听这位中国领导人扼要地讲出他的一个暂定的计划:中国越过边界去给越南一次惩罚性的打击。邓问我对此有何意见,我试图劝阻他。我指出,由于越南人越过边界侵入柬埔寨,成了侵略者,他们正在受到谴责,在世界上越来越孤立。但如果中国部队向河内进军,却反而会引起人们对越南人的同情,有些国家还可能会认定中国有错误。此外,我还说,美中建立新关系的诸多理由中,最好的一条就是,新关系会对亚洲的更加和平与更加稳定作出贡献;而中国可能采取的军事行动却会否定这个最好的理由。邓副总理感谢我所提的意见,但又补充说:中国很想让它那些狂妄的邻国知道,它们要是对中国和本地区其他国家捣乱,那是不会不受到惩罚的。

由于时间相当晚了,我提议明天上午再谈。邓对此表示同意。

下午的会谈持续了两个半小时。

后来有的西方评论家注意到，邓小平这次在白宫谈到的战争与和平问题，就与毛泽东强调战争不可避免有不同之处。邓小平强调的是中国不想打仗，中国需要长期的和平环境来进行实现现代化的经济建设。这是邓小平外交思想的核心内容之一。

■ 一个反对中美建交的参议员不得不说：你们把我打败了

尽管它有珍贵的云石雕刻大壁炉，四壁装饰着英国橡木镶板，极显豪华与典雅，但与中国那能容纳五千宾客的人民大会堂宴会厅相比，这个号称白宫第二大厅的宴会厅简直就像一个大一点的单间而已。这个宴会厅在肯尼迪时代经过装修改建，也只有140余个舒适的位子，好些美国社会名流、政府要员及大企业家都没法参加这个宴会。这次宴会由中国中央电视台和美国三大电视网同时实况转播，被人们称为"全世界大多数人都睁大眼睛注视的宴席"。

外面是寒冷的冬末景色，宴会厅的四周竟然开放着各种色彩的山茶花。客人们都大吃一惊。原来，卡特对这次宴会是颇花了一番心思的。宴会上装饰着特地从卡特的家乡——佐治亚州运来的1500株各种颜色的山茶花，表达了主人的心意，也使宴会厅充满了春天的气息。

卡特深知，宴会厅的座位再少，也不能少了两个对中美关系正常化作出过贡献的前任总统尼克松和福特。这是尼克松总统自从因"水门事件"辞职后第一次出现在白宫的公众场合。除了邓小平，尼克松成了特别引起传媒关注的焦点。1975年底福特总统访华时，邓小平尽管内部受到批判，但对外仍主持了与福特进行的外交谈判。尼克松1976年2月下旬再次访华时，邓小平已经遭到软禁，失去了领导权。这次在白宫，是尼克松与邓小平的第一次见面。在宴会上，尼克松很高兴对邓小平谈起第一次打开中美关系之门的访问。邓小平告诉尼克松："你来的那时候，我还远在长江南边。在一个叫南昌的省城郊区的机械厂做工。得知毛主席请你来访问，我是很高兴的。"

布热津斯基见白宫的工作人员和中国客人都对尼克松表示热烈欢迎，不禁想到副总统蒙代尔等都曾反对邀请尼克松，认为尼克松出席宴会将引起麻烦。

尼克松很大度，认为应以美中关系为重，不想惹起麻烦。卡特总统最后还是决定邀请尼克松，因为尼克松对开创美中关系起过重大作用。

卡特在一旁看着邓小平与尼克松说话。他在回忆录里写道：

> 虽然尼克松不认识中国的现领导人，但是他很高兴在这个短暂的招待会上同他们谈论他自己以前的访问。从中国人私下的言论中可以明显看出，他始终是他们敬重的朋友，他们认为有关"水门事件"的指责算不了什么大事。

邓小平在宴会上用祝酒词的形式宣布了此次中美会谈中的一个突破，将反霸内容写进即将发表的联合公报中。他说：

> 我们两国曾经在三十年间相互处于隔绝和对立的状态，现在这种不正常的局面终于过去了。我们两国社会制度不同，意识形态不同。但是，两国政府都意识到，两国人民的利益与世界和平的利益要求我们从国际形势的全局、用长远的战略观点来看待两国关系。正是因为这样，我们顺利地达成了实现关系正常化的协议。不仅如此，还在关于建交的联合公报中庄严地作出承诺，任何一方都不应当谋求霸权，并且反对其他任何国家或国家集团建立这种霸权的努力。这一承诺既约束了我们自己，也使我们对世界的和平和稳定增添了责任感。我们相信中国人民和美国人民的友好合作，不仅有利于两国的发展，也必将成为维护世界和平和促进人类进步的强大因素。

宴会进行中，美国著名歌星雪莉·麦克莱恩来到邓小平面前说："副总理阁下，我对你的个人经历极感兴趣。"

邓小平幽默地说："如果对政治上东山再起的人设立奥林匹克奖的话，我很有资格获得金奖。"

在场者听了齐声喝彩。这时，中国驻美使馆人员陪着一个秃顶老人给邓小平介绍说："这就是费正清教授。费先生为中美关系正常化呼吁奔走了五十余年啊。"

邓小平肃然起敬地与其握手。他早就听国内梁思成教授说过费正清的名字是"正直清白"的意思。他读过费先生的专著和文章,还知道费先生从1932年开始以外交人员和学者身份来华,在中国有传奇的经历,其后在哈佛大学教授中国历史四十余年,是西方公认的首屈一指的中国问题专家。

两位老人握着的手都没有松。邓小平问:"教授贵庚?"

"七十二岁。"

邓小平说:"我今年七十四岁。"

费正清惊奇地打量着脸色红润的邓小平,感叹地说:"你满头银发,我却秃头了。"

邓小平忙说:"这证明你用脑很多,成就很大!"

国宴结束后,卡特觉得度过了一个很愉快的晚上。在宴席上,邓小平谈笑风生,无拘无束,卡特对人说:"与邓相伴会使人觉得很高兴。"

在整个宴会期间,邓小平喜欢谈论中国的生活和国家的面貌正在发生的变化。两人还就传教士的问题产生了心平气和的争论。卡特谈起了从小他就对到中国去的基督教传教活动很感兴趣,就说:"在我小时候,当海军的舅舅常去中国的港口,就给我们写信描绘了中国。回国休假的传教士放了有关在中国传教的幻灯片。"

邓说:"是的,美国与其他西方国家的传教士深入到了中国的内地。在我们老家四川也能看到他们的足迹。"

卡特说:"我把母亲给的零用钱一分分节省下来,去看这些传教士所放的布道的幻灯片。看后使我懂得了把中国人看做朋友。懂得中国需要医院、食品和学校,需要懂耶稣基督是救世主的道理。我们都把这些传教士看成是杰出的人。"

邓小平表示了不同看法,说:"许多传教士到中国去,只是为了把东方的生活方式改变为西方的生活方式。当然,他们当中也有一些是好的。他们开办的一些医院和学校至今都还在。"

卡特试探着问:"那我们可以再派传教士去中国布道吗?"

邓小平明确地说:"现在时代不同了,尽管我们主张有信仰宗教的自由,但是我们不赞同恢复任何外国人到中国传教的活动。中国的基督教协会也赞同我的意见。"

卡特又建议说:"中国是不是可以考虑允许不受限制地散发《圣经》及人们有做礼拜的自由?"(在卡特总统卸任后到中国访问时,发觉邓小平考虑了其所提的那两个建议。)

两人从宗教还谈到了去麦加朝圣的问题。邓小平对卡特说:"中国的穆斯林也许有七百万之多,政府不干涉他们的信仰。"

卡特问:"中国让不让这些信徒去麦加朝圣呢?"

邓小平说:"目前没有同意。可是,如果到麦加朝圣是意义重大的事情的话,政策是可以改变的。"

两人当然也谈到了台湾问题。邓小平坦诚地说:"中国是愿意用和平方式解

邓小平夫妇在卡特夫妇陪同下,在肯尼迪艺术中心观看演出。

决台湾问题的，但我们不会把自己的手脚捆绑起来，那样反而不利于台湾问题的和平解决。"

当时中国与沙特阿拉伯尚未建交，会谈后，卡特很快就把这一信息转达给沙特阿拉伯的领导人。

卡特是这样记述招待邓小平的这个晚宴的：

> 在正式的祝酒词和私下的谈话中，人人都心情愉快、兴致很高，好像有意要打破常常使这种场合气氛沉闷的正式外交客套。我特别高兴的是，看到国务院的中国问题专家迫不及待地当面探问他们以毕生精力研究的这个国家的历史和现代的风俗习惯。

宴会结束后，邓小平夫妇在卡特夫妇及女儿艾米的陪同下，出席了在肯尼迪艺术中心的文艺晚会。这是一家石油公司资助五十万美元举办的，堪称卡特总统任期内最讲究的活动。

这次晚会，主人安排了好些美国明星演员参加演出。美国著名节目主持人安娜·威尼斯勒把节目安排得极为出色。精彩纷呈的现代芭蕾舞演出使人如入仙境；著名钢琴家鲁道夫·塞金、歌唱家及吉他演奏家约翰·丹佛的表演令人陶醉。主人获知邓小平爱好篮球，还安排了哈莱姆环球游览职业文娱球队的篮球表演，博得全场喝彩。世界著名华裔建筑大师贝聿铭亲自登台。美国宇航员格伦为迎接中国客人也罕见地登台表演。整个晚会高潮迭起，掌声不断。最后的节目是一群天真活泼的美国儿童唱起了中国歌曲，使晚会在轻松愉快的气氛中达到最高潮。邓小平夫妇和卡特夫妇登台与演员们见面，邓小平拥抱亲吻小演员的场面极为感人，在美国传为佳话。

卡特在这天晚上的日记中这么写道：

> 在肯尼迪中心看了一场精彩表演。表演结束后，邓和我还有他的夫人卓琳女士、罗莎琳和艾米走上舞台同演员见面。当他在拥抱美国演员，特别是唱了一首中国歌曲的儿童时，确实全场感情激动。他吻了许多演员，报纸后来说许多观众流下了眼泪。

一直强烈反对同中国建交的参议员拉克索尔特在看了这场演出后说,我们被他打败了;谁也没法对唱中国歌的孩子投反对票。邓和他的夫人看来真的爱人民;他确实令在场的观众和电视观众倾倒。

也许是因为他充满活力和个子矮小,邓那天晚上成了艾米和别的儿童最喜欢的人,而且看来这种感情是双方面的。

卷三十二 | 邓小平在美国国会说：我们不能把自己的手捆住

■ 卡特希望邓使用"和平方式"和"耐心"谈台湾问题

第三次会谈是第二天（1月30日）早上9时在总统的椭圆形办公室开始的，也是在两个人之间进行的。邓小平只带着翻译冀朝铸。卡特说话就不像昨天那么小心与拘束了。卡特大声宣读了一张手写的便条，扼要地提出了其不赞成中国人进军越南的理由。读完后，就将这张便条交给了邓小平。

邓小平谈起了越南入侵柬埔寨是个严重问题，是苏联战略部署的一部分。他用了一个很形象的比喻来形容。他说，苏联在这一带的做法犹如一个哑铃，一头通过越南搞印支联邦，推行亚洲安全体系，一头是通过控制阿富汗、伊朗、印度，南下波斯湾，连接两者的马六甲海峡，苏联也正设法加以控制。这样，苏联在西太平洋和印度洋的扩张就将连成一体。对苏联的这种战略部署，如不加以破坏，就会造成更大的麻烦。越南建立印支联邦的野心也由来已久。从战略全局考虑，有必要对越南的这种狂妄野心给以教训。只要步骤适当并有限度，我们估计，苏联将难以作出很大的反应。就是从最坏的方面考虑，中国也顶得住。邓还强调说，如果中国决定采取行动，不用多久，中国军队便会撤退的。而这一行动的结果可能会是有益的，而且可能会长期起作用。

卡特放下手中那张便条说，这是一个很严肃的问题，他想同自己的顾问们研讨后再说。

卡特看着这位比自己年长约二十岁的中国老人，与昨晚拥抱亲吻儿童的情形完全不同，此刻他是一个强硬的共产党领导人，他已下定决心不让中国被人看作软弱可欺。虽然他说仍在考虑之中，但卡特得到的印象是决策已定，越南将要挨惩罚了。

然后，两人从椭圆形办公室去内阁会议室里出席更多人的会谈。这时，双方的气氛和情绪都轻松起来了。双方讨论了新中国成立时互相没收资产的遗留

邓小平与卡特举行个人会谈。

问题。在谈话中，卡特就要靠提纲所写的资料，而邓小平却无须看资料，谈话中表现出极为熟悉情况，对这些复杂问题的具体细节了如指掌。双方都十分友好地保证尽快争取解决这个问题和其他悬而未决的问题。

卡特提出了美国有关最惠国待遇的法规问题。卡特说，如果我们给予中国而不给予苏联，就会造成不平衡。

邓小平则说，在移民问题上，中国不能同苏联相提并论。他还说："如果总统阁下要我输送一千万中国人到美国来，那我是十分乐意的。"这话当场激起了一阵笑声。

卡特就互派留学生的计划提出了一个问题说："我不喜欢你们安排外国留学生自己住在一起，生活在与外界相当隔绝的环境中，不同中国学生或中国人的

邓小平夫妇与卡特夫妇合影。

家庭生活在一起。"

邓小平说:"我们人口多,目前条件还差,还没有足够的住宿条件来满足美国人所习惯的最低标准。"

卡特又问:"在你们同意有多少留学生可以去中国以后,我们希望你们不要限制谁能去谁不能去。"

邓小平笑了,说:"中国的力量还顶得住几个学生。我们不会根据意识形态来审查学生。我们对美国记者在中国各地的旅行将有些限制,但不会进行任何新闻检查。"

卡特也以幽默回敬说:"既然你给我提供 1000 万中国人,那我将给你提供 1

万名美国记者。"

邓小平乐得放声大笑，然后再表示谢绝。

卡特告诉邓小平："在你抵达华盛顿的前两天，勃列日涅夫写信来要求不让我们的西方盟国向中华人民共和国出售任何防御性武器。"

邓小平望着卡特问："阁下怎么答复？"

卡特说："我们的政策是既不向中国，也不向苏联出售武器，但是我们不谋求影响我们的拥有主权的盟国的政策。"

邓小平说："对。我知道这是你们的立场。这很好。"

卡特对此表示理解，考虑到国会正在辩论的台湾问题及那些发火的议员的态度，就请邓小平在访美期间公开谈到台湾问题时，最好用上"和平方式"和"耐心"这两个词。

邓小平自有主张、早有思想准备，就说，美国可以为中国和平解决台湾问题作出贡献，希望美国和日本规劝台湾谈判，而不要做不利于台湾问题和平解决的事；并强调说："只有在两种情况下，中国才不会对以和平方式解决台湾问题失去信心：一是迟迟不能谈判，一是苏联人进入台湾。我们不赞成向台湾出售任何武器，过了今年以后向台湾出售任何武器时贵国政府都要慎重。我们不赞成你们向台湾出售任何武器。"

这次会谈历时两个多小时。会谈结束后，邓小平和卡特从总统办公室走进被称为"总统花园"的玫瑰园，与记者们见面。当记者向他俩询问会谈的成果时，卡特说："副总理明天还要和我见面，签署即将达成的一些协议。我们的讨论是深远、坦率、诚恳、亲切而和谐的，极其有益和有建设性的。"

当他俩在记者们的镜头前再次握手时，邓小平兴奋地说：

"现在两国人民都在握手。"邓小平这句富有感情、意味深长的话也深深地打动了卡特，卡特把邓小平的手握得更紧了。

这天上午，中美双方的安全官员也会见了。泰勒带着一个律师，向凌云解释了昨天欢迎仪式上发生的事情。泰勒告诉说：按照美方的规矩，新闻记者参加仪式的采访是要事先登记的，那两个闹事的登记的是《工人报》记者，其实是"革命共产党"分子，事发后依法拘留了24小时并处以罚款后就释放了。

他们还通报：昨天傍晚白宫举行国宴的时候，"革命共产党"分子和"台独"

分子聚集在白宫外面闹事，打伤了10多名警察，警方当场就拘捕了20多人。

凌云感谢美方及时通报有关情况，同时提醒他们在今后几天的访问活动中一定要防范意外的突发事件，绝对保证邓副总理的安全。

美方再次作了承诺。

■ 他想起了黄镇说的：美国竟然有三个政府……

迎着波托马克河上吹来的风，那并排插着的五星红旗和星条旗飘扬在黑亮的林肯轿车车头上。邓小平乘坐的是卡特总统的防弹专车。

1月30日将近中午，邓小平与卡特在玫瑰园共同会见记者的活动刚刚结束，两人就分手了。由两列摩托开路引导的邓小平车队浩浩荡荡地从白宫驶出来，驶上了宾夕法尼亚大街，朝东南方向的国会大厦而去。

在华盛顿，几乎所有的街道都通向国会大厦，有人说这就像车轮上的辐条一样。国会大厦是全部由大理石砌成的一幢巍峨壮观的圆屋顶建筑，小圆塔上矗立着那座有名的自由神铜像。这座象征美国最大权力机构的建筑已经屹立了两个世纪了。

他是应邀去国会与国会两院的领袖们共进午餐的。他早就知道，在美国的政治生活中，国会发挥着极为重要的作用。在他前年重新复出时，作为在中国大地上进行改革的需要，他也曾经研究过美国三权分立的政治制度，也曾就某些问题向来华访问的美国人进行过了解。

经由国会通过的法律是国家大法。美国宪法的制定者认为，在宪法概念中，权力应该是有限的、受控制的和分散的。如果将国会的立法、行政、司法权力都集中在一个人或者一个集团之手会导致专制与腐败，从而削弱政权的基础。因此，立法、行政和司法要由三个独立的部门各司其职。同时，美国宪法的制定者也懂得，国家权力的绝对分立是不可能的，因此，在某些方面，上述"三权"又是相互渗透的：总统的任命权与参议院分享，条约缔结权（属于立法的性质）也由总统和参议院平分。另一方面，总统通过他的否决权分享立法权，国会也可以通过立法的方式规定大法官的人数、确定他们的薪水。国会对总统的制约是再明显不过的例证。

尼克松总统首次访问中国登上直升机离开白宫之前，就特别将国会两院的领袖们请到椭圆形办公室作告别会见。

他想起了出使美国多年的黄镇很形象地对他说过的："美国竟然有三个政府！我在华盛顿待了这些年，才知道美国不只有总统在白宫领导的一个政府，在国会山上还有两个政府！"

由于历史的原因，国会两院里亲台势力颇为强大，给卡特政府实现美中建交曾经构成很大的阻力，卡特受到了很大的制约，现在国会内正在对美中建交后如何处理台湾问题进行着相当激烈的辩论。中国驻美大使馆的官员也到国会旁听了这些辩论，都及时将情况发回国内来。

在美中宣布建交后，他在台湾问题上采取了一系列措施。

1978 年 12 月 16 日，在由华国锋出面宣布中美建交后发表的政府声明中，没有再使用"解放台湾"的口号，而使用"台湾回到祖国怀抱"的字眼。

12 月 31 日，国防部长徐向前宣布从 1979 年 1 月 1 日起，中国人民解放军停止炮击金门、马祖等岛屿。

1979 年 1 月 1 日，全国人大常委会发表《告台湾同胞书》，表明了争取和平解决这一历史难题的灵活姿态和决心使台湾回归祖国实现统一的原则立场。《告台湾同胞书》指出："在实现祖国统一时，一定要尊重台湾的现状，采取合情合理的政策和办法，不使台湾人民蒙受损失。建议台湾和大陆之间尽快实现通航通邮，以利于两地同胞直接接触，互通信息，探亲访友，旅游参观，进行学术、文化、体育、工艺观摩。"这是北京方面首次提到海峡两岸的"三通"问题。当晚，邓小平在全国政协座谈会上发表讲话说，台湾回归祖国问题提到具体日程上来了。

1 月 2 日上午，邓小平在会见美国民主党众议员托马斯·阿什利率领的众议院金融财政和城市事务访华团时指出：中美建交后，剩下的问题是中国自己来解决台湾回归祖国、实现祖国统一的问题。我们对统一祖国采取现实态度。我们尊重台湾的现实。允许美国、日本在内的各国同台湾继续保持民间商务、投资等关系。但"中华民国"的旗子是要降下来才行。我们不允许有什么"两个中国"。在谈到反对中美建交的反共参议员戈德华特时，他曾经和解地表示，如果戈德华特来，我们会高兴地进行会见并从从容容地进行讨论，不会吵架。他的这番富有新意的话，给在座的美国客人留下了深刻的印象。

1月5日上午，邓小平在会见来访的27名美国记者组成的访华团时，再次全面阐述了中国政府关于台湾问题的立场。他态度十分诚恳地说：

> 我们多次声明，台湾回归祖国，完成祖国的统一大业，这完全是中国的内政。正是在这个基础上，我们实现了同美国的关系正常化。当然，在双方达成建交协议的时候，卡特总统曾经表示一种愿望，希望能够用和平方式解决台湾问题。我们注意到这个愿望，但是我们同时也表示这是中国的内政问题。我们当然力求用和平方式来解决台湾回归祖国的问题，但是究竟可不可能，这是一个很复杂的问题。在这个问题上，我们不能承担这么一个义务：除了和平方式以外不能用其他方式来实现统一祖国的愿望。我们不能把自己的手捆起来。如果我们把自己的手捆起来，反而会妨碍和平解决台湾问题这个良好的愿望。至于时间表，中国是有耐心的。

他所表明的立场，坦率诚挚，合情合理，在国际社会是获得好评的。

这次在双方商定他访问美国的具体安排时，卡特总统特意主张安排了1月30日的大半天时间，让他与国会领袖会面，以消除国会方面对台湾问题的担忧和顾虑。国会最近对于台湾问题而进行激烈辩论的情况，他了如指掌。他做了充分准备，甚至有信心与美国国会中的极右人物进行见面会谈。

他这次到国会来访问，也可以算是中国国家领导人第一次访问美国国会众参两院。

■ 卡特请邓小平安排时间会晤国会两院领袖

美国国会参众两院都友好地接待了邓小平。国会大厦北翼的参议院会议厅里，仅有的100个座位都坐满了。邓小平与85位参议员共进午餐，宾主边吃边谈。用餐之后，他还单独会见了参议院多数党领袖罗伯特·伯德（民主党）、少数党领袖贝克（共和党）和众议院议长托马斯·奥尼尔。邓小平还出席了众议院的茶会，与众议院其他领袖们、外委会全体成员和另外四十多名众议员喝了茶。在举行午餐会、茶会时，两院的成员列队等候与邓小平握手，许多人要求邓小平签名。其情形是感人的。

邓小平认真地聆听了四位参议院领袖和三位众议院领袖分别在午餐会和茶会上所致的欢迎词。其中一个略懂中文的众议院领袖翟伯奇还试图咬文嚼字地用汉语来致欢迎词，说："我很愉快，国际关系委员会和我个人欢迎您——副总理。我们大家都希望并祈祷可以保障在远东的和平与稳定。"

这就引起了一片笑声。当翟伯奇接着又用地道的英语将话翻出后，获得了非常愉快的反应和掌声。

两院所有的致辞者，无论是直接的还是间接的，都表达了他们对台湾安全的关注。众议院议长奥尼尔则告诉邓小平："我们想让您知道，我们都关心和平

邓小平在美国国会发表演讲。

邓小平与卡特签订中美两国科学技术与文化交流协议。

解决台湾的问题。"

对议员们提出的问题,邓小平都一一作了回答。虽然说,邓小平与其他中国官员已经多次在不同的场合表明,台湾问题是中国的内政,是主权问题,应由中国人自己解决;但是,在谈到议员们问到的台湾问题时,他进一步阐明了台湾问题是中国内政的原则立场,还令人信服地讲明了使台湾回归祖国、实现统一的合情合理的政策和办法。

他在讲话中强调说:"我相信你们已经注意到,我们已经很长时间没有用'解放台湾'这个提法了。只要台湾回归祖国,我们将尊重那里的现实和现行制度,台湾当局可以继续管理其军队,还可保持它同美国和其他国家的商业等非官方关系。""我们在台湾问题上是有耐心的,但耐心也不是无边无际的,中国有两

邓小平与美国前总统尼克松会见。

只手,同美国人一样,都有两只手";我们"不能承担不用武力解决台湾问题的义务,因为这不利于台湾问题的和平解决",我们"不能只有一只手,把另一只手捆住"。

他还说:"你们当中的有些人也许不太清楚中国的立场,欢迎你们所有的人到中国去看看。"

卡特总统对邓小平与美国国会的交往给予了极高的评价。邓小平的话起到了安抚作用。许多议员们确信,中国不会用武力解放台湾。参议员保罗·拉克素尔特说:"很明显,那些人(中共领导人)愿意看到台湾自治。"

众议员托尼·豪尔建议众议院国际关系委员会将邓小平在国会的讲话正式写进"台湾关系法案"中,"他的话的确很有信服力,我相信中国副总理对这个委员会所说的话,不会是漫不经心,不负责任的"。

邓小平的友好而诚恳的态度,赢得了大多数国会领导人的好感。在参议院的午餐会结束后,参议员亨利·杰克逊说:"他的确是一位中国十分杰出的使者。他不仅沉着而有自制力,更因为他有一副热情而友好的笑脸⋯⋯"

在邓小平结束访问国会后,在参议院外委会颇有影响的资深参议员杰科

邓小平与美国前总统尼克松会见。

比·贾维茨说:"邓总理很聪明,他给你一种感觉,即他是那么直率和坦诚,但他从不说任何他不想说的话。他不承诺在台湾问题上的最后底线,但他说了足够多的话来保证美中关系正常化能向前走。"多数政界人士认为,邓小平的华盛顿之行帮助卡特政府缓解了国会人士对台湾安全的顾虑。贾维茨预测,国会将会批准"可以使我国同中华人民共和国新建立起来的关系不受影响"的法律。

1月30日这天晚上,他还出席了美中人民友好协会和全美华人协会举行的招待会并发表讲话,强调说:

> 中美关系正常化后,台湾回归祖国、和平统一祖国问题有了更好的条件。中国政府在解决台湾问题的时候,一定考虑到台湾的现实,

邓小平与基辛格博士会见。

邓小平在华盛顿举行隆重招待会,答谢美国政府与人民。

重视台湾人民的意见,实行合情合理的政策。

1月31日,上午,邓小平会见了前总统尼克松,就共同关心的问题交换了意见,他还参观了美国宇航博物馆,接受了费城坦普尔大学授予的名誉法学博士学位。下午,他在白宫与卡特签署了中美科技合作协定和文化协定等。晚上,邓小平在中国驻美联络处举行盛大的答谢宴会,到会的人超出了预期,大厅里挤得简直水泄不通。为邓小平致辞做翻译的费斐女士几乎挤不上只有一尺高的临时搭就的讲台。人人都要求与邓小平碰杯,说几句话,抢拍个镜头,气氛之热烈感染了每一个与会者。

在离开白宫之前,邓小平与卡特亲切地拥抱告别。邓小平与卡特会见开始时是从吸烟的话题开始的,告别时也是谈烟。卡特对邓小平说,只要不影响您的健康,您明天到了我的家乡佐治亚,可以品尝好几种最优良的烟叶。

邓小平手里还拿着一支香烟说:尽管我离不开烟,但我的医生向我保证我不会得癌症。

2月1日,发表了《中美联合公报》。这天早上,邓小平在离开华盛顿之前,还与基辛格博士共进早餐。

卷三十三 | "邓小平旋风":美国电视黄金时间跟踪播送邓的访问

■ 亚特兰大：邓小平在访美计划之外去黑人领袖马丁·路德·金墓地献花

在辽阔透迤、丘陵起伏的红土带中一个现代化城市的巨大轮廓鸟瞰在望了，这就是亚特兰大。邓小平乘坐的"空军一号"总统专机在哈茨菲尔德国际机场徐徐降落。四周到处可见各个航空公司的巨型客机呼啸着起飞或降落。想不到这个过去以种花生、烟草等农业种植闻名的南方州的首府，竟然有着世界上最繁忙的机场。陪同的万斯国务卿告诉邓小平，亚特兰大这个机场从乘客人数来说也仅次于芝加哥的奥黑尔国际机场。

佐治亚州州长乔治·巴斯比与亚特兰大市长杰克逊及有关官员已经在舷梯前迎候。在前往下榻的桃树广场酒店的路上，巴斯比州长还自豪地告诉邓小平一则笑话。过去亚特兰大只是靠铁路运输，因而南方佬都认为，他们死后无论是上天国还是下地狱，都要途经地处交通要道的亚特兰大。现在这则笑话已经翻新了，增添了新的妙趣：有人问一位南方佬，他死后会是"上"去还是"下"去。这人回答说："我不晓得，不过，无论是'上'还是'下'，到时都得在亚特兰大换飞机。"

邓小平听了开心地大笑，说："我出生在中国以幽默见长的四川，很欣赏你们亚特兰大式的幽默。"

邓小平懂了卡特总统为什么极力主张他到佐治亚州来看一看："我特别请您去佐治亚州去访问，并不是因为您爱吸烟，而那里种着美国最多最好的烟叶。"卡特对他谈起过故乡的过去，"那时我常常早上4点钟就起床去刨花生。我们的

亚特兰大的马丁·路德·金墓地。

房子里没有自来水。天一下雨红土道路就泥泞不堪……"

邓小平一下飞机就感觉到，现在的亚特兰大的确成了20世纪后期美国最为生气勃勃的城市。这个接替卡特担任州长的巴斯比不无自豪地说，现在落基山脉分水岭东面所有的南方资本家全都到亚特兰大来借钱，亚特兰大的银行属于全美国最活跃最放手的银行之列，现在要筹措大资金已经不需要跑到纽约去了。《财富》杂志所列出的有名的500家大公司中就有431家在亚特兰大设有办事处。佐治亚州的成就与影响，使巴斯比州长被推选为全美州长联合会主席。

车队抵达酒店时，有数十人在酒店旁的大街上集会，吵吵闹闹，据称是一个叫"约翰·伯奇协会"的法西斯组织和某些宗教团体搞起来的。但对邓小平的访问活动没有产生什么影响。

邓小平的到访，在佐治亚州引起了极大的轰动。佐治亚州是美国最早消除种族歧视的州，卡特任州长时，曾经在州议会大厦挂出黑人领袖马丁·路德·金的画像，这在20世纪70年代初被视为一种勇敢的行为。邓小平抵达后，很活跃的亚特兰大黑人市长杰克逊先生主动提出邀请邓副总理下午去访问马丁·路德·金牧师的墓地。这是计划外的事情。

邓小平当即答应了。

中午，美方主管安全的泰勒先生就来到凌云的住房，说："凌先生，邓副总理答应市长邀请去马丁·路德·金的墓地献花，这是原先没有列入计划的，我们认为邓到那里去安全上有问题，现在时间已经很紧迫，希望你能够施加影响，取消这个节目。"

这是个突如其来的问题，为此，凌云踌躇了一阵子。他觉得，"金牧师"是黑人民权运动的著名领袖，1968年被白人种族主义者暗杀，在这个黑人众多的城市，由一位黑人市长邀请邓小平去访问他的墓地，邓小平是不会推辞而且乐意去的，何况已经当面答应更不能变卦说不去。但这又是美方第一次作为一个没有安全把握的难题提出来的。为什么不安全？泰勒没说。凌云也不便追问，觉得心里实在没底，上次来亚特兰大考察时，当然就没有看计划外的地点。

凌云思索片刻，就对泰勒说："既然是杰克逊市长提出的邀请，邓副总理接受的，我方就不能说不去，我也无法施加影响；去不去应当由你们作出决定；如果去，你们必须对邓副总理的安全给以保证。泰勒先生，你们一有决定就尽快通知我。"

泰勒离去了一刻钟，就又返回来了，高兴地说："金的墓地可以去了，安全已经没问题了。"

凌云问："怎么变得这样快？"

泰勒说："亚特兰大的市政委员会刚才作出决定，金牧师所在地的居民从现在起一概不准出门上街。这个决定正在电台里广播呢。"

凌云立即要泰勒陪同他去金墓地走一遭。到了那里，凌云看见果然街区间静悄悄的，空无一人，在一两座高楼顶上停有直升机待命。原来那里是一个黑人居住区，墓地临一水塘，修缮得很整洁，看来一直受到黑人群众的崇敬和保护。他回到酒店，即将情况通知了随卫的中央警卫局副局长孙勇。

2月1日下午，邓小平在参观了亚特兰大的一个福特汽车分厂后，就应邀去马丁·路德·金的陵墓敬献了花圈，进行得很顺利，什么事也没有发生。

当晚，巴斯比州长主持的盛大的晚宴，竟然有美国南部十七个州的州长作

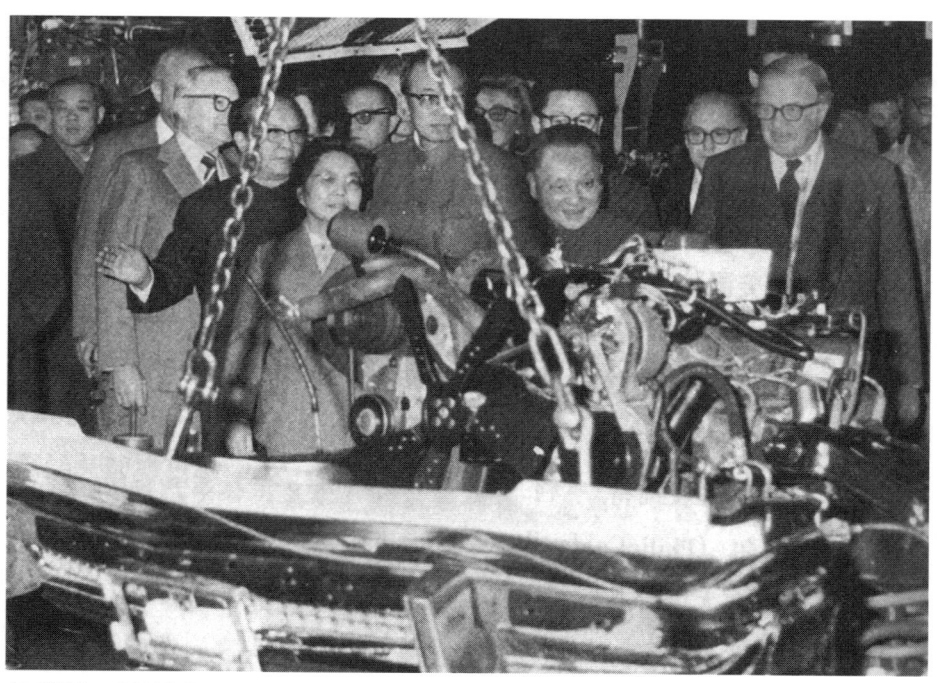

在亚特兰大，邓小平参观了福特汽车制造厂。

陪待客。来自美国南方各地的行政长官们，纷纷轮流着向邓小平表示敬意。有的州长还代表州政府给邓小平赠送了礼物。这些州长纷纷告诉邓小平：他那个州什么是世界第一，什么是美国第一，有什么大学，希望和中国做生意、交换留学生、希望访问中国等等。

这真是一种绝无仅有的礼仪！

难怪有美国记者报道说："在美国，如此高贵的陪客参加这样非凡的招待会，是前所未有的。这不仅仅是好客，而是对于作为重要世界和平力量和亚太地区稳定因素的中华人民共和国的重视，也是对中国人民领袖和决策者邓小平的尊敬。"

2月2日上午，邓小平离开亚特兰大飞往得克萨斯州的休斯敦市访问。

■ 休斯敦之一：三K党徒突然袭向邓小平，瞬间化险为夷

邓小平知道得克萨斯的石油和财富是美国有名的，他的朋友、担任过驻华联络处主任的乔治·布什就是在这里开采石油发了财才弃商从政的。因为财富聚集，休斯敦是个"发展快得近乎疯狂"的城市。在不起眼的环境中，一下子就崛起了二十七座摩天大楼，休斯敦的财富使它成为摩天大楼的试验室。

中方事先得到情报，估计反华势力要在这个城市搞较大规模的"游行示威"，消息灵通的合众社记者预料在邓下榻的赫亚特旅馆附近将有一千多人集结。实际上这天来的人要少得多，约有六百人，显得规模很小。有约二十名"革命共产党"分子在街上呼喊口号并与警察发生了冲突。

邓小平计划只在休斯敦访问一天，来不及看首创心脏移植手术的得克萨斯医疗中心，而是挑选参观了林登·约翰逊航天中心。他会见了美国宇航员格伦并登上航天飞机模型座舱。在车队去航天中心时，路边有二百多人集结，有亲台华人也有美国人。凌云走近他们的队伍，笑着看他们，他们也报以微笑，并无敌意的表现。经打听，原来这些学生模样的年轻人大多是台湾国民党出钱从美国各地招来的，说是出钱让他们到南部去旅游。凌云感到，这些年轻人不了解新中国，是台湾国民党利用了他们年轻学子的幼稚。

邓小平参观休斯敦航天中心，在航天飞机驾驶舱体验了一下。

邓小平在航天中心坐月球车。

得克萨斯州是美国养牛最多的州,"西部牛仔"和驯牛驰名世界,在这里拍摄过好些好莱坞出品的有名西部片。这天晚上,他在休斯敦市郊的西蒙顿竞技场兴致勃勃地观看了很有特色的驯牛等竞技表演。表演开始前,两名骑白马的女士把邓小平和方毅请到观众的面前,向他们各赠了一顶崭新的边檐翘起的白色牛仔帽,他们当即很高兴地戴上了。接着,邓小平应邀坐进一辆19世纪的马车,绕竞技场跑了两圈,赢得了在场的美国观众一片欢呼声和掌声。他头戴牛仔帽的镜头和照片,经传媒传遍了世界,有评论家说"邓头戴有美国文化象征的牛仔帽,这在毛的激进派掌权的时代是不可想象的,这表明了中国改革开放"。

邓小平戴牛仔帽使随行的中国驻美外交官们特别感慨,当年联络处副主任韩叙也曾戴了美国朋友赠送的牛仔帽,"四人帮"看到了照片,就批韩叙"崇洋媚外",发电至华盛顿来要其检讨。

在休斯敦西蒙顿竞技场,训牛表演的骑手赠给邓小平牛仔帽。

邓小平访美期间出的一次险情,发生在2月2日傍晚6时准备出发去出席晚宴的时候。凌云在其回忆文章中是这样记述的:

> 当邓从旅馆楼上下到楼下大厅准备出门乘车时,我方的随卫人员在前面和两侧。后面相距数米跟进的是美方安全警卫人员凯利。我的位置又在他的后面。突然有一个人插到凯利的前面奔向邓小平,只见凯利疾步抢上前去,胳膊一挥把人击倒,在附近的警卫人员一拥而上把人捉住了。邓小平在我方随卫人员的护卫下安然出门上车走了。
>
> 瞬息之间,化险为夷。事后,据美方告知,这是美国最老的恐怖组织三K党的党徒,名叫路易·比姆,他被拘捕后还有几个同党举着标语牌上街"示威"。这个三K党徒究竟想干什么,美方没有透露,我们也就不去深问了。

事后,凌云特意向凯利表示感谢,赞赏他的机警和果敢。他会汉语,当

邓小平戴牛仔帽。

过水球队员，曾跟随福特总统访问中国。他笑着告诉凌云，他正在准备博士论文，题目就是《中国的公安工作》。从此，凯利成了中国人民的好朋友，在职期间与退休后，曾多次访问中国，对中国挺有感情。

■ 休斯敦之二：邓小平与骗过特工混入宴会的哈默博士成了好朋友

邓小平在休斯敦的一大收获，就是结识了著名的世界石油巨头亚蒙·哈默。西方石油公司董事长哈默是个世界级的名人，其大名鼎鼎除了因为他是石油巨富之外，主要是因为他早年就见过列宁，支持过苏联的新经济发展。

邓小平与哈默之间真是很有缘分。

哈默经常乘着自己的私人专机全世界到处飞，当然一直关注世界风云变幻，因而也就以极大的兴趣关心着尼克松、基辛格、福特等所开始的与中国和解的对华新政策。卡特总统实现了美中关系正常化，使哈默感到十分兴奋。哈默向往着中国。然而，几经探询，卡特政府对向哈默打开通向中国大门之事却不积极也不热情。原来，政府鉴于哈默同苏联的长期关系，担心其会成为中国领导人所不欢迎的人。对于邓小平这次访问华盛顿，哈默几次表示想参加欢迎邓的有关活动，哪怕只出席一次也行。据哈默事后回忆说："卡特的顾问们千方百计让我避开，邓在华盛顿出席的任何重大场合，都不邀请我参加。"

但哈默并不泄气，坚持不懈地要求参加一次为邓小平举行的集会，哪怕不在华盛顿也行。哈默的努力终于有了一点儿结果，经过其在白宫的一个朋友也是总统的特别贸易代表鲍勃·斯特劳斯的疏通，哈默在华盛顿的办事处在最后关头得到了斯特劳斯的电话通知说，哈默夫妇有票出席在得克萨斯州为邓小平举行的一次盛大集会。这是得克萨斯的石油巨头们要在休斯敦附近的西蒙顿竞技场为邓小平和他的代表团举行一个盛大的烤肉宴会和一场牧人的竞技表演。

2月2日黄昏时分，哈默携带夫人弗朗西丝驱车来到竞技场，发现到处都布满了安全警卫，双层关卡验证。在第一道入口处，哈默向把关的女警卫通报了姓名。由于过去哈默经常出席白宫国宴厅的重大活动，女警卫认识他，就帮

邓小平与哈默博士在休斯敦结识，从此成为好朋友。

他在客人名单里上上下下地寻找起来。最后她说："哈默博士，实在抱歉，名单上没有您的名字。"

他立即想到好友斯特劳斯的电话通知肯定不会有错，这可能是对苏态度强硬的布热津斯基干的，白宫的这个国家安全事务助理深得卡特总统信任，权力很大，不仅知道他与苏联有多年的密切关系，还知道他是俄国的移民，肯定在最后审阅名单的时候又将他划掉了。他想，自己既然来了，就得设法进去会会邓小平，要不就没机会了。

哈默微笑着说："没关系，显然是出了差错。宴会在哪儿举行呢？"

她答道："在里面的俱乐部。"

哈默说："那么我的名字肯定在里面的名单上。"

她放哈默夫妇过了第一道关卡。

一个魁梧的特工守着通入俱乐部的门。哈默又报了姓名，说了一遍情况："我的名字肯定在大门口的名单上被错误地漏掉了。门口那位姑娘说，肯定在俱乐部里面的名单上。"

特工上下打量了他一眼：哈默满头银发，已是80岁出头的老人。特工就客气地说："你们可以进去核对一下里面的名单，但是如果没有你们的名字，你们必须出来。"

哈默夫妇走进了俱乐部。拿着宴会总名单的主管女士把名单细细地看了一遍，摇了摇头说："对不起，哈默博士，这名单上没有您的名字。"

哈默问："我可不可以看一下名单？"

她递过了名单。他顺着名单往下看，一直看到了一个叫"罗伯特·麦吉"的名字。

"啊！我明白怎么回事了。"哈默喊了起来，"罗伯特·麦吉，是我们华盛顿办事处的一名高级执事，是他同白宫联系安排我来这里出席宴会的。我的票肯定也是错误地以他的名字发出去的。"

"噢！"女主管大大地松了一口气，"原来是这么一回事。好了，您的座位在5号桌。"

哈默耍了一个小花招，就这么混进宴会里来了。他与夫人仍然朝5号桌走去。宴会厅里的人越来越满了，已经有人坐在5号桌旁。哈默从来没有见过坐在桌边的人。他们对哈默作了自我介绍，他们就是真正的罗伯特·麦吉先生和夫人。

弗朗西丝愣住了，忙说："亚蒙，我们出去吧。"

哈默说："不，我不出去。他们现在没法把我从这里赶出去了。"

哈默夫妇也在桌旁坐下来，开始与麦吉夫妇友好地交谈起来。麦吉先生负责着一家大石油供应公司，该公司也同西方石油公司做生意，对哈默的名字很熟悉。越来越多的得克萨斯石油大亨走进宴会厅里就座。哈默看到了某些石油大亨脸上露出的惊诧的表情，他们可能惊讶为什么得克萨斯石油巨头的聚会怎么闯进了一个来自加利福尼亚州的不速之客。

有人招呼了一声，大家就站起来列队欢迎邓小平和中国代表团。队列中有50多位总经理，有的携带着夫人。邓小平率团经过欢迎的行列。哈默是这么记述与邓小平的头次见面的：

> 他身材矮小，脸上一直闪烁着动人的微笑。一名翻译陪着他，依次把每位总经理的名字告诉他，并说几句介绍的话。
>
> 当他走到我面前时，邓对翻译说："你用不着给我介绍哈默博士。"然后冲着我笑起来，握着我的手说："我们都知道你。你是在苏联需要帮助的时候帮助了列宁的那个人。现在你可要来中国帮助我们呢。"

"我非常愿意。"我回答说,"可是据我了解,你们不允许私人飞机进入中国,而我又年纪太大,不能乘坐商用飞机。"

"噢。"他说着把手一挥,好像把这个问题扔到一边。

"好办。只要你给我一封电报,告诉我你想什么时候来,我可以作出一切必要的安排。"

欢迎仪式结束,哈默夫妇又回到了"自己的"桌子旁,每一桌都有一位中国代表团的成员。与哈默同坐一桌的是当时的中国驻加拿大大使章文晋(后来成了驻美国大使)。章文晋说:"哈默博士,您不应当坐在这儿,您应当和邓小平坐在一起。"

章文晋就拉着哈默的手,将其带到邓小平的桌旁。邓小平就让哈默坐在他身边。坐在这一桌的能源部长詹姆斯·施莱辛格对哈默无可奈何,只好对哈默冷眼相视。可是,哈默并不在乎施莱辛格的冷眼,知道当着邓小平的面,这位部长已经没法说:"这人没有票,是混进来的。应该将他赶出去。"

总统特别贸易代表鲍勃·斯特劳斯迟到了一会儿,就坐在邓小平附近稍远的一桌,用一种揶揄的表情看着哈默。在晚餐会上,邓小平通过翻译问哈默,当年其同列宁会见的一切情况,以及当时对列宁的新经济政策的感受。

晚餐会后,邓小平也请哈默到专用包厢里,让哈默坐在他的身旁,观看为他举行的专场表演。当晚,两人分手前,约定尽快在北京见面。

经过两个多月的书信往返,这一年(1979 年)5 月间,哈默博士果然成了头批乘坐私人波音 727 型专机进入中国的人。哈默从石油勘探、煤矿开采、杂交稻种和化学肥料等方面开始与中国进行经济合作。从此,哈默与邓小平几乎年年都要见面,无论是礼仪场合或是私下晤谈,都能进行真挚广泛而无拘束的讨论。

哈默是这样回忆邓小平给他的印象的:

> 他非常敏锐,非常明智,而且正如我以后所发现的,他有着很强的记忆力——每次和我见面他总是确切地记得前一次都讲了些什么,他从不需要笔录和问他的助手。他总是什么都知道。

他留给我的印象是一个最精明能干、最聪敏睿智的政治家，坚定不移地遵循着符合他的国家最高利益的路线。

……

（他使我感到）一个人以如此饱满的热情处理自己的问题，并紧张忙碌地从事着改善自己民族的生活，是敢于藐视那些干瘪瘪的经济统计数字和人们捕风捉影的预言的。中国一定会克服困难，获得成功，我对此毫不怀疑。

■ 西雅图：邓小平的访问使波音成为最早进入中国的美国首批大公司之一

2月3日下午，邓小平离开南部墨西哥湾旁的休斯敦，飞往美国本土遥远西北角的华盛顿州西雅图市访问。

像泼水洗过似的蓝天，满是苍翠碧绿的城市景色，四周冰雪覆盖的山峰，这就是西雅图。过去这里以砍伐森林、出产木材出名，现在这里以制造波音飞机驰名。这是民主党控制的一个州。邓小平对美国访问的行程十分紧凑，除了首都华盛顿之外，就是亚特兰大、休斯敦和西雅图。其中访问西雅图的主要原因，据说就是亨利·杰克逊参议员所要求的，因为这是杰克逊的家乡。

亨利·杰克逊是美国重量级的参议员，是中国人民信赖的老朋友。早在50年代，当美国政坛依然非常敌视新中国的时候，杰克逊参议员便对中国共产党领导人作出了肯定的评价。1960年1月3日，他曾以美国参议院政府运作委员会主席的身份，向国会提交一份特别调查报告《共产中国国策机构》，报告说："中国共产党在高层方面的高度团结和安定，是世界主要共产党都难望其项背的。"这份报告的结论说，中国共产党领导人将中国地位大大提高，"在短短十年时间里，使一个疲惫不堪的庞然巨物，变成一个向前迈进的巨人"。

1974年7月间，杰克逊第一次访华时，病重的周恩来总理在整个6月份都没有接见客人，外国客人、中国同志都没有见，但在得知杰克逊参议员来了，经毛泽东同意，就破例在医院会见了杰克逊。1978年夏天，杰克逊参议员第二次访华时，与邓小平作了长时间坦率而别具特色的畅谈。杰克逊不满足于仅在北京与高层进行的会谈，而总是抽时间访问中国各地，作为自己认识中国人民在建设现代化国家所面临的历史难题的努力之一部分。中国内地，山东、江苏、上海与东南沿海，甚至新疆、内蒙古都曾留下其足迹。杰克逊可以称作是最了解占世界四分之一人口国度的少数美国人之一。在向中方推荐总统的国家安全事务助理布热津斯基访华一事中，杰克逊扮演着十分重要的幕后角色。

在与中国领导人会谈或是在美国与友人交谈时，杰克逊都坚持这样的观点：他是从历史形成了自己的看法的。长期以来，美国都希望中国强大、独立和统一，从而对世界和平以及亚太地区的安全作出贡献。美国没有理由要威胁中国。相反，正如以前的沙俄一样，苏联却不会欢迎在门口出现一个强大的中国。最

邓小平参观西雅图波音公司，乘车观看波音747的装配线。

合苏联胃口的,不是一个在苏联控制下统一的中国,就是一个屡弱的中国。

杰克逊还认为,中国领导人对台湾有着非常真实而强烈的感情,美国不能视作等闲。美国要遵守自己的诺言,不能用台湾问题侮辱北京。美国在很多场合中表示将会追随"一个中国"的政策。也就是说,美国只承认一个中国,而台湾是中国的一部分。这个公式确立了一个大前提:美国绝不炮制一个独立的台湾或使台湾恒久地与大陆分离。美国必须避免引起中国的怀疑,留下任何蛛丝马迹使人觉得我们真实政策是搞"两个中国"或"一中一台"。促进台湾人民福利的最好办法是通过北京、台北之间的和平调解,这是中国人自己的事,美国不应参与。还值得一提的是,在中美建交之后,杰克逊是反对美国继续向台湾出售武器的主要参议员之一。

2月4日上午,邓小平在西雅图会见了杰克逊。杰克逊在这一届国会里担任着影响力很大的美国参议院能源和自然委员会的主席。邓小平来到美国后,听不止一个美国人说起过杰克逊的故事:这是一个视工作为美德、享受为罪恶的人,是清教徒伦理的活生生的体现。杰克逊曾是民主党总统候选人的强有力竞争者。在美国国会通过的许多具有划时代意义的法案中,杰克逊可以占据头功,其中最为出色的有20世纪60年代初期的荒野法、雷德伍兹国家公园法、有里程碑意义的全国环境保护法和阿拉斯加土著人要求法。

就像上次1978年在北京的谈话一样,两人的话题谈得十分广泛。杰克逊为美中实现建交而能在家乡见到邓小平感到高兴。杰克逊说:"感谢你这么老远飞来看我。这使我回想起过去20多年来,我对两国的疏远和完全断绝沟通深表遗憾。要不,我们两人就不至于到现在白发苍苍了才能够互相来往了。"

邓小平说:"在冷战时代,麦卡锡主义搞得好些美国人过分恐共,也是一个重要原因。"

杰克逊指着那本封面有邓小平像的《时代》周刊,笑着说:"那个时候,恐怕也认为你是红色魔鬼头子之一,不可能想象可以将你评为《时代周刊》的新闻人物啊。还有一个重要原因,就是美国不了解中国。我一向认为,美国未能理解中苏分歧是美国情报界最可耻的大失败之一。就像中央情报局,具备必要的有关中国语言、文化、历史等知识的官员实在少得太可怜。"

杰克逊给邓小平介绍自己的家乡,笑着告诉邓:"我们华盛顿州的产业工人总罢工历来是全美国最激进最有名的，西雅图街头甚至发生过流血激战，因此有人说了一句有名的话：美国一共有47个州和华盛顿苏维埃。"

邓小平也笑着回答："我年轻时在法国领教过产业工人罢工，我此次来西雅图，是中国为了在本世纪末实现农业、工业、科学技术和国防现代化，而向创造了先进工业文明的美国人民请教的。我们两国在经济、文化、科技、能源等领域存在着广泛交流与合作的余地。"

杰克逊说："我当然希望中国多多购买我家乡生产的波音飞机。"

邓小平说："中国是一个有着巨大开发潜力的市场，也当然有波音飞机的用武之地。"

中午，邓小平出席了美国联合航空公司总经理爱德华·卡尔逊和波音公司董事长桑顿·威尔逊为他举行的午宴。下午，他仔细地参观了波音747型飞机装配厂。晚上，他出席了西雅图商业界为他举行的宴会。

邓小平访问西雅图，导致了波音公司在中美关系正常化之后，成为首批进入中国市场的美国大公司之一。至今在中国民航的国内国际航线上，波音飞机成了主要的机种。

邓小平结束在美访问之前，特别接见了美方的安全警卫人员，还与他们合影留念。他还很高兴地收下了一件与警卫工作有关的特别礼物，就是贴有他的照片的西雅图警察局带有证章的局长证。邓小平在合影之后，对美方警卫人员说："感谢你们的周到服务，保证了我访问美国的圆满之行。今后，我欢迎你们当中的任何人到中国来访问。"

2月5日上午，邓小平圆满地结束了在美国的友好访问，飞离西雅图，途经东京回国。

邓小平在西雅图机场发表告别讲话，指出他与美国领导人交换对双边关系和国际问题的看法，肯定共同点，缩小分歧点，收到良好和巨大的成果。希望中美两国人民能千万代地友好下去，能在维护和平和发展经济这两方面开展合作，中美关系的不断发展，一定会对太平洋地区以至世界的局势产生深远的积极影响。

由于在国会刚刚爆发了关于台湾问题的辩论，卡特总统一开始对邓小平访美顾虑重重，特别担心中国在台湾问题上持不妥协态度，还可能在亚洲其他地

1979年2月5日上午，邓小平与伍德科克大使告辞，乘专机经东京回国。

区遇到难以预料的复杂问题，甚至发生重大对抗，在美国国会也会遇到政治上的反对。但卡特经过与邓小平一接触，就发现了邓小平的高超的智慧和感人的人格魅力，邓小平在国会的访问与讲话，十分巧妙地做了国会领袖及议员们的工作，超出了预想的成果。

卡特对邓小平的感觉很好，曾经在日记中写下了这样的话：

邓给我留下了好印象。他身材矮小，性格坚强，有才智，坦率、勇敢、气宇不凡、自信、友好。同他谈判是一种乐趣。

卡特还觉得，邓小平的访问是其在总统任期里的愉快经历之一。他曾经用热情洋溢的语言这样说：

（邓的访问）恰恰相反，一切都很顺利。无论在建交前还是在建交之后，中国人对我的其他职责，对我们国内的政治现实表现出十分了解。关于第二阶段限制战略武器会谈，关于解决台湾问题，关于我们新建立的外交关系在太平洋的稳定作用，以及我们同日本建立牢固的合作关系的必要性，他们的言论都是有益的……在这个过程中，我懂得了为什么有人说中国人是世界上最文明的民族！

邓小平在飞离美国时，致电卡特总统，肯定他访美取得圆满成功，表示中美两国关系将会在新的历史条件下，得到重大的发展。

邓小平以其特有的魅力，在美国再次掀起了一次"中国热"。有评论说，这次"邓小平旋风"吹遍了美利坚，影响是十分巨大的。邓小平访美期间，美国主流电视每天的黄金时间变成了"邓小平时间"或"邓小平频道"。据白宫老资格的礼宾人士说，这种热烈场面对他们来说也是空前的，是"二战"以前接待英国丘吉尔首相以来再没有过的，是战后第一次；远远超过了上次赫鲁晓夫访美的盛况，这在美国外交史上是极为罕见的。

卷三十四 中美两国驻对方大使馆终于顺利举行开馆仪式

■ 他不在乎是否有人反对他当首任驻华大使，而在乎海鸥驻足在他的肩膀上

得知他要到国会山上来开会，年轻的妻子姗伦要他到林肯纪念堂前去试一试，让海鸥来检测一下他是恶还是善。她说，那里的海鸥很通灵性，绝不会落在恶人的肩上，只会落在心善者的肩头。

2月初的这天，国会参议院外委会要开会对他的首任驻中国特命全权大使的任命进行确认。这个确认工作首先就是要在参院外委会进行一次程序性的辩论。他也知道，曾经有总统任命的驻外大使人选被参院外委会否决。对他的任命经国会确认后，他才能赶赴北京主持预定3月1日举行的美国驻华使馆的开馆仪式。卡特曾经对他说，鉴于他在美国社会的影响力，这一任命是能在国会顺利通过的。对于听取这场与自己有关的辩论，他早就做了思想准备。但是他更感兴趣的，是按姗伦的意思来测一下善恶。于是，参院开会之前，他独自提前来到了国家大草坪。大草坪的东端是国会大厦，西端就是那座神殿似的林肯纪念堂。

当他沿着草坪走到林肯纪念堂前的时候，群集的海鸥在他身旁的倒影池边嬉戏。他想起，那年(1963年8月23日)20万人在这里举行和平集会，黑人领袖马丁·路德·金在纪念堂东台阶上，发表了那篇金声玉振的著名演说《我有一个梦》。姗伦还告诉他，马丁在演说开始前，就有好几只领头的海鸥轮流在其肩头驻足。想着想着，这时，他突然感觉到右肩头有一丝极为轻盈的颤动，竟然有一只海鸥收起翅膀驻足在他的肩膀上。他很高兴，似乎这只海鸥懂得他的心思。

他生怕惊飞了它，就小心侧脸望着这只海鸥。他心里甚至想，要是这次外

委会有些人投反对票，他的首任驻华大使的任命通不过，他也不在乎。他在乎这些神灵似的小鸥鸟确认了他的心是善的。

他按时来到了国会大厦，出席在参议院会议大厅举行的外委会对首任驻中华人民共和国大使任命确认的程序性辩论。辩论会一开始，首先是与台湾关系很密切的参议员赫尔姆斯对他作了强烈的批评。赫尔姆斯说："在建交谈判的过程中，伍德科克先生没有能够从中国人那里得到一个直接表示不会对台湾动武的承诺。我当然充分意识到，伍德科克大使所执行的政策是白宫和国务院所制定的；但是没有任何迹象表明，伍德科克先生自己曾经主动介入，努力争取得到中国方面的承诺。"

针对赫尔姆斯的批评，他在答辩中为自己在建交谈判中的表现作了辩护："我个人认为，坚持要求中国放弃武力攻台，只会使建交谈判遇到路障、陷入僵局而已，因为所谈判的是主权问题。这实质上是试图让一个主权国家承诺不使用武力来对付认为是它境内一个省的问题。"

赫尔姆斯即刻反驳说："在我看来，伍德科克先生不愿意在北京共产党政权那里为台湾的安全争得任何利益。"

伍德科克又辩驳说："我们的确在建交谈判中明确地坚持了台湾问题应该和平解决的这一立场。我们完全有权力在必要的时候采取任何行动保护美国在该地区的利益，因而在台湾问题上，我们已从中国政府得到了最好的保证。我当然不会反对在国会即将制定通过的有关美台新关系的法案中强调美国在台的安全利益；但是，我想提醒的就是，如果该法案的语言与中美建交协议相抵触的话，那将是最不幸的事情。"

雷纳德·伍德科克的驻华首任大使资格确认程序在 2 月 8 日参议院外委会上通过，投票结果是 14 比 1。那张唯一的反对票就是赫尔姆斯参议员投的。

但是，在投票顺利通过后，又横生出波折来。

由于参议院的传统习惯允许个别参议员延迟对政府官员任命的确认，耿耿于怀的赫尔姆斯参议员威胁说，要动用这一惯例，"冻结"参议院大使确认投票。外委会主席丘奇表示同意，将确认延迟至外委会结束对台湾关系法的审议工作。丘奇解释说："最好能让参议院知道，委员会对台湾问题提出何种建议，因为这样会影响部分议员们的选票。"

伍德科克大使在国会为台湾问题激辩。

卡特获知后十分焦急,中美双方议定的3月1日双方同时开馆的时间就要到了。如果届时因确认问题伍德科克未能去北京,这将使白宫十分难堪,也会对卡特的对华新政策造成不良影响。2月12日,卡特总统在新闻发布会上改变了过去的强硬态度,说:"我从来没有说过,我不会接受来自国会的任何提案。我只是认为,任何提案在向台湾提供安全承诺方面都不能走得太远,否则将不会被接受。"

正在此时,中国开始了在中越两国接壤地区进行一次自卫还击军事行动,中国的战斗部队有节制地越过了边境线。白宫高层人士早就知道这场战事会发生,这一行动也自然成了许多国会人士关注的焦点。赫尔姆斯更是借此反对对伍德科克大使的确认,这个极右参议员说:"在中越战争爆发时确认伍德科克的大使资格,将在许多人心目中产生一种错觉,好像美国参议院同意中国的行动,在这件事上加盖了认可的图章。"

马里兰州共和党参议员查理·麦修斯和加利福尼亚州共和党参议员早川就表态说,他们之所以反对伍德科克的大使身份,主要是因为中国对越南的军事惩罚行动。麦修斯如是说:"美国不应该向一个麻烦地区传递一个错误信息。我们将清楚地告诉中国人,他们不能一面进行战争,一面又期待着与我们的新关系得到发展。而传递这个信息的最好办法,是延缓对伍德科克大使的任命,延迟到将来较为合适的时候。"

丘奇主席则为卡特政府的任命辩护说:"我相信任命一个驻华大使并不意味着美国支持中国的行动。当总统承认中华人民共和国时,他并没有建立一个与中国的盟国关系。承认中国并不是官方承认和批准那个政府的所有政策。总统所做的一切只表明……美国30年来的亚洲政策一直抱有的一种幻觉,终于被打破了。过去这个幻觉便是,中国政府只有一个,而且在福摩萨(台湾)岛上。"

多数党领袖罗伯特·伯德参议员持有与丘奇相同的观点。他说:"要是我们参议院推迟确认伍德科克的大使资格,那将使苏联人乐得手舞足蹈,他们会得到他们不应得到的好处。苏联人知道美国与中国两国关系正常化是一个事实,但是他们一定非常愿意看到两国关系正常化进程中又增加了一种障碍。"

参议院在程序表决之后就是全体会议最后表决。赞成票与反对票的比例是82比9。伍德科克的大使任命最终获得通过。除了民主党议员查理·麦修斯以外,所有反对票都是保守的共和党参议员投的。有趣的是,国会里一些最为保守的人士,诸如巴里·戈德华特和保罗·拉克索尔特也投票支持伍德科克。虽然戈德华特曾经在早先的程序投票中反对伍德科克,但他最后改投赞成票。戈德华特说:"总统是有权力选择他自己的大使的。"

伍德科克终于在3月1日开馆仪式前赶到了北京。与此同时,中国驻美国首任大使柴泽民于同日在华盛顿举行了中国驻美大使馆开馆仪式。

1979年3月1日,中国驻美大使馆正式开馆,换下了中国驻美联络处的老牌子。

■ 几经曲折，美国驻中国大使馆终于顺利举行开馆仪式

中越边境战事 2 月 17 日凌晨打响刚一个钟头，信息就传到了白宫。

当时正是华盛顿时间 2 月 16 日下午。就在这数天前，伊朗正发生霍梅尼的革命，被称为"真主的灵魂"的霍梅尼从巴黎飞回德黑兰，宣布废除帝制，美国驻伊朗使馆两天前曾经短时间被人占领，在伊朗东北部监视苏联导弹试验的一个情报监听所里一些美国空军雇员被抓走了；经过几天努力，使馆已经恢复正常，被抓走的美国雇员也已经获得释放。为此紧张了几天的卡特正要松一口气时，就传来了中越边境发生战事的消息。

由于邓小平访问华盛顿期间，与他秘密地讨论过中国要对越南惩罚的事，因而他对这场战事爆发并不感到意外。他一直是十分关注着邓小平访美之后的有关反应和邓小平的动态的。

据说，在邓小平离开后，他曾经分别询问过万斯和布热津斯基："中国人会不会真正地对越南进行邓说的惩罚战争？"

作为国务卿的万斯如是说："我看不会。越南人刚刚跟苏联人结盟。真要打起来，苏联根据盟约必然介入，中国人目前还不是苏联人的对手。再说，邓小平也不傻，虚张声势要打而已，有《孙子兵法》传统的中国人绝不会去同时面对一南一北两个敌手。"

万斯是有名的律师出身，因而卡特笑着说："你这是律师的观点。根据是苏联人不会违背刚刚签订的苏越盟约。"

作为国家安全事务助理的布热津斯基如是说："我看中国人准会教训越南人。我从与邓的这次接触中，感觉要打。中国《孙子兵法》有'远交近攻'之说，邓此次访美解决了中美关系正常化后，从战略眼光考虑，他可以惩罚越南这个近邻了。"

卡特问："你觉得打起来苏联会介入吗？"

布热津斯基笑了笑，说："我了解苏联人，他们只会为自己的迫切私利才会介入，他们不会仅为越南人介入。而目前，苏联人没有要与中国人打仗的迫切需要。去年，他们还一度想缓和与北京的紧张关系。"

卡特自己是认同布热津斯基的观点的，也很欣赏其能从战略上来分析具体

问题，因而嘱咐布热津斯基要预先考虑美国对中越交战将采取什么对策，以应付万一。

邓小平于1979年2月5日飞离美国，返程途中顺道在日本访问了三天，于2月8日下午回到北京。一个星期之后，2月17日凌晨，中国边防部队从广西的龙州、镜西和云南的河口、金平地区出击，对越南在中越边境用以对中国进行挑衅的各种军事据点实施粉碎性打击。

中越间战事打响后，国际舆论迅速作出了反应。从全面来看，对中国是有利的，大多数国家表示中立和主张谈判解决，只有苏联及东欧集团十分恼火地大骂。还有不少国家表面上中立，实际上偏向和同情中国，同时也担心苏联介入而使冲突扩大。在中越边境的枪炮声中，国际社会注目的焦点是中苏美三方的微妙关系。

布热津斯基领会了卡特总统的指示，早就开始考虑美国的对策。为了避免出现美国在国际舆论的压力下谴责中国为侵略者的局面，脑筋很活的布热津斯基想出了一个点子。这就是：美国既批评中国的军事行动，同时也谴责越南占领柬埔寨，并要求中、越双方各自撤军。估计越南与苏联根本不会接受美国这个建议，此计在外交上可以给中国打掩护而又不牵连美国。

卡特在白宫召开国家安全委员会会议进行紧急磋商。副总统蒙代尔、国家安全事务助理布热津斯基、国防部长罗德·布朗、国务卿万斯、参谋长联席会议主席乔治·布朗、中央情报局局长菲尔德·特纳等要员都与会。会议一开始，布热津斯基就首先介绍有关情况：越南已经很明确地将自己和苏联集团拴在一起了，而苏联则通过同越南于去年(1978年)11月4日缔结《友好合作条约》，通过将苏联海军与空军力量进驻金兰湾而被看成站在越南身后的一个坚定的军事盟国。美国情报系统看到了也强调了苏越关系的这种特殊之处。该条约一签订，苏联随即进入金兰湾的海军基地，大家都知道，这个基地是美国在越战时期所建造的基地。这象征着什么，不言也自明。情报表明，苏联在这个基地上又加强了种种军事设施，是为从符拉迪沃斯托克(海参崴)和彼得罗巴甫洛夫斯克穿越印度洋到红海中苏联控制的索科特拉岛这条线上航行的苏联舰队，提供停靠、加油和维修的据点。而苏联空军"熊"式远程侦察机也以金兰湾为基地。最新情报表明，苏联在这里设置了一个中队的米格—21战斗机和用以跟踪美国在西太平洋军事行动的其他电子装置。以设备之完善而言，金兰湾和索科特拉都比不上美国在菲律宾的苏比克和克拉克两个军事基地，然而它们是苏联海空军扩大远距离活动范围的有力助手。美国对此情况的严重性不能低估。

在作了战略分析之后，布热津斯基即针对中越战争提出了早已经考虑好的方案：要求中国从越南撤军，应该同时要求越南从柬埔寨撤军挂钩；与此同时，向苏联发一信息，敦促他们不要采取可能导致形势更加严重的行动，特别是不要采取调兵遣将或者其他形式的军事行动。布热津斯基还极力主张，在此信息中增加一句话，表示美国也准备采取类似的克制态度。他解释说，必须使苏联意识到，这里是对等的，这句话包含着要是苏联动手的话，美国也要作出军事反应。由此可见，美国对中越边境战争的指导原则是：不直接卷入，同时敦促苏联不介入，力争冲突不扩大，确保美中两国刚开始正常的关系不因此受影响。

在国家安全委员会会议后，白宫及国务院先后举行新闻发布会，在公开表态中，对中国是形式上有批评，既谴责越南侵略柬埔寨，也谴责中国对越南实施的自卫还击；但实际上是帮中国的忙，要求中、越从越、柬"双撤军"，并指示美国驻联合国代表扬格积极推动联大安理会开会讨论整个印度支那的形势，以此来压越南和苏联。

中越战争打响的当天，卡特曾经通过美苏热线电话告诫勃列日涅夫，不要采取任何可能恶化目前局势的行动。两天后，勃列日涅夫通过热线传送给卡特总统一封措辞强硬的信件，但卡特丝毫不为所动，命令万斯和布热津斯基按照既定的政策执行。卡特总统还在致勃列日涅夫的信中表示，苏联如果对中国采取军事行动，美国将重新估价其在远东的安全地位，并在军事上作出反应。同时，美国在联合国中坚持，必须把中国同越南撤军同越南从柬埔寨撤军联系起来。

勃列日涅夫对卡特总统的态度极为恼火，却又无可奈何。

2月20日，中越战事爆发后的第三天，卡特总统在佐治亚州理工大学的一次讲话中，淡化了中国对越的军事行动。他对美国公众说，那个地区的军事冲突只是共产党国家之间一次并不很重要的冲突，它不会危及美国的利益。他谈到中国对越军事行动是这样形容的："在刚刚过去的几个星期里，我们看到了越南人入侵柬埔寨，因为这个结果，中国在中越边界采取了穿越行动。"

但是，美国政府内部也不是铁板一块。在国家安全委员会的核心组织特别协调委员会（SCC）的会议上，也有人提出要取消已经准备启程的美国政府代表团的访华计划。

这个访华计划是在邓小平访美期间商定的。按照双方达成的协议，由美国财政部长迈克尔·布卢门撒尔率领的中美建交后第一个美国政府高级代表团访问中国，并由此部长主持美国驻中国大使馆的开馆仪式。

针对这种情况，睿智的布热津斯基在特别协调委员会上建议首先对总的原则达成一致意见，即：不要让中越之间的危机影响美国分别同苏联、中国的双边关系。结果这个意见获得了一致的赞成。这样，后面再提出讨论取消布卢门撒尔访华提案时，布热津斯基名正言顺地指出，取消此访华计划不符合大家刚才都赞成的既定原则，即：不要让美国同这两个主要强国分别保持的双边关系受到影响。同时，他还亮出一封来自伦敦的电报说：请到会诸位留意一下英国首相卡拉汉的这封电报，电报称英国工业大臣将于当天前往中国，卡拉汉决定不取消此行，因为那样做不符合英国的利益。

会后，布热津斯基把特别协调委员会此次会议的书面报告呈送给卡特总统决断。卡特阅后，即果断地在报告上批示：布卢门撒尔应该去。

与此同时，国会传来消息，有人提出的因中越战争而推迟对首任驻华大使伍德科克任命认定的提议，遭到了否决。

于是，美国财政部长布卢门撒尔和夫人于1979年2月24日在中越战争的炮声中开始了对中国的访问。这是中美建交后访问中国的第一个美国政府高级代表团，意义非同一般。2月27日下午，邓小平就在人民大会堂接见了布卢门撒尔部长，同他进行了友好的谈话。3月1日下午，布卢门撒尔部长与伍德科克大使一起，在北京举行了美国驻中国大使馆的开馆仪式。

苏联对美国、英国等西方国家的高级官员在这种时刻访华十分恼怒，攻击西方世界对中国搞"绥靖"，并指责美国纵容和默许中国"侵略越南"。苏联政府曾经于2月18日发表声明，指责中国推行"霸权主义"，说中国"侵略"了越南，并声称要根据苏越同盟条约履行其"义务"。但苏联实质是色厉内荏，只是给越南空运了一些物资，虚张声势地派遣了一些舰只到南中国海游弋，在中苏边境并没有轻举妄动。

当时，中国从战略上着眼于中美以及其他国家同苏联及其盟友的扩张与尖锐对立的国际格局，而采取了惩罚越南的自卫还击行动，实际上是敢于对大小霸权主义者说"不"。这对于一切受到大小霸权主义者威胁的国家和人民是一个有力的支持和鼓舞。中国主动从越南撤军后，越南却赖在柬埔寨不走，使越南在国际舆论谴责声中，陷入十分被动之境地；事实也让越南明白了，虽说刚刚签了盟约，苏联也是靠不住的。

刚刚建立的中美关系，在这次中越战争中经受了一次严峻的考验。

1979年4月16日，邓小平在会见普赖斯为团长的美国众议院军事委员会议员团时，就这样说：我们在教训越南时，对美国政府的立场和表明的态度是满意的，就是提出中国从越南撤军、越南从柬埔寨撤军，就是对这个态度我们满意。4月19日，邓小平在会见丘奇主席率领的美国参议院外事委员会访华团时，又从全球战略的高度，对教训越南的意义作了深刻的阐述。邓说，在美国的时候，我就对卡特总统说，我们要教训一下越南，虽然我们当时的题目只是限制在中越边界范围内，但实际上不是从中越两国角度，也不是从印支角度考虑，而是从亚洲、太平洋的角度，也是从整个全球战略角度来考虑这个问题的。

卷三十五 《台湾关系法》给中美关系航道留下了"水雷"

■ 交涉双橡园馆址，使柴大使觉得中美建交后的路程还很坎坷

向卡特总统递交了国书后，柴泽民乘坐白宫礼仪轿车驶上了笔直宽敞的宾夕法尼亚大道；透过车窗玻璃，望着两旁后掠而去的景物，他的心里想到很多很多……

岁月不饶人，他已经63岁了，他感到这该是他在外交战线上最后一次递交国书了。

这次向美国总统递交国书，对国家来说是掀开了历史划时代的一页，而对他个人来说，是他一生中最重要的一次经历。他突然想起了抗战初年，他率领不足100人的农民子弟在中条山上打游击。这支装备简陋的小队伍孤悬在山中，与党组织失去联系，缺吃少穿，缺医少药，怎么也没有想到会有今天。在戎马半生后，队伍在毛泽东的指挥下打进了北平，他有幸亲身参加了中华人民共和国成立的开国大典，热血沸腾地看着第一面五星红旗在天安门广场徐徐升起，那时候，也难以想到今天。今天，1979年3月1日下午，他代表自己的祖国向美利坚合众国总统吉米·卡特递交了国书。他是年近45岁才转入外交战线的，至今已经是第五次递交国书了，而且是第二次作为首任大使递交国书。在这一天，美国首任驻华大使伍德科克也将在北京人民大会堂向中国领导人递交国书。他想到了他的前任黄镇，他是追随黄镇将军去布达佩斯担任大使的，也是追随黄镇之后出使华盛顿，中美关系正常化的坎坷和曲折使得黄老在做了许多开拓性的工作后，没能等到递交国书这个激动人心的时刻。

想到中美关系的坎坷与曲折，他喜悦的心情就渐渐消退了。

虽说中美已经建交，但中间所夹着的台湾问题就使他感到十分棘手。先且不说他所密切关注着的国会正在为断交后的美台关系所进行的辩论会、听证会，那正在制定的美台新关系的法规就有违反中美建交协议的地方。就是最近他经

手反复交涉的双橡园馆址交割问题，就遇到了相当大的麻烦。

在宣布建交后，中方在北京朝外大道旁幽静的秀水街使馆区，为美国使馆划出了一块馆址。按照国际惯例，原台湾驻美"大使馆"馆址双橡园馆址等资产，应该移交美国政府，再由美国政府移交中国作新设的大使馆址。中国方面已经先后在伦敦、巴黎、东京、曼谷、马尼拉等地接管了台湾当局的前"使领馆"产业，柴泽民自己出使曼谷时，就曾接收使用原国民党的馆址开设新馆。他也知道，黄镇曾经在巴黎花了很大力气，据理力争了好几年，最后由戴高乐总统出面干预，才收回了原国民党的两处馆址。

华盛顿这个双橡园馆址，也是国民党政府于1949年以前购置的，在各国驻美使馆中，无论是地段的环境，还是使馆的建筑，都是首屈一指的。在1979年1月1日中美双方正式建交之前，早有预谋的台湾方面利用了美国的民主和法律，在末任"驻美大使"沈剑虹的经手下，把当时价值数百万美元以上的双橡园，以10美元的低价，卖给了极右参议员戈德华特与律师柯科兰两人任主席的一个亲台民间组织"自由中国之友"协会（本书在前面曾有记述）。不久，台湾方面又将其驻美"武官处"的房产也转交给这个协会。

为了使馆的交割事宜，柴泽民去拜会了国务卿万斯，要求美方遵从国际惯例行事。但是，感到此事麻烦的万斯没有立即正面答应柴泽民的正当要求，而是推说此事需交法律顾问研究。

虽然戈德华特声称这笔财产转移有效，但美国国务院的官员不同意其观点。国务院资深法律副顾问马克·李认为，有关大使馆产权问题，应交由法庭判决，而不应由国会解决。但是马克认为，"作为外交不动产，美国政府的立场是，中国大使馆应该属于中国大陆政府"。虽然美国"没有就大使馆财产归属问题与中华人民共和国达成任何协议"，但马克相信，"最合理的产权所有者应该是美国承认的中国政府"。

经中方在华盛顿及在国内多次交涉，美国国务院与白宫都异口同声地说，此事应由中国政府去告状，以由"法庭判决"。柴泽民听了大觉惊诧：要中国政府到美国状告台湾当局，如此"以法治国"岂不太荒唐可笑？

接下来的事态的发展更让人觉得荒唐。

就在柴泽民向卡特总统递交国书及中国驻美大使馆开馆后的第三天，即3

1979年3月，柴泽民大使向卡特总统递交国书。

月3日，国会众议院竟然开会讨论维护台湾当局在美资产问题。为了防止中国政府对双橡园资产提出产权要求，众议员罗伯特·拉哥马斯提出修正案，以保证台湾当局能继续保持它在1979年之前在美国拥有的资产。最后外委会以13比7的票数通过了拉哥马斯的提案，规定台湾在美财产"将不会因为美国承认中华人民共和国受到任何影响"。如果该修正案被写入最后立法，将给台湾当局提供保留"中国大使馆"等"外交"产业的"法律依据"。

柴泽民通过对双橡园馆址资产的交涉，接着又通过国会两院正讨论违背中美建交协议的所谓《台湾关系法》，深深感到中美建交后的路程并不平坦。

■ 黄华外长就《台湾关系法》草案紧急召见伍德科克大使

3月16日上午刚上班时，美国驻华大使馆就接到中国外交部的电话称黄华部长要在当天下午紧急约见大使。伍德科克寻思，由黄华部长亲自约见，当然是有关中美关系间的极为重要事情。他一时还没有想明白，到底发生了什么影响两国关系的事情？

下午，车头挂着美国星条旗的卡迪拉克刚刚从秀水街使馆区拐出来，就撞倒了一辆从旁道急匆匆闪出来的自行车。蹬车的小伙子与后架上搭载的姑娘都一起滚跌在柏油路面上。紧急刹车的司机赶快下车查看，伍德科克也着急地下车来看。他一是担心有没有伤着人，二是担心会不会将黄华部长在下午的紧急约见给耽误了。

他不能不忧心地联想起，在老外交家布鲁斯任联络处主任时的一次严重车祸。他看了档案记载，美国政府的一个文职官员尼克·普拉特驾车携带全家参观明陵、长城途中，撞倒一个从小路骑自行车横穿马路的中国农民女孩，女孩头部受重伤。尼克赶紧拦了一辆卡车急送医院抢救，女孩还是死了。经公安局勘探丈量处理，判尼克开车超速。最后，给死者家属支付了人民币两万元作赔偿。虽说付款的是中国人民保险公司，但联络处要接受的后果是：中国外交部坦率地通知说，鉴于这件事的性质，当事人的国家应按惯例把有关官员召回本国。普拉特一家不得不遗憾地离开了中国……

但这次，警察还没有来到，司机刚刚弯腰想查看时，撞倒在地的这对青年男女很快就站起身来了，两人都穿着带油污的工作服，像是工厂的工人。轿车和自行车，只是轻微地磕碰了一下。自行车没坏，卡迪拉克只是车头右侧有一道划痕。这对青年男女扶起自行车，发现车子也没出毛病。司机问这两人："你俩伤着没有？"

男的问女的："我没事，你哪？"

女的拍着身上的尘土："我也没事。"

司机说："你俩如果发觉伤了什么地方，就到美国使馆来找我。你们这么急匆匆干吗呀？以后骑车可要小心走道。"

青年男女互望了一眼，男的显得朴实，女的模样精灵。女的笑着说："我俩这是赶去看参考片美国电影《音乐之声》。要是我们检查出伤，就找你们治伤；要是查不出什么伤，就找你们看电影。听说你们使馆里经常放映过路的新片。"

当伍德科克听助手翻成英语时，忍不住笑起来说："啊，你俩为了看电影连命都不要了！"

中国驻美特命全权大使柴泽民。

他知道，这两年中国开放以来，北京的电影院开始放了几部数量有限的西方故事片，场场爆满，仍满足不了需要。好些单位不知从什么渠道搞来了没有买版权的外国片，作"内部参考放映"。他答应了这对青年男女的要求。（后来，这两人果然来看过几次电影。没多久，他听说男的考上英国留学，女的考上了北京电影学院。）

伍德科克按时赶到了外交部。在接待厅里，黄华外长严肃地向他提出，中国政府向美国政府表示，中国方面不能接受美国国会两院于3月13日通过的《台湾关系法》的草案文本。这个文本中一些内容是违背中美两国于1978年12月15日发表了的建交联合公报的。黄华说："这是掩盖在国内立法面具下的另一个美台安全防务条约，而且该法案进一步提升了美国与台湾的官方关系。"

从双方宣布建交至今天3月16日，正好三个月了。伍德科克感到，这三个月来，双方官员见面时，气氛一直很融洽。他也想到，自从国会于今年2月15日复会以来，为调整后的美台关系而讨论相关的法案也有两个月了，卡特总统提交国会讨论的《台湾授权法案》，经过这段时间的讨论，已经变成一个新的《台湾关系法》文本而基本定型了。3月13日这天，国会参议院全体会议以90比6的票数通过了这个《台湾关系法》草案文本(S245)，众议院全体会议也以345比55通过了《台湾关系法》草案文本(HB2475)。这两个《台湾关系法》草案文本，在一些问题上尚未一致，需在送交总统签署之前，经过一次协商调整，达到一致，最后交由卡特总统签署后生效成为公众法律。

他已经知道，在十多天前，中国驻美国大使柴泽民已经向国务卿万斯提出，对国会辩论中的《台湾关系法》草案中的安全条款表示"严重关切"，希望美国政府不要走得太远。当时中国的这个反应是低调的，悄悄进行的。

今天这次，可真是三个月来他所面对的中方高级官员最严厉的一次交涉。

黄华继续说着："这个国会法案文本中的语言完全违背了中美双方在建立外交关系时所阐明的原则，以及美国在建交时对中国所做的承诺。从实质上讲，美国是要维持一定程度的《美台安全防务条约》，继续干涉中国的内政并给予今后的美台关系以官方地位，这个法律当然是不能被中国政府所接受的。如果这个法律以现在的语言通过，并被签署成美国的法律的话，将对刚刚建立起来的中美关系造成极大的伤害。"

黄华外长促请卡特政府，动用其影响和权力，来保证美台间未来关系的法律调整将不违背1978年12月15日建交联合公报的原则。伍德科克表示将黄华部长表示的中国政府的抗议迅速发回国内。

在乘车返回大使馆的路上，伍德科克在想：看上去，中国领导人希望卡特总统否决这个法案，但是他们没有意识到，他们的反应已经太迟了。看来，中国领导人对美国政治制度不熟悉也不了解，并不理解国会在美国政府政策制定过程中所扮演的角色，而且不清楚卡特政府即使想要根本改变局势，也已经没有能力这样做了。

当晚，伍德科克大使及时地将黄华外长召见的情况发回华盛顿。

华盛顿很快就给伍德科克发来复电，询问：对国会即将通过的美台关系法案，中国的负面反应是否会危害双边关系？

伍德科克根据掌握的情况及自己的判断，答复华盛顿说：目前还没有任何迹象表明，北京的不满会影响我们目前正在其他领域进行的谈判，双方处理长达30年之久的冻结资产问题已经达成协议，中国政府同意支付给美国政府8050万美元的现金，作为回应，美国也将解冻朝鲜战争期间冻结的中国在美资产和账户；中国纺织品进口的限制和贸易享受最惠国待遇的有关谈判都在顺利地进行。

虽说3月16日的来自中国的抗议没有使白宫过分担心，白宫将抗议转到国会后，它却给3月19日和20日国会参众两院共同协调委员会施加了相当的压力。虽然法案中的安全条款没有多大改动，两院共同委员会作了反馈，取消和改变了条款中的一些过分的内容，特别是被白宫反对的部分和认为中国人将不会接受的部分。两院委员会放弃了参议院最早文本中关于建立国会共同委员会用以监督美台协会的建议，但委员会的文本给了众议院和参议院外委会和其他相关委员会监督权。

■ 卡特总统终于签署了国会通过的《台湾关系法》

国会两院最终通过的《台湾关系法》摆在他办公桌面上，等待他签署，已经搁了一个多星期了！他觉得不签不行，但签起来手也觉得很重，因而还是压在桌面上。

这些天来，他头脑中一直在回旋考虑着这个问题。甚至早上刚醒来，想的还是这个问题，由此导致他心情很不好。一个新来的保镖不懂他新定的规矩，在他早起下楼跑步时，不断地帮他打开白宫的各道门，而遭到了他的厉声训斥：我不是早就说了，我不需要你们帮我开门，我要自己开门。但他很快就意识到这人是新来的，就改变了口气，对其说了两句友好的话，说今后你只需远远跟着就行了。

3月20日，国会参众两院联合委员会就两院通过的草案文本达成协议。3月28日和29日，众议院及参议院分别以339对50票、85对4票正式通过了《台湾关系法》。然后就送到白宫来，让他签署。对其中有的条款，中国方面已经作出反应，提出了抗议。黄华外长表示抗议的最后那段话是这么说的："美国政府有责任运用自己的影响和职权，确保在处理美台关系的立法调整上不出现任何违反两国建交协议的事情。"

但是，他觉得他有他的难处，中国人不一定能理解他心中的难言苦衷。

他所迈出美中建交的这一步，本身就是极为艰难与沉重的。

他是反复考虑过邓小平说的话的。前任驻北京联络处主任及卸任的中央情报局长乔治·布什1977年访问中国时，邓小平对布什说："如果在台湾问题上你们需要时间，你们尽可以有足够的时间。"邓小平对万斯国务卿也作过类似的表示：说中国还可以等5年、10年甚至100年再去收复台湾。

应该说，中国没有给华盛顿施加任何时间压力。因此，他有足够的时间考虑如何加强美国在谈判建交问题上的有利位置。但是，他也考虑到：美国无论如何不可能设想与北京关系可以停留在1972年到1978年的水平上。如果说，他还只在佐治亚州州长的位置上时，有限的视野和责任使他对此认识还不那么清楚的话，当他到白宫就任总统以来，就越来越清楚地意识到，与中华人民共和国保持长期、稳定的关系具有根本性的重要意义，这就要求尽快实现关系正常化。中国可以被用来对抗苏联的战略价值，从广泛的战略意义和地域政治上，或更具体的双边关系上讲，都是毫无疑问的。另外，与北京保持长期稳定关系对美国在亚洲保持力量均衡也至关重要。正如尼克松所说："当中国还在挖掘潜力，学做一流超级大国的时候，我们必须同她发展关系；否则有一天我们会突然面临人类历史上从未遇到过的强大敌人。"

他还相信这一点：没有美中关系正常化，就会有美中双边关系恶化和中苏关系缓和的危险。如果这些危险发生，将会直接危及美国的国家利益。他还感觉到这一点：尽管邓小平对苏联还持相当强硬的态度，但中苏关系恶化的最低谷是在20世纪60年代末与70年代初，邓小平是很讲实际的政治家，如果美国不抓住当前时机与中国实现关系正常化，在中苏关系实现缓和后，美国利益将会受到相当的损失。中国还是一个正在开发中的潜在的巨大市场，西欧国家已经开始捷足先登，美中再不实现正常化将会使美国后悔莫及。

而另一方面，美国利益又要求同台湾继续保持某种关系。曾经有人对他说过，改变历史形成的现行对台政策，将是政治上的自杀行为。

他是深有体会的。理论上讲，华盛顿最好能与台湾保持官方关系，能够继续保持1954年签署的美台《共同防御条约》。然而，北京明确表示，这绝不可能，美国不可能同时与中国和台湾保持关系。北京极为坚决地反对"两个中国、一中一台，或者台湾独立"。而在美国人看来，台湾牵扯到美国战略、经济和政治利益，还牵扯到美国对另一个盟国的道义问题，美国不想在国际事务中被人指责为反复无常。台湾问题深深根植于美国对华政策的历史中。自从1949年中国共产党在大陆政权确立后，华盛顿政策制定者开始时对台湾实行撒手政策，而朝鲜战争使杜鲁门政府改变了这一政策，决定保护台湾，使其成为帮助美国在该地区扼制共产主义扩张的盟友。朝鲜战争后，美国向台湾提供大量军事、技术和经济援助，帮助台湾发展壮大。作为回报，台湾国民党政权提供美国军事基地服务和外交军事合作。他查阅出这样一个数字，1950年至1978年间，美国向台湾提供了110亿美金的援助。就政治和战略利益来说，支持国民党的台湾，将其作为"自由世界"的一部分，尤其在美国对全球共产主义实行遏制的冷战时期，已经成为美国国内政治中难以动摇的信念。从经济上讲，经过二十多年的投资，美国在台湾的商业利益也已经太大，难以忽视。没有人敢建议改变这一对台政策，特别是面对势力强大的国民党游说集团和在国会中的"亲台帮"，任何试图改变现行政策的努力，都被认为是美国政治上的自杀行为。

虽然国际环境和美国全球战略形势发生了变化，但台湾仍然没有失去其在美国政治中的重要地位。甚至在尼克松访问北京之后，台湾仍然得到美国国内舆论和政治势力的强大支持，尤其是国会的支持。卡特意识到，自己是无法做到既与中国实现关系正常化而又与台湾保持关系的。

目前，在已经实现美中关系正常化，满足了邓小平提出的美应与台"断交、废约、撤军"三个先决条件之后，他就面临着怎样保护美国在台利益这一非常棘手的问题。从实质上说，他得考虑在台湾利益问题上他能让什么？能让多少？虽然美中关系正常化是非危机状态下的决策，但是却涉及怎样平衡处理相互矛盾的外交利益。

他当然了解国会两院构成的利益多元化和议员的相对独立性，他对国会听证会中所表现出的那些最露骨、最明目张胆地违反美中《建交联合公报》的建议，曾一再表示反对，有时甚至威胁要使用否决权；他指示助手们政府要坚持两点：其一，是不能恢复到"倒联络处方案"；其二，不能照搬《共同防御条约》的条款。为此，政府的班子进行了大量的游说，并诉诸党派利益，请出民主党议会党团领袖说服有关议员：卡特总统正在为中东问题进行重要外交活动，不能在中国问题上引发危机，损害他的威信，这样对本届政府不利。这样，经过两个月的讨论，才通过了这个最后妥协的文本。

当国会最后通过的《台湾关系法》需要总统签字的时候，他的心情就变得复杂和沉重。他感觉到，国家领导人必须有这样的本事，即他所谈判的结果能被国际对手和国内对手同时接受。在国内台面上，任何领导人如果没有满足作为国内制约力量的对手，他将被赶下台；而单纯为了满足国内选民的要求，又很难同国际对手达成协议。他认为，为了让新中国政策被国内接受，台湾未来安全利益不能牺牲。他已经估计了中国方面对某些条款的反应，对此，他准备公开声明总统的立场。

4月10日上午，在经过一个多星期的思索后，卡特终于签署了《台湾关系法》。在签署时，他对个别问题作了保留。与此同时，他还在当天发表了一个经过数日精心推敲修改的声明：

> 这个法案与我国同中华人民共和国在关系正常化时所达成的协议和理解是一致的。它反映出我们承认中华人民共和国为中国唯一的合法政府。在根据《上海公报》的精神同中国关系正常化后，我期待美中关系在今后的年代里日益加深和扩展，从而有助于我们两国人民的福利和世界和平。
>
> 国会行动迅速，工作勤奋，我谨对此表示赞赏。我认为，对属于中国的外交财产问题本来以作出另一种处理为好。我今天的行动并不妨碍今后对这些财产的法律地位作出裁决。但是，在大部分问题上，国会和行政部门在这件事上合作得很好。
>
> 国会在这个立法的若干部分明智地给予总统以斟酌的余地。在所有情况下，我将以同我们对台湾人民的幸福的关心相一致的方式，以同我们在与中华人民共和国关系正常化时达成的谅解——1979年1月1日关于建立外交关系的联合公报中所表达的这种谅解相一致的方式行使这种斟酌权。

■《台湾关系法》给中美关系留下了危险的"水雷"

当邓小平从新闻广播中得知卡特总统已经签署了国会通过的《台湾关系法》时，他很关切。当天下午，他正嘱咐秘书打电话催要译件时，外交部已经派专人送来了《台湾关系法》及卡特总统签署时的声明全部译文。

他在美国访问时，卡特特意安排他去了国会，接触了国会两院的领袖和议员，对于国会中反映出的对台湾安全过于关心的情绪有所感受。国民党在美国经营了三四十年，对美国国会两院中的亲台势力的影响是不可小觑的。

他一接到译件，就戴上眼镜细细过目了一遍。

本来两国达成协议宣布建交，美国公开承认中华人民共和国是中国的唯一合法政府，只有一个中国，台湾是中国的一部分。而且美国也宣布了与台湾当局断交。既然如此，美国就应当承认：中国采取什么方式使台湾回归祖国，以完成中国的统一，这完全是中国的内政，根据国际法的基本原则，美国或其他外国都不得加以干涉。

但是，《台湾关系法》却明文规定：

"美国决定同中华人民共和国建立外交关系，是基于台湾的前途将通过和平方式决定这样的期望"；

"认为以非和平方式包括抵制和禁运来决定台湾前途的任何努力，是对太平洋地区的和平与安全的威胁，并为美国所严重关切之事"；

"使美国保持能力，以抵御会危及台湾人民的安全或社会经济制度的任何诉诸武力的行为或其他强制形式"；

"总统把对台湾人民的安全或社会经济制度的任何威胁，并由此而产生的对美国的利益所造成的任何危险，迅速通知国会，总统和国会依照宪法程序，决定美国应付任何这类危险的适当行动"；

在涉及美台关系的性质问题上，该法实际上把台湾当做一个独立的政治实体，企图使美台关系带有某种官方色彩。该法有条款称："凡当美国法律提及或涉及外国或其他民族、国家、政府或类似实体时，上述各词含义中应包括台湾。"该法规定美台之间在断交后所互设的民间办事机构的工作人员，应享有"为有效执行其职务所必须的特权和豁免"。该法甚至规定，美台之间在1978年底以前有效的"条约"和"协定"，除《共同防御条约》及其有关"协定"外，一律继续有效。这些规定实际上说明美国要把台湾当局继续当做一个"政府"来打交道。

综观该法，许多条款都直接违反了《中美建交公报》和《国际法》基本原则。这就反映出美国还有相当一部分人在中美建交的情况下，仍然企图保持对台湾的控制，继续干涉中国的内政，并想利用《台湾关系法》作为美国继续介入台湾问题的法律依据。

邓小平细看了这个刚出炉的《台湾关系法》及卡特的有关讲话，就更觉得台湾问题成了建交后中美关系的不稳定因素，将来会成为影响双边关系的障碍。他觉得，对美国这种干涉别国内政的立法，中国理所当然地要表示反对。然而，他也觉得，要让美国政府完全放弃对中国这一内政的干涉，打消幻想，消除障碍，还需要相当长的时间。

邓小平立即就这个问题，连续向美国人表示了反对意见。

4月16日上午，他在会见梅尔文·普赖斯主席率领的美国众议院军委会议员访华团时就说：当前国际形势发展的趋势要求我们中美两国加强交往与合作，我们双方都要以世界局势这个大局为重，改善和发展我们之间的关系。我们对美国国会最近在中美关系正常化涉及台湾问题的行动当然有意见。希望今后逐步消除这些分歧。像这种问题，美国情况我不很了解，就中国人民来说，是相当敏感的问题。

4月19日上午，他在会见美国参议院外交委员会主席弗兰克·丘奇率领的参院外委会访华团时，也强调指出：中美关系正常化的政治基础是承认只有一个中国。这个基础现在受到一些干扰。我们对美国国会最近通过的《台湾关系法》不满意。这个法案最本质的问题，就是不承认只有一个中国，法案的许多条款表示要保护台湾，说这是美国的利益，还说要卖军火给台湾。一旦台湾有事，美国还要干预。不管措辞如何，意思就是这个意思，所以说这个法案实际上损害了中美关系正常化的政治基础。邓小平还对丘奇说，我们注意到卡特总统在签署这个法案时说，在执行法案时他要遵守中美建交协议。我们以后要看实际行动。

4月28日，中国外交部就此问题向美国驻华使馆提出抗议照会，郑重指出：中美建交协议是今后中美关系发展的基础和准则。中国政府反对"两个中国"、"一中一台"的立场是坚定不移的，如果美国方面在台湾问题上不恪守建交时达成的协议，而怀有继续干涉中国内政的图谋，这只会给中美关系造成损害，对中美任何一方都不会带来好处。

面对中国方面的强烈抗议，美国国务院于7月6日复照称：美国将遵守同中华人民共和国达成的关于建立外交关系的各项谅解；国会最后通过的美台关系法并不是在每一个细节上都符合政府的意愿，但它为总统提供了充分的酌情处理的权力，使总统得以完全按照符合正常化的方式来执行这项法律。总统就是在这个基础上签署了该法案，使之成为法律的。美国政府一直努力确保该法的措辞不损害我们同贵国政府达成的谅解，或迫使我们政府采取背离这种谅解的行动。

　　后来的事实也表明，卡特总统在执行该法案的过程中，的确采取了一些措施冷淡对台关系，以防中美关系倒退；但这并不能保证美国的每一届总统都能做到这一点，因此，《台湾关系法》是发展两国关系的一个重大隐患。因而，有中美关系问题专家评论说："《台湾关系法》和售台武器问题作为中美关系中的一颗不定时炸弹而遗留下来，成为日后中美双方发生冲突与纠纷的主要根源。"

卷三十六　中美关系之航船在"一个中国"的航道上前行

尽管出现了《台湾关系法》这样的不稳定因素，但是，我们仍需对中美关系正常化的历史进程有一个总的全面的认识。

中美两国间相互敌视隔绝二十多年了，如果说，在毛泽东与尼克松握手的1972年，中美双方签署的《上海公报》的一个重大突破，就是在台湾问题上第一次承认：中国只有一个，台湾是中国的一部分。

当时《上海公报》中美方声明的措辞是：

美国认识到，在台湾海峡两边的所有中国人都认为只有一个中国，台湾是中国的一部分，美国政府对这一立场不提出异议。

当时，美国是用模糊的语言掩盖了双方存在的分歧。在当时，美国与台湾当局还保持着外交关系。

经过了7年的风雨坎坷之后，邓小平与卡特于1978年11月15日同时宣布的中美建交协议中，对于这个两国间极为敏感的"一个中国"问题，与《上海公报》的内容相比，已经实现了难能可贵的突破。因为中美建交是在美方接受邓小平提出的"断交、废约、撤军"的三个重要原则，而中方接受美方对台有限军售的这样的基础上实现的。邓小平始终坚持的"断交、废约、撤军"三个重要原则的核心，就是坚持美国明确地承认"只有一个中国"。

双方在北京与华盛顿同时宣布的《中美两国建交联合公报》中，就明确地用下列文字声明只有一个中国：

美利坚合众国承认中华人民共和国政府是中国唯一合法政府。在

【卷三十六】 中美关系之航船在"一个中国"的航道上前行 | 409

1987年6月29日,美国前总统卡特应邀访华期间,邓小平在人民大会堂会见卡特,两人亲热拥抱!

此范围内，美国人民将同台湾人民保持文化、商务和其他非官方关系。美利坚合众国政府承认中国的立场，即只有一个中国，台湾是中国的一部分。

正如邓小平所指出的，在认同只有一个中国的政治基础上，中美两国间建立了外交关系。

中美建交有如打开了一道关闭多年的闸门，蓄挡已久的洪流冲泻而出，中美关系发展的势头是好的，两国之间政治、经济、文化、科技甚至军事关系在短短的时间内取得了迅速的进展。

我们从外交档案中可以查阅统计出这样一个结果：邓小平访美回到北京后，2月10日至5月10日的三个月内，总共会见了二十九批各国外宾，平均每三天会见一批外宾。在这二十九批外宾中，美国客人占了十三批，将近占了一半。在邓小平接见的这些美国宾客中有两个由部长率领的政府代表团、四个由国会有关领袖率领的议员访华团。不妨将这些主要美国宾客名单开列如下：

2月27日，会见美国财政部长布卢门撒尔；

2月28日，会见美国阿拉斯加州州长杰·蒙哈德与夫人；

3月17日，观看美国波士顿交响乐团在北京的首场演出，并会见了团长小泽征尔等主要负责人；

3月26日，会见美国众议院筹款委员会主席艾尔·厄尔曼率领的美国众议院议员访华团；

4月16日，会见美国众议院军委会主席梅尔文·普赖斯率领的众议院军委会议员团；

4月18日，会见美国众议院政府工作委员会主席杰克·布鲁克斯率领的众议院议员团；

4月19日，会见美国参议院外委会主席弗兰克·丘奇率领的参议

院外委会访华团;

4月27日,会见前国务卿亨利·基辛格博士;

5月10日,会见美国商务部长朱厄妮塔·克雷普斯。

1979年4月间,因出现了《台湾关系法》等问题,为了防止中美关系倒退,布热津斯基一再向卡特总统建议,必须对中国采取广泛的主动,特别应在最惠国待遇方面给予通融。在这样的背景下,继这年2月下旬美国财政部长克卢门撒尔访华后,5月6日至15日,美国商务部长克雷普斯率团访华,再一次与中国政府商讨中美经济贸易实质性问题,经过双方共同努力,于5月14日草签了《中美贸易协定》。协定规定,为了使两国贸易关系建立在非歧视性的基础上,缔约双方相互给予最惠国待遇。同年7月7日,中国外贸部部长李强和美国驻华大使伍德科克分别代表两国政府在北京正式签署了为期三年的《中美贸易协定》。根据这一协定,中美双方将在关税、手续税费用方面相互给予最惠国待遇,向对方的商号、公司等贸易组织提供最惠国待遇,相互对等地保护专利、商标和版权,允许建立在本国领土内的对方的金融机构,根据最惠国待遇开展业务。这是一个重要的进展。

同年10月22日,中国外贸部部长李强到达美国访问。23日,美国国会参众两院分别以74比8和294比88的投票结果,批准了《中美贸易协定》。众议院筹款委员会主席艾尔·厄尔曼评价说,这是"一个具有历史意义的时刻,美中关系的转折点"。

1980年八九月,中国副总理薄一波在访美期间,主持了在旧金山举行的"中国经济贸易展览会"开幕式。9月17日,薄一波副总理与卡特总统分别代表中美两国政府在白宫玫瑰园正式签署了《中美民航协定》、《海运协定》、《纺织品协议》和《领事条约》。这三个协定和一个条约的签订,是中美关系史上的一个重大的突破。《民航协定》结束了中美两国间三十多年来没有例行定期航班的历史;《海运协定》使两国的港口可以向对方的船舶开放;《纺织品协议》使中国的纺织品更加有序地进入美国市场,也有利于美国消费者和零售商;领事条约阐明了领事官员为两国公民提供服务的职责，将确保在对方国土上的本国公民的利益。

历史证明，这些可喜的成果进一步巩固了中美关系的基础，推动了中美关系发展的势头，并造福于中美两国人民。

主要参考文献

1. 1988年7月、1989年2月，王震与作者的数次谈话。
2. 1981年10月6日，乔冠华谈打开中美关系。
3. 1987年8月22日、2001年1月，采访冀朝铸。
4. 1987年8月20日，采访李慎之。
5. 1987年8月20、27日，采访资中筠。
6. 1988年12月16日，采访黄镇。
7. 1998年6月3日、2000年7月，采访朱启祯。
8. 1999年7、8月、2000年7月，采访唐龙彬。
9. 1997年9月间、2000年7月，采访符浩。
10. 《邓小平文选》，人民出版社。
11. [美] 理查德·尼克松《尼克松回忆录》，商务印书馆。
12. [美] 吉米·卡特：《忠于信仰》，新华出版社。
13. [美] 乔治·布什：《布什自传》，现代出版社。
14. 韩念龙主编：《当代中国外交》，中国社会科学出版社。
15. 外交部档案馆编：《伟人的足迹——邓小平外交活动大事记》。
16. 中共江西党史征集委：《邓小平在江西的日子》，中共党史出版社。
17. 余世诚：《邓小平与毛泽东：半个世纪的情缘》，中央党校出版社。
18. 熊向晖：《江青向尼克松夫妇献殷勤》，《百年潮》杂志1999年第1期。
19. 资中筠、何迪编：《美台关系四十年（1949—1989）》，人民出版社。
20. 资中筠主编：《战后美国外交史》，世界知识出版社。
21. 郝雨凡：《美国对华政策内幕》，台海出版社。
22. 王立：《波澜起伏——中美关系演变的曲折历程》，世界知识出版社。
23. 宫力：《峰谷间的震荡：1979年以来的中美关系》，中国青年出版社。
24. 范硕、丁家琪：《叶剑英传》，当代中国出版社。
25. 尹家民：《将军不辱使命》，解放军文艺出版社。
26. 王凡：《从布达佩斯到华盛顿：跨越四大洲的使者柴泽民畅谈外交生涯》。
27. [美] 亨利·基辛格：《基辛格回忆录》。
28. [美]《基辛格秘录》。
29. [美] 布热津斯基：《实力与原则》。

30. ［美］赛勒斯·万斯:《艰难的抉择》。
31. ［美］奥克森伯格:《中美关系十年》。
32. ［美］罗伯特·罗斯:《风云变幻的美中关系》,中央编译出版社。
33. ［美］约翰·霍尔德里奇:《1945年以来的美中关系正常化》。
34. ［美］《勇敢的人:哈默传》。
35. 沈剑虹:《使美八年纪要:沈剑虹回忆录》。
36. 美国各种解密档案资料。
37. 海内外有关报刊的新闻报道与文章。

关于本书照片的诚挚感谢

　　本书所使用的历史照片，主要由新华通讯社、外交部档案馆、解放军报、美国国会图书馆、尼克松总统故居图书馆、美国卡特中心、美联社等提供，笔者在此表示诚挚的感谢。此外，书中还使用了一些从多种渠道获得的历史照片，有些因年代久远或其他历史原因，未能具体署名感谢，敬请相关照片拍摄者得悉后与我们联系。